KNAUR

Über die Autorin:
Monika Schmiderer, geboren 1984, ist Autorin, Media-Detox-Coach und Senior-Texterin. Sie leitet eine Agentur mit Kunden in Österreich, Deutschland, der Schweiz und Italien. Als sie die Folgen der anhaltenden medialen Reizüberflutung an sich selbst bemerkte, entwickelte sie das 14-Tage-Media-Detox-Programm. Monika Schmiderer lebt in Tirol.

www.switchoff.at

Monika Schmiderer

SWITCH OFF
und hol dir dein Leben zurück

Wie wir der digitalen Stressfalle entkommen

Der Abdruck aus *Big Magic: Nimm dein Leben in die Hand und es wird dir gelingen* von Elizabeth Gilbert erfolgt mit freundlicher Genehmigung des Verlags S. Fischer.

Besuchen Sie uns im Internet:
www.knaur.de

Deutsche Erstausgabe August 2017
© 2017 Knaur Verlag
Ein Imprint der Verlagsgruppe
Droemer Knaur GmbH & Co. KG, München.

Covergestaltung: Kathrin Keienburg-Rees, München
Coverabbildung: © lucky1984 / Fotolia, © malydesigner / Fotolia
Satz: Adobe InDesign im Verlag
Druck und Bindung: CPI books GmbH, Leck
ISBN 978-3-426-21426-8

5 4 3 2 1

Inhalt

Einleitung: Wie ich der digitalen Stressfalle entkam   7

Teil 1: Unser Zweitjob als Medienkonsument –
und seine Folgen   21

Teil 2: SWITCH OFF: Das Abenteuer beginnt!   78
Welcher SWITCH OFF-Typ sind Sie? 81
Ihr 14-Tage-offline-Abenteuer. 87
Samstag: Getting Ready 87
Tag 1, Sonntag: Natur-Rendezvous. 100
Tag 2, Montag: 37 Stunden Freiheit. 114
Tag 3, Dienstag: Mein neuer Kreativitätsplatz 129
Tag 4, Mittwoch: Lebensträume sichtbar machen 142
Tag 5, Donnerstag: Bin das ich?. 153
Tag 6, Freitag: Mein Wirkungskreis. 162
Tag 7, Samstag: Ein Date mit der Kunst 177
Tag 8, Sonntag: Feel the Energy. 186
Tag 9, Montag: Verlorene Gefährten. 198
Tag 10, Dienstag: Spotlight an: Die Kraft der Gedanken 207
Tag 11, Mittwoch: Meditation hat viele Gesichter! 219
Tag 12, Donnerstag: Meine 12 Schritte 228
Tag 13, Freitag: One less stranger 241
Tag 14, Samstag: SWITCH OFF-Party 251
Der Morgen danach: 14 Tage offline!
     Das habe ich gewonnen 256

Teil 3: Back online: SWITCH OFF-Anker
gegen die Informationsflut   264
SWITCH OFF-Tipps fürs Smartphone 266
SWITCH OFF-Tipps fürs Büro 268
SWITCH OFF-Tipps für zu Hause 273
Dank. 301
Weiterführende Literatur 302

Für Patrick

Für alle Frauen und Männer, die 14 spannende medienfreie Tage erleben und dabei über sich hinauswachen wollen.

Sie alle sind SWITCH OFF-Abenteurerinnen und SWITCH OFF-Abenteurer, die ich in diesem Buch zugunsten des Leseflusses als SWITCH OFF-Abenteurer anspreche.

Einleitung

Wie ich der
digitalen Stressfalle entkam

Um ganz ehrlich zu Ihnen zu sein: Es gab eine Zeit, da war ich jeden Tag auf der Suche. Nach Antworten auf die großen und die kleinen Fragen des Lebens. Nach einem neuen Sofa. Nach Zustimmung. Nach Konzerttickets für den Abend. Nach neuer Inspiration. Nach meinen Schlüsseln. Nach der Frage: »Rotweinflecken entfernen?« Nach den WM-Ergebnissen. Nach einem Finanzierungsplan für das neue Haus, nach dem richtigen Geschäftspartner oder dem perfekten Geschenk. Nach mehr Erfüllung. Nach Vorbildern. Nach maximaler Freiheit. Und trotzdem nach Halt.

Ich suchte in Supermarktregalen, riesigen Warenhäusern und kleinen Boutiquen. In Blogs und Social Media. In Likes und Retweets. In Gesprächen und Blicken. In der Zeitung. Auf YouTube. Auf der Straße. Im Café. Bei der Arbeit. Im Bett. Ja, sogar auf dem WC.

Der beste Begleiter bei dieser Suche war mein Smartphone. Immer dabei. Immer online. Immer wach. Und weil es heute in dieser digitalen Welt so unendlich viel zu suchen und zu finden gibt, wurde ich mehr und mehr getrieben von dieser Sehnsucht, die sich trotz aller Suchtreffer anscheinend nie stillen ließ.

Hatte ich die Antwort auf meine Frage gefunden, warf diese garantiert die nächste auf. Hatte ich einen Wunsch erfüllt, wuchs in mir schon die Lust auf mehr. Kaum waren die schönsten Momente des Traumurlaubs gepostet, mussten sie auch schon übertroffen werden. Hatte ich ein großartiges Geschäft abgeschlossen und den Wunschkunden ins Boot geholt, hoffte ich auf den nächsten tollen Deal.

Es war ein sich immer neu wiederholendes Spiel, in dem ich lebte. Ein von Suche und Sehnsucht getriebenes Dasein. Eine glühende Spirale, die sich immer schneller drehte – und ich mich mit ihr.

Für jede WhatsApp an meine Freunde erhielt ich ein wunderbar grinsendes Emoji. Jedem Posting folgte ein wohlwollendes Like. Und auch beruflich waren die neuen technologischen Errungenschaften grandios: Ich konnte in Sekundenschnelle mit meinen Kunden kommunizieren. Jede Recherche war mühelos. Meine junge Selbstständigkeit in der Werbe- und Kreativbranche florierte. An den meisten Tagen liebte ich das Tempo der neuen Zeit, die rauschenden Möglichkeiten. Das Schnelle und das Schillernde. Alles war im Fluss und miteinander verbunden. Nie war ich effizienter gewesen. Nie erfolgreicher. Noch nie näher am Puls der weiten Welt – selbst wenn ich beim Arbeiten in Kuschelsocken zu Hause auf dem Sofa saß.

Doch mehr und mehr raubte der Speed der Zeit meinen Atem. Das Vernetztsein wurde zur Verpflichtung. Die ständige Erreichbarkeit zur Einschränkung. Denn alles in meinem Leben passierte und forderte mich plötzlich gleichzeitig. Gerade war ich noch an der Kaufhauskasse und telefonierte mit meiner Mutter über Kopfhörer, schon stürzte ich zu spät in den Yoga-Kurs, wo ich Entspannung im Fast-Forward-Modus erwartete. Kam ich dann – noch in den Yoga-Klamotten – zu Hause an, öffnete ich im Wohnzimmer das Notebook, um einem Kunden noch schnell zu antworten, während das Risotto auf dem Herd sich hoffentlich von selbst kochte, bevor die Freunde klingelten.

In meinem Leben existierten keine Grenzen mehr: Mein Zuhause war mein Büro und mein Büro mein Zuhause. Mein Auto war ein Backstage-Raum, in dem ich für die große Besprechung übte. Das Schlafzimmer mein Newsroom, in dem ich mich morgens und abends vergewisserte, dass an der Börse noch gehandelt, in den Parlamenten noch debattiert und auf Facebook noch gepostet wurde.

Ja, alles schien gleichzeitig zu passieren. Und: Genau so war es auch! Außen wie innen.

Ich gab, was ich hatte, um Schritt halten zu können. Bemühte mich unaufhörlich. Steigerte meine Leistung. Erhöhte mein eigenes Tempo – und war ein Tag besonders hart, so schwärmte ich aus, um endlich nicht mehr nur zu suchen, sondern auch etwas zu finden. Etwas, das mich erfüllen, mich wieder erden, mich glücklich machen würde. Etwas, das greifbarer war als die digitalen Informationen, Postings, Kommentare und stimmlosen E-Mails, die meinen Alltag beherrschten. In den rauschenden Hallen des Kaufhauses angekommen, spürte ich schon die Vorfreude: So viele Trophäen warteten darauf, mich für meine Siege im täglichen Kampf mit diesem Lebenstempo zu belohnen! Mal ein schicker, sogar reduzierter Pullover. Dann ein Paar Ohrringe im Doppelpack. Oder ein perfekt geschnittener Rock aus der neuen Kollektion, den ich mir einfach gönnen musste!

Wenige Minuten später tippte ich meinen PIN-Code ins Kartenterminal an der Kasse. 3 – 2 – 1 – und der Piepton der Zahlungsbestätigung zerstörte die Euphorie. Die Freude über das neue Outfit wurde vom schlechten Gewissen, wieder mehr ausgegeben zu haben, als ich wollte, überschwemmt. Und zugleich von der Erkenntnis, dass mich auch diese Eroberung nicht zu dem zufriedenen Menschen machen würde, der ich mir eigentlich wünschte zu sein.

Müde, erschöpft und enttäuscht zog ich von dannen. Meine Einkaufstüten waren voll, mein Herz leer.

Zu Hause schlug ich die Wohnungstür hinter mir zu, ließ die Taschen noch im Flur auf den Boden fallen und dachte:»AUS!«, ging ins Wohnzimmer – und: schaltete an.

Schon begann sie von vorn, die ewige Suche nach mehr: Ich lag auf dem kalten falschen Leder der Couch, die Fernbedienung in der Hand und schaltete von der 7 rauf und runter, wie ich es seit Kindertagen tat. Natürlich wusste ich, schon während ich aufs Sofa sank, dass mich nur Müll erwartete: gekaufte Werbung verpackt in Wissenssendungen. News-Flashes mit einer Mischung aus Sensationsmeldungen, Promi-Klatsch, Aktienberichten und Wetter. Simpsons. Vorschau. Vorschau. Wieder Werbung. Überall. Synchron. Alles folgte dem Prinzip der Gleichzeitigkeit und Gleichheit: dramatisch musikalisch inszenierter, mit 3-D-Visuals animierter und hochstilisierter Müll der Meinungsmacher, wohin die Satelliten reichten.

Und doch blieb ich dran. Schlug mich weiter durch das Dickicht. Von einem Sender zum anderen. Blieb für ein paar Minuten und zog gelangweilt weiter, sobald die nächste Casting-Sendung startete. Flüchtete zu den Kultur- und Nachrichtensendern. Bekam Angst vor der Dringlichkeit der Reportagen. Floh weiter zu den Vorabend-Sitcoms. Fühlte mich binnen weniger Lacher aus dem Off für dumm verkauft.

Also beschloss ich, meine Suche parallel auf YouTube auszudehnen.

Die Fernbedienung wanderte dafür in die linke Hand.

Auf dem Display des Smartphones öffneten sich neue Fenster. Hoffnung kam auf.

Was schlug mir YouTube vor?

Ein Interview mit meinem Lieblingsautor und die Highlights der Eurovision-Aftershow-Party. Geklickt! Perfekt. Das fühlte sich doch gleich viel besser an!

Hier verstand man mich.

Ich ließ die Fernbedienung fallen und gehörte nun mit beiden Daumen YouTube. Der Fernseher lief davon unbeirrt weiter.

Schön, die Werbung auf YouTube konnte ich nach wenigen Sekunden überspringen. Aber siehe da: Die wurde auch besser. Ganze Geschichten warteten hier in den Vorspann-Videos auf mich. Echte Blockbuster im Tapas-Format.

Ich schwelgte in den Dreiminütern. Mal auf Deutsch. Mal auf Englisch. Mal Sport. Mal Musik. Mal Tutorials. Und die Welt schien plötzlich wieder Sinn zu machen.

Endlich fand ich die Belohnung für den anstrengenden Tag – und darüber hinaus vergaß ich völlig, müde zu werden. Auf einmal war es 0:40 Uhr. Ich war bei irgendwelchen Konzert-Mitschnitten in miserabler Bildqualität hängen geblieben. Kopfschmerzen inklusive. Und am nächsten Morgen wartete ein neuer Tag im Turbo-Hamsterrad.

Gestresst und frustriert hängte ich das heiße Smartphone ans Ladekabel, schaltete das immer noch laufende Fernsehen aus und ging ins Bett, wo ich noch gefühlte zwei Stunden brauchte, um mein Gehirn wieder auf Normaltemperatur zu bringen. Es hämmerte in meinen Schläfen und im Brustkorb. Ich war mittendrin, nicht nur dabei.

In vielen dieser Nächte lag ich wach, wälzte mich von einer Seite zur anderen und wusste: So drehte sich die Hochgeschwindigkeitsspirale, in der ich lebte, garantiert rasant nach unten. Aber was sollte ich denn sonst tun, wenn ich müde nach Hause kam, mein Mann lange arbeitete und keiner zum Reden da war? Sollte ich etwa häkeln?

Doch irgendwann konnte ich nicht länger ignorieren, dass ich immer schlechter schlief. Mein Magen sich jeden Morgen flau anfühlte. Ich meine rasenden Gedanken nicht mehr stoppen konnte. Auch im Büro hing ich immer öfter durch, mir fehlte die notwendige Konzentration – und immer mehr der kreative Funke für meine Projekte.

Langsam, aber sicher wurde mir klar: Ich steuerte auf einen Point-of-no-Return zu. Ich suchte den Aus-Knopf, konnte ihn aber nicht finden.

Was war passiert? Wann hatte sich mein Leben so grundlegend und so rasend schnell verändert? Wohin sollte das alles führen? Die Welt, die in meiner Kindheit noch so rund und ausgeglichen schien, fühlte sich mehr und mehr an wie eine wackelige Scheibe, an deren Rand man ganz fürchterlich ins Bodenlose stürzen konnte. Ich war kurz davor zu fallen. Und schleichend zog die Angst in mir ein – und begleitete mich fortan ständig: in die Geschäfte, in die Gespräche, ins Café, auf die Straßen und bis aufs WC.

Ich fühlte mich haltlos in einer neuen, immer verbundenen und doch so gespaltenen Welt zwischen Überfluss und Mangel, zwischen Konsum und Verzicht, zwischen Luxus und Leere, zwischen nagender Stille und lähmendem Lärm, zwischen Jagen und Gejagt-Werden.

Wo war der sichere Boden? Wo ein Anker inmitten der Informationsflut, an dem ich mich festhalten, wo das Ufer, an dem ich mich orientieren konnte, wenn das Leben viel zu schnell lief?

Und so machte ich mich erneut auf die Suche. In Magazinen. In Blogs. In Gesprächen. Schnell wurde mir klar: Nicht nur ich war in der digitalen Stressfalle gefangen. Auch andere schienen sich zu fragen, wo der Ausgang war. Wurden, genau wie ich, auf dem Weg zur ersehnten Ruhe vom Piepen einer neuen Kurznachricht, einem dringenden Anruf oder einer besonders wichtigen E-Mail abgelenkt. Ohne dass wir es bemerkt hatten, hatten sich die von der rasenden Informationsflut angetriebenen Gedanken eine mehrspurige Autobahn in unseren Köpfen freigeschlagen, auf der es 24 Stunden lang sieben Tage die Woche zuging wie auf einer Formel-1-Strecke.

Zu Beginn meiner Karriere hatte ich gelegentlich Abend- und

Nachtschichten eingelegt, nun lebte ich mit einer 60-Stunden-Woche und konstanter Kommunikation. Aus Abgabeterminen wurden Deadlines, die sich genauso anfühlten. Anrufe oder E-Mails von Freunden lösten bald ähnliche Stressreaktionen aus wie die von fordernden Kunden. Meine junge Beziehung wurde zu einem Ort, an dem ich mich in meinem Hin-und-her-gerissen-Sein zwischen dem Streben nach Erfolg und unsagbarer Müdigkeit unangenehm beobachtet fühlte. Doch was alles noch mehr ins Wanken brachte: Meine Belohnungsstrategien funktionierten nicht mehr. Konsum konnte den konstanten Druck nicht aufwiegen. Erfolg verlor an Bedeutung. Mein Spiegelbild wurde mir fremd, und nachdem der Haarausfall immer stärker, das Gewicht immer instabiler und die wiederkehrenden Infektionen immer hartnäckiger geworden waren, holte ich immer noch keine Hilfe, sondern verurteilte mich dafür, wie ich diesen Karren nur so schnell an die Wand hatte fahren können.

Ich war 27 Jahre alt. Ehrgeizige Absolventin einer Management-Hochschule. Aufstrebende Jungunternehmerin. Gefragter Kreativgeist. Alles war im Wachstum – und ich? War plötzlich nur noch ein Schatten meiner selbst. Es dauerte nicht lange, bis es richtig dunkel um mich wurde – und mein immer aufgeregterer Puls nachts so bedrohlich klang wie Marschtrommeln.

Die Angst um die Zukunft und die Entwicklungen in der Welt, wenn ich kurz vor dem Einschlafen noch die Nachrichten gesehen hatte. Die Furcht davor, krank zu werden, auszufallen und mich als gescheitert outen zu müssen. Die Sorge, damit mich selbst, meine wirtschaftliche Existenz und meine soziale Anerkennung zu verlieren – die einst subtile Angst bäumte sich nun immer höher auf. Bestimmte bald jede wache Minute, die ich zum größten Teil über einen Bildschirm gebeugt verbrachte. Im blauen Licht des Notebooks, das mich auch nachts mit noch mehr Arbeit und noch mehr digitaler Zerstreuung von meiner

Schlaflosigkeit ablenken sollte, beschloss ich eines Morgens um 4 Uhr 20, den Stecker zu ziehen.

Ich konnte es nicht länger leugnen: Nicht ich kontrollierte meinen Medienkonsum, er kontrollierte mich. Er beherrschte mein Leben.

Die Lösung? Mut zur Ehrlichkeit. Ich versprach mir, mich nicht länger selbst zu täuschen und von falschen Idealen geblendet im Eiltempo der digitalisierten Welt mitzulaufen, sondern endlich der Wahrheit ins Gesicht zu sehen. Zu erkennen, was mich so schlaff machte und gleichzeitig so überreizte.

Ich holte Rat in Büchern, bei Therapeuten und Coaches unterschiedlichster Couleur, bei Mönchen und spirituellen Meistern. Und egal, ob bei einem Schulmediziner im weißen Kittel, beim Mentaltrainer mit Zirbenkissen oder beim Schamanen am offenen Feuer: Sie alle legten mir nahe, mein Leben zu vereinfachen. Alle Wünsche und Ansprüche abzulegen, die es unnötig erschwerten. Mich auf das Wesentliche zu besinnen und die Kunst des wirkungsvollen Abgrenzens zu lernen – in der realen wie in der digitalen Welt.

Leichter gesagt als getan. Denn nichts erschien mir damals noch einfacher, als auf meinem Smartphone die YouTube-App zu öffnen und die ganze Zugfahrt über darin zu verschwinden. Nichts reduzierter als mein sauber aufgeräumter Desktop. Und war es nicht auch Abgrenzung, mit einer digitalen Nachricht eine persönliche Konfrontation zu vermeiden?

Nein, war es nicht.

Reduktion heißt nicht feiges Vermeiden von Unangenehmem. Im Gegenteil. Es bedeutet, sich der Probleme und Stressoren bewusst zu werden und sie aktiv zu minimieren, auch wenn das unangenehm für uns oder andere sein kann. Vereinfachung ist nicht auf dem Weg des geringsten Widerstandes zu erreichen. Und Abgrenzung hat nichts mit Ignoranz und Weltfremdheit zu tun, sondern mit einer klaren Definition der eigenen Bedürfnisse – zu jeder Zeit und in jeder Situation, sei es auch noch so fordernd.

Die Erkenntnisse waren reich, doch ihnen mussten Erfahrungen folgen: Ich machte mich also daran, tatsächlich radikal zu reduzieren und zu vereinfachen. Zunächst legte ich ab, was ich nicht brauchte. Nicht nur im Posteingang, im Kleiderschrank und in den Bücherregalen. Sondern vor allem im Geist. Ich wollte gedanklich wieder frei werden. Unbeeinflusst sein. Mich wieder ruhig, gelassen, fähig und selbstsicher fühlen. Die Arbeit in meinem echten Tempo erledigen. Die Welt ohne die Hysterie der Medien erleben. Die Realität ohne Filter wahrnehmen. Und damit meine Kreativität wiederbeleben – und mir mein Leben zurückholen!

So fasste ich den Plan, medial zu entschlacken. Es sollte mehr werden als eine Pause vom Internet. Nicht nur ein Digital-Detox, sondern ein richtiges Media-Detox, das mich nicht nur von Smartphone, Tablet und Co., sondern auch vom täglich Neuen der Zeitungen und dem Entertainment in Fernsehen und Radio entlastete.

Ich wollte alles loslassen, was ich jahrelang in mich aufgesogen hatte wie ein Schwamm. Keine unkontrolliert verstreuten Infos mehr in den Tiefen meines Bewusstseins ablagern, wo sich all die schlechten Nachrichten, Horrorszenen, der giftige Reality-TV-Müll und der Social-Media-Trash meines Konsumentendaseins abgelagert hatten.

Stattdessen sollte mir mein Media-Detox neue Klarheit verschaffen. Mich einen Schritt zurücktreten lassen, um wieder ungeblendet zu sehen, was propagiert und verkauft wurde. Hinterfragen. Reflektieren. Und vor allem: relativieren!

Um mein Boot wieder auf Kurs zu bringen, war es essenziell, die virtuelle und medial verzerrte Welt wieder mit der echten abzugleichen. Meiner Umgebung wieder mehr Gewicht zu geben als den Meinungsmachern am anderen Ende der Welt. Meine Beziehungen zu durchleuchten und zu stärken. Meine Ziele zu überdenken – und die Wertvollen davon auch wirklich zu erreichen und nicht mehr länger auf meine Zeit im Ruhestand zu verschieben.

Ich wollte mich wieder offen und frei fühlen. Die trägen, depressiven und angstvollen Gedanken abschütteln. Wollte wieder frisch und motiviert sein. Meine ungeteilte Aufmerksamkeit und ganze Kraft für etwas einsetzen, das mich begeisterte und inspirierte, ohne mich dauernd zerstreuen und ablenken zu lassen.

Das Netz sollte locker lassen, damit es nicht zum Gefängnis wurde.

Auf der Suche nach einer Anleitung, einem Plan für mein Vorhaben, stellte ich rasch fest, dass mir die Jahresberichte über ein Leben ohne Internet und die Aussteiger-Szenarien mancher Überlebenskünstler nicht das bieten konnten, was ich suchte. Ich sehnte mich nicht nach einem einsamen Dasein auf einer WLAN-freien Insel. Nicht nach dem totalen Off unter Palmen, ohne Herausforderung und Verpflichtung.

Ich brauchte etwas, das mit meinem konkreten Alltag und meinem aktiven Leben im Hier und Jetzt vereinbar war. Das mir meine Freizeit, meine schöpferische Ader und damit meine Lebensqualität zurückbrachte. Und da ich so etwas nicht fand, kreierte ich mein eigenes, ganz persönliches Media-Detox-Programm – und stürzte mich in mein erstes SWITCH OFF-Abenteuer.

Zuerst im Büro: Nichts aus dem weltweiten Netz, das nicht unmittelbar dem diente, was ich gerade ausarbeitete, sollte mich mehr ablenken. Keine parallel geöffneten Tabs. Kein Mailcheck im Sekundentakt. Kein Smartphone neben der Tastatur. Dazu musste ich mich selbst überlisten: Ich verkomplizierte das Öffnen gewisser Webseiten und Programme, um nicht dauernd unterbewusst wieder auf dem alten Trampelpfad zu landen. Ich löschte das Mailprogramm aus dem Dock und öffnete es nur noch, wenn es nötig war oder sich eine natürliche Unterbrechung im Arbeitsfluss ergab. Während der Arbeit schickte ich mein Smartphone in den Flugmodus oder stellte es lautlos, um dann zu telefonieren, wenn es den Workflow nicht störte. Doch nicht nur die Zeit des Arbeitens, auch die Pausen gehörten dank meines SWITCH OFF-Programms wieder mir: nicht mehr dem Lifestyle-Online-Shop und auch nicht meinem Lieblingsblogger, sondern mir. Punkt.

Schnell war ich auf den Geschmack gekommen und setzte das Entschleunigen und Beruhigen auch nach Feierabend fort: Kein Fernsehen, was mir sehr leichtfiel. Kein privates Surfen, was schon schwieriger war. Kein Radio. Und so wurde es plötzlich derart still um mich herum, dass ich meinen eigenen Atem hören konnte. Und auch, wie mein Herzschlag langsam wieder einen gesunden Rhythmus fand.

Was dann passierte? Großartiges!

Innerhalb kurzer Zeit wurde ich ausgeglichener. Konnte mich wieder besser konzentrieren, fand den Fokus wieder und wurde sehr schnell sehr viel produktiver. Doch nicht nur das. Ich wurde geduldiger, toleranter und kommunikativer gegenüber Familie, Freunden und Kunden. Meine Arbeit fand einen friedlichen und vor allem kreativen Fluss. Sie bestand nicht länger aus kleinen, dreiminütigen Sinneinheiten, die ich durch einen gestressten Blick auf eine der hundert täglich eintreffenden E-Mails zerriss. Meine Beschäftigung wurde langsamer, stetiger – und dadurch erstaunlich erfüllender.

Es motivierte mich so sehr, dass ich aus meinem temporären SWITCH OFF-Experiment mehr und mehr eine neue Lebensweise machte. Und siehe da: Meine Umsätze stiegen. Erst erfreilich, dann merklich. Ein Jahr später hatte sich mein Gewinn verdoppelt, im Jahr darauf noch einmal. Doch nicht nur die Zahlen sprachen für sich, sondern auch das Herz: Meine Pausen wurden zum Genuss. Ich hatte Zeit für frisch aufgebrühten Tee. Hatte Lust, mittags einmal um den Block zu spazieren. Und dabei zu erkennen: Es ist Frühling! Alles blüht. Alles lebt. Und ich lebte inspiriert mit.

Nachts wurden meine Träume intensiver und klarer. Meine Beziehung stärker. Meine Wahrnehmung schärfer. Meine Sinne freier. Und meine Gedanken ruhiger. Das Beste jedoch war: Das latente Angstgefühl zog sich zurück. Viele Sorgen rückten in den Hintergrund oder konnten nun – aus einer anderen, entspannteren Perspektive betrachtet – einfach gelöst werden. So gewann ich neuen Raum für meine innersten Wünsche – und ich hatte Muße und Zeit, sie auch zu realisieren. Ich holte einen kleinen, frechen Hund in mein Leben. Fand die perfekte Yoga-Schule. Hatte Energie, meine Freundinnen zu treffen und ihnen wirklich zuzuhören. Die Natur zu beobachten. Und mein Gewicht auf Spur zu bringen. Meine Texte wurden raffinierter, meine Vorhaben größer, und mein Glaube an mich und an die Zukunft der Welt wuchs.

Und die Abende? Sie wurden zur Zeit für Partnerschaft, Romantik, Hobbys, neue Ideen, Kreativität und zur Geburtsstunde jenes Abenteuers, das Sie mit diesem Buch gerade in Ihren Händen halten.

Denn aus meinen Erfahrungen, den verschiedenen Trainings und Ausbildungen, die ich auf meiner Reise hierher absolviert habe, habe ich dieses 14-Tage-Programm geschaffen, das Sie und Ihre persönliche Welt ebenso verändern kann, wie es mir und den anderen SWITCH OFF-Abenteurern gelungen ist.

Erleben Sie erst einmal Ihre wohlverdiente medienfreie Zeit, werden Sie spüren, wie befreiend es ist, sich nicht vom schrillen Ton des Smartphones diktieren, von der Anzahl der Likes beherrschen, von immer gleichen TV-Scherzen langweilen und von reißerischen Headlines verunsichern zu lassen. Wie ruhig die Welt im Kern tatsächlich ist und wie erstaunlich einfach es auch heute noch sein kann, die Balance zu halten.

SWITCH OFF ist spannend und (noch) unkonventionell. Es ist ein Aufbruch für Abenteurer, die intensiver leben und Neues er-leben wollen. Eine Zeit mit vielen freudvollen Begegnungen für alle, die das herzliche Mensch-Sein vermissen. Und eine energiespendende Auszeit für jene, die abends müde und abgeschlagen unter dem medialen Getöse zusammensinken – und sich nichts mehr wünschen als Ruhe, Regeneration und neue Inspiration für ein Leben, das im Gleichgewicht steht.

Lassen Sie unsere Reise beginnen!

Was erwartet Sie in den folgenden Kapiteln? In Teil 1 stellen wir uns den Tatsachen der medialen Welt. Wir blicken den Fakten und wissenschaftlich belegten Folgen unserer kollektiven Medien- und Smartphone-Sucht ins Auge. Lernen neu entstandene Krankheiten und psychische Störungen wie Hypermind, Social Media Anxiety oder Digiphrenia kennen, die der mediale Dauerkonsum bei vielen Menschen zur Folge hat. Dabei stellen wir interessante Fragen rund um unsere individuelle Verantwortung in diesem Prozess und in der (Weiter-)Entwicklung unserer Gesellschaft – und beleuchten die Dynamik, die unsere eigene Lebensqualität so stark verändert.

Nach diesem Ausflug werden Sie sehen: Der Strom unserer Zeit fließt nicht nur in eine Richtung. Ein Gegentrend zu »Always on« ist entstanden. Das Schöne daran ist, dass diesem neuen Bewusstsein derselbe Geist, dasselbe Ziel zugrunde liegt wie unserem gemeinsamen SWITCH OFF-Abenteuer. Dieser positive Geist entsteht aus dem persönlichen Bedürfnis heraus, sich das eigene Leben zurückzuholen. Sich aus der digitalen Stress-falle zu befreien – und die eigenen Ressourcen wieder für sich selbst und lange gehegte Träume einsetzen zu können.

Wie das gelingen kann, erfahren Sie im Praxisteil, dem 14-tägigen SWITCH OFF-Abenteuer. Tag für Tag und Schritt für Schritt werde ich Sie darin einladen, ganz bewusst das mediale Hamsterrad zu verlassen, aus der digitalen Stressfalle auszubrechen und einzutauchen in die reale Welt der Wahrneh-mungen, Begegnungen, Gefühle.

Noch mehr Tipps, Geheimnisse, Erfahrungswerte und er-folgserprobte Strategien für unseren Alltag im medial beschleu-nigten Zeitalter erwarten Sie zum Abschluss in Teil 3. Hier ge-ben Sie Ihrem Leben »back online« eine neue Richtung – und wenn Sie Lust haben, heiße ich Sie nach dem letzten Zuklappen dieses Buches in der SWITCH OFF-Community willkom-men. Damit auch Sie künftig ganz einfach die Spur halten – und anderen helfen können, dasselbe zu tun.

Also tauchen wir ein!
In tiefe Einsichten, erfrischende Erkenntnisse und beflügelnde Inspirationen. In Freude, Spaß und Lust am proaktiven, bewussten Leben mit SWITCH OFF!

Ihre Monika Schmiderer

Teil 1

Unser Zweitjob als Medienkonsument – und seine Folgen

Die moderne Welt, in der wir heute leben, ist eine Welt voller merkwürdiger Widersprüche. Wir bewegen uns ständig unter »Freunden« im sozialen Netz, und doch fühlen wir uns einsamer denn je. Wir sind begeistert beim ersten und sorgenvoll beim zweiten Posting. Wir suchen einen Ausweg aus dem Lärm der Welt – und haben gleichzeitig Angst vor der Stille. Wir spüren so viel Leere, dabei ist unser Leben so voll wie noch nie. Wir suchen Sicherheit, doch hassen wir Routine und Konformität. Wir wollen grenzenlose Vielfalt, aber immer mehr Menschen lehnen Unbekanntes und Fremdes ab. Wir haben Geldsorgen und waren dennoch noch nie so konsumorientiert und verschwenderisch wie heute. Es ist verrückt.

Die ganze Welt ist bipolar. Und wir zerreißen uns mittendrin – in unserem unzufriedenen und rastlosen Streben nach mehr, obwohl wir doch eigentlich nichts mehr beklagen als das Zuviel: Zu viel Arbeit, zu viel Druck, zu viel Verantwortung, zu viel Bevormundung, zu viel Stress, zu viele schlechte Nachrichten, zu viele gut gemeinte Ratschläge, zu viele Reize, zu viel, das um unser Geld und um unsere mittlerweile noch wertvollere Aufmerksamkeit buhlt.

Warum ist alles innen wie außen so gespalten? Weil die Welt heute tatsächlich aus zwei Teilen besteht: dem realen und dem digitalen.

Das Paralleluniversum ist eröffnet

Alles steht uns offen. Jedes Produkt aus der virtuellen Welt kann morgen bei uns auf dem Küchentisch liegen. Jeder Freund auf Weltreise sofort erreicht werden. Jeder Geschäftspartner und Kollege auch nachts geweckt werden, wenn ein Projekt zum Feuerwehreinsatz wird. Dieses Alles-immer-und-zu-jeder-Zeit, dieses digitale Jetzt und Sofort, das mit der Technologisierung unseres Alltags entstanden ist, führt zu einer Lebensweise, die wir mit einem Mangel an Freiheit und fehlendem innerem Gleichgewicht bezahlen.

Sehnten wir uns in den 2000er-Jahren noch nach mehr Freizeit und Down-Sizing, haben sich unsere Bedürfnisse mit dem technologischen Fortschritt seither weiterentwickelt. Die Notwendigkeit einer geschwindigkeitsregulierenden Work-Life-Balance war gestern. Heute brauchen wir mehr als das. Wir brauchen eine Digital-Real-Life-Balance. Denn wir verbringen einen Großteil unserer Zeit weder voll fokussiert auf unsere Arbeit noch ganz gegenwärtig in unserer Freizeit, sondern wir verschwinden mit unseren Ressourcen, unserer Produktivität und Kreativität im digitalen Dazwischen.

Wir müssen nicht länger wie der Hamster im Rad rennen, sondern wir haben – jeder für sich und jeder auf seine Weise ganz aus freien Stücken – ein Rad *im* Rad geschaffen. Dieses zweite Rad ist das virtuelle Paralleluniversum, in dem wir öffentlich glänzen wollen. Wo wir unser Leben in eine kleine Hollywood-Inszenierung verwandeln, um gelikt und geshared zu werden.

Was wie eine prickelnde Liebesaffäre mit den ersten Social-Media-Likes begann, wurde schnell zu einer weiteren Verpflichtung auf unserer Tagesordnung, denn wenn ich nicht poste, bin ich dann noch?

Ja, zwischen all dem Laufen und Bemühen, mitten in der täglichen Produktivitätssteigerung unserer Wachstumsgesellschaft, im von TV- und Internet-Stars angefeuerten Körperkult und dem Hunderte Menschen umfassenden Freundeskreis hat sich dieses gigantische Paralleluniversum aufgebaut, das es in sich hat.

Hier gibt es alles, kompromisslos alles, noch einmal. Jeder flüchtige Kontakt will virtuell ein Freund sein, dem wir für jedes selbst zubereitete Abendessen online gratulieren sollen. Jeder Fitnesstrainer schickt uns seine Push-Nachricht, um uns daran zu erinnern, dass wir heute noch 45 Minuten auf den Stepper sollten, um uns immer weiter selbst zu optimieren. Jeder Motivations-Coach lanciert eine App, die schon mit dem Weckton die ersten Antreiber an uns schläfrige Schäfchen schickt.

Jeder ist bei uns, will gesehen werden und verlangt unsere Zustimmung. Überall. Und immer. Die kostspielige Währung dafür? Unsere Aufmerksamkeit.

Und wir reagieren. Verdoppeln unser soziales Engagement mit vielen Daumen nach oben und »Wows«. Mit digitalen Glückwunschkarten für das Geburtstagskind zwei Stunden bevor wir das Haus verlassen, um zu dessen Party zu gehen.

Wir scrollen in jeder freien Minute, nein Sekunde, durch die sozialen Netzwerke, um auf keinen Fall etwas zu verpassen oder womöglich ein wichtiges Like für einen entscheidenden Kontakt nicht zu geben.

Moderne Menschen wie Sie und ich sind always on. Auch dann erreichbar und online, wenn wir eigentlich schwach und müde sind. Sind glücklich in der bunt gefilterten Welt, auch wenn wir der Depression näher sind als unseren »Freuden«. Sind Mitglieder in Gruppen, die uns absolut nichts bedeuten. Leben als Follower und Friends von Menschen und Marken, die uns nicht guttun und deren Postings und Bilder uns unzufrieden mit uns selbst, aggressiv, besorgt oder traurig machen.

Und auch wenn es sich immer schlechter anfühlt, gehen wir

immer noch weiter. Anstatt uns abzugrenzen und echtes Abschalten möglich zu machen, entscheiden wir uns meist für den umgekehrten Weg: Immer ist die Kamera griffbereit – um jeden postingwürdigen Moment einzufangen und in der Hoffnung auf viele Likes als aufpoliertes Foto ins Netz zu werfen. Anstatt bewusst zu erleben und im Hier und Jetzt zu sein, bewerten wir ununterbrochen, ob unser Leben außergewöhnlich genug ist, um uns virtuelle Anerkennung einzubringen. Und betrügen uns damit um den wertvollen Moment selbst.

Das ZEITmagazin postete dazu auf seiner Facebookseite mitten ins beschämte Herz: »Und plötzlich ist es so: Die besten Augenblicke im Leben werden ständig auf ihr *LikePotenzial* abgeklopft. Der erste Schnee oder dein erstes Zimmer oder sogar die ersten Schritte eines Kindes: Aus den privatesten Situationen, aus Momenten, in denen du ganz bei dir warst, werden plötzlich Momente, in denen dir theoretisch Hunderte über die Schulter schauen. Und selbst wenn du sie am Ende gar nicht öffentlich machst: Allein darüber *nachgedacht* zu haben, wie die Schlittenfahrt bei anderen ankommen könnte, hat dem Moment seinen Kern geraubt – seine Gegenwärtigkeit. Statt dich darin zu verlieren, hast du dich selbst von *außen* betrachtet.«

Aus dem Erleben und Genießen ist ein permanentes Bewerten geworden. Wenn wir etwas für »gut genug« empfinden, um es zu posten, setzen wir unser Innerstes, unsere intimsten Erlebnisse aus freien Stücken der unberechenbaren Meinung unserer Social-Media-Kontakte aus. Machen unser Leben – gefiltert und gepimpt – zum Bestandteil eines virtuellen Wettbewerbs.
Alles kategorisieren wir mit Likes, Herzen und Daumen nach oben oder unten. Gut oder schlecht. Ja oder nein. Schwarz oder weiß. Die Welt ist durch Social Media in ein so enges Raster gezwängt, dass es kaum noch Graustufen und Schattierungen gibt. Doch das Echte und Ehrliche – und in Wahrheit auch das

Reizvolle und Spannende – liegt immer dazwischen und ist nie perfekt. Doch das blenden wir aus.

Nicht nur unsere Karriere und die materiellen Statussymbole, sondern auch unser privates Dasein, unsere ganz einfache und fast immer unspektakuläre Freizeit müssen jetzt auf den Präsentiertellern von Facebook, Instagram & Co. bestehen. Mindestens zweimal täglich, um auch die Reichweite und die Sichtbarkeit der eigenen Postings nicht zu verlieren, wie Social-Media-Berater aktuell empfehlen. Das sind also mindestens 750 Postings im Jahr für jeden von uns. Für Menschen, die zu sogenannten Influencern werden wollen, reicht das Doppelte gerade noch aus, um wichtig zu werden.

Kein Wunder, dass wir gezwungen sind, jede Spaghetti Bolognese zum Highlight zu deklarieren. Denn niemand, auch kein Star, lebt tatsächlich ein Leben, das dem konstanten digitalen Rampenlicht und sozialen Postinggewitter gerecht werden kann.

Tricky ist jedoch vor allem eins: Wir können es uns – zumindest gefühltermaßen – nicht mehr leisten, nicht dabei zu sein. Gleichzeitig löst das Dabeisein einen Druck auf uns, unsere Persönlichkeit und unsere alltägliche Lebenswelt aus, den wir psychisch kaum bewältigen können.

Die Folge? Wir werden ängstlicher und nervös.

Die sogenannte Fear Of Missing Out, kurz FOMO, ist eines der neu entstandenen, psychischen Stressphänomene, das uns antreibt. Natürlich, die Angst, etwas zu verpassen und nicht auf dem Laufenden zu sein, ist ebenso alt wie das ureigene menschliche Bedürfnis nach sozialem Anschluss, jedoch hat sich durch die sozialen Medien eine neue Form dieser Angst entwickelt.

Ob wir selbst von dieser neuen Sorge betroffen sind, spüren wir, wenn uns Postings von feiernden Freunden den eigenen Abend verderben. Wenn wir nervös werden, wenn wir nicht genau wissen, was unsere Kollegen und Verwandten gerade machen und mit wem. Und wenn wir selbst den Zwang spüren, all unsere Freizeitaktivitäten online zu teilen. Fear of missing out steuert uns aber auch dann, wenn wir einen Auffahrunfall riskieren, weil wir sofort wissen müssen, wessen Nachricht gerade mit einem Piep eingegangen ist. Wenn wir uns beim Arbeiten oder Lernen ständig selbst unterbrechen, um zu checken, ob wir ein neues Like haben. Oder wenn unser erster und letzter Akt des Tages der Blick ins Smartphone ist. Immer öfter höre ich, wie Beziehungen leiden, weil der Partner oder die Partnerin morgens und abends seinen oder ihren Social Account checkt, bevor er oder sie überhaupt »Guten Morgen« gesagt oder einen Gute-Nacht-Kuss gegeben hat.

Warum tun wir das? Paradoxerweise, weil wir geliebt, gemocht und vor allem gebraucht werden wollen – und weil wir einen großen Teil unseres Selbstwertes heute über unsere virtuellen Verbindungen aufbauen. Online etwas zu verpassen bedeutet, eine Chance auf einen unmittelbaren Belohnungsimpuls auszulassen. Likes wirken nachweislich wie Süßigkeiten oder ein Geldgewinn. Je mehr wir davon bekommen, desto intensiver reagieren wir. Je weniger, desto größer wird die Angst, etwas nicht richtig gemacht zu haben, nicht interessant genug oder gar unbedeutend zu sein.

Diese Sucht nach digitalem Zuspruch kann wüste Kräfte mobilisieren: Beispielsweise legte ein 21-jähriger Amerikaner einen Waldbrand, um die Klickzahlen seines Wetter-Videos zu erhöhen. Da beginnt mancher, sich zu Recht Sorgen um unseren gesunden Menschenverstand zu machen.

Wir alle brauchen es, gebraucht zu werden. Dieses Gebrauchtwerden nährt sich nicht aus digitaler Selbstdarstellung und dem virtuellen Vergleichen mit den Errungenschaften und Erlebnissen anderer. Wohin steuern wir, wenn wir unser Bedürfnis nach Anschluss in diese Kanäle lenken? Gibt es in der digitalen Welt denn überhaupt echte Anerkennung? Reale Nähe? Bereichernden Kontakt?

Einsam im sozialen Netz

Gäbe es für das Internet eine Warnaufschrift, könnte diese lauten:»Surfen schwächt Ihr Sozialleben« oder»Online-Sein macht einsam.« Es ist nicht überspitzt, wenn ich sage, der Medienwahn, der uns vermeintlich verbindet, tötet: den Glauben an das Gute in der Welt, den Esprit, den Ansporn, den Weitblick, das Sexualleben, unsere Freundschaften und unsere Ehen.

Es ist traurig, und es ist wahr: Mit Hunderten Freunden in sozialen Netzwerken fühlen wir uns immer öfter allein. Vereinzelung in der Gesellschaft nennen Psychologen diese wachsende Kühle, die immer mehr Menschen beklagen. Längst sind es nicht mehr nur die Älteren unter uns, die sich einsam fühlen. Die schweizerische BFS-Gesundheitsstatistik aus dem Jahr 2014 zeigt, dass mehr als 40 Prozent der 15- bis 34-Jährigen und im Vergleich dazu»nur« 28 Prozent der 65- bis 75-Jährigen unter Einsamkeit leiden.

Der amerikanische Soziologe David Riesman postulierte bereits 1950 in seinem Werk *The Lonely Crowd,* dass ein Leben ohne die Orientierung an Traditionen, spirituellen Richtlinien und inneren Werten, dafür aber mit ganzem Fokus auf die Meinung, das Verhalten, den Fortschritt, den Konsum und Erfolg der Mitmenschen und der Medienstars die einsame und ängstliche Persönlichkeit geradezu notwendigerweise hervorbringt. Er nennt diese Menschen»außengeleitet« und sagt, sie»… brauchen die Bestätigung, dass sie sich mit anderen emotional in Einklang befinden«.

Eindeutig: Damit hatte er die Zeichen der Zeit früh erkannt. Die Strukturen unserer Gesellschaft haben sich seither immer weiter gelockert, Systeme sind heute mehr denn je im Wandel, und das Smartphone wird zunehmend zu einem der wenigen handfesten Dinge, die wir noch zu fassen bekommen.

2001 gab der durchschnittliche Nordamerikaner in einer Gallup-Umfrage an, zehn enge Freunde zu haben. 2014 sank diese Zahl auf zwei. Was ist passiert? Wohin sind die guten Freunde verschwunden? In der digitalen Stressfalle und in den »sozialen« Netzen. Und selbst wenn wir uns in der realen Welt treffen, werden unsere Gespräche ständig durch blinkende und piepende Smartphones unterbrochen. Wahre, tiefe Konversation kommt kaum zustande. Auch wenn wir uns direkt gegenübersitzen, spielen wir nur noch die zweite Geige nach all denen, die anrufen und eine Nachricht senden und für die wir sofort »stehengelassen« werden.

Nach der Mittagspause zurück im Büro erleben wir Ähnliches: Kollegen, die zurückgrüßen, ohne vom Bildschirm aufzuschauen. Wir denken, mit unseren Smartphones in der Tasche und Computern am Schreibtisch vernetzt zu sein, doch vielfach verschließen wir uns in der virtuellen Welt, um der Zumutung des echten Austausches, des Miteinanders auszuweichen. Enger Kontakt zu anderen Menschen, auf einen Unbekannten zugehen – das ist durch unseren Dauerstress als Medienkonsument und unseren engen Blick in unsere Smartphones schwierig geworden. Aber nicht nur reale Interaktion, sondern auch Ruhe und echte Freiheit scheinen eine unbeliebte Störung geworden zu sein.

Warum? Freiheit ist unbequemer und anstrengender, als geführt zu werden. Ruhe zwingt uns zwangsläufig dazu, uns selbst nahezukommen und zu erkennen, was in unserer Gefühlswelt wirklich los ist. Beides vermeiden wir mit Klicken, Scrollen, Zappen und Dauerbeschallung. Dabei sind wir aber nicht nur dem Gegenüber fremd geworden, sondern auch unserem eigenen Inneren. Und das ist ein Verlust, den wir kaum aufwiegen können. So sehr wir es auch versuchen. Wir verlangen im Beruf Übermenschliches von uns – und unseren Kollegen und Mitarbeitern. Wir inszenieren unser Leben, unsere Urlaube und Aktivitäten auf Social Media und betrügen uns damit selbst –, um hoffentlich dazuzugehören, geachtet und gemocht zu werden, egal, ob wir das selbst noch tun.

Wie weit der Einfluss von Smartphone & Co. auf uns und unser Leben mittlerweile reicht, zeigen verschiedenste Umfragen und Untersuchungen: Im Auftrag der ERGO Direkt Versicherung befragte die Stiftung Internetforschung mehr als 3.000 volljährige Nutzer, ob sie fürchten, ohne das Internet den Anschluss an ihre Freunde und Familie zu verlieren. Das Ergebnis? Fast 40 Prozent der 18- bis 29-Jährigen und etwa ein Viertel der 40- bis 70-Jährigen stimmten hier eher oder gar voll zu.

Obwohl wir in den Universen unserer Smartphones nach Zuneigung, Bestätigung und Zugehörigkeit suchen, fühlen sich immer mehr Menschen überfordert mit dem vermeintlichen Privileg der ständigen Erreichbarkeit. Eine Untersuchung der Stiftung Internetforschung ergab, dass im Jahr 2016 25 Prozent der Befragten jederzeit erreichbar sein wollten. Rund 60 Prozent sprachen sich dagegen aus. Vier Jahre zuvor sah das noch anders aus: Damals wollten noch 42 Prozent ständig erreichbar sein und nur rund 39 Prozent lehnten dies ab.

Die ständige Erreichbarkeit und unsere Angst, etwas zu verpassen, kann gar tödliche Konsequenzen haben. ADAC-Fahrzeugtechniker Hubert Paulus betont, dass die »Smartphone-Seuche« die Erfolge bei der Verringerung der Zahl von Toten und Verletzten im Straßenverkehr gefährdet. Die vormals sinkende Zahl der Verkehrstoten steigt durch unser Abgelenktsein wieder an. Laut einer amerikanischen Studie vervierfachen das Suchen nach dem Smartphone, das Telefonieren und das Lesen und Schreiben von digitalen Nachrichten während des Autofahrens das Unfallrisiko.

Wir stehen immer im Dienst unseres blinkenden Begleiters: 49,5 Prozent der Männer und 42,8 Prozent der Frauen kontrollieren ihr Mobiltelefon, auch wenn es gar nicht klingelt oder vibriert. Konkret holen wir fünf- bis 20-mal in der Stunde unser Smartphone aus der Tasche, um sicherzugehen, nichts zu verpassen. Ein sogenanntes Phantomklingeln wahrzunehmen, wenn kein Anruf eingeht, kennen fast 45 Prozent der Befragten zwischen 18 und 29 Jahren.

Schizophren angesichts des medialen Dauerstresses, den wir empfinden, ist, dass 9,3 Prozent aller Befragten und 23 Prozent der 18- bis 19-Jährigen auch dann genervt sind, wenn sie einen Tag lang keine Anrufe oder Nachrichten erhalten. So oder so: Wir sitzen ganz schön in der Falle.

Ein Apfel und das verlorene Paradies

Diese digitale Falle lockt jedoch mit vielen Reizen. Ihre Mechanismen haben eine besondere Magie: Das Display in der Hand leuchtet wie eine nie enden wollende Offenbarung. Die Möglichkeiten sind schier unbegrenzt. Die Fülle an Angeboten unerschöpflich. Und doch ist es der Apfel in unserer Hand, der uns schnell aus unserem persönlichen Paradies vertreiben kann.

Denn hinter der Mannigfaltigkeit wartet auch die Pflicht, erreichbar zu sein. Das Hin-und-her-gerissen-Sein zwischen dem Wunsch nach Rückzug und der gleichzeitigen Furcht, etwas zu verpassen. Wir wollen abschalten, können es aber nicht mehr. Warum? Aus Abhängigkeit. Wir hängen am Fernsehen und am Internet wie ein Trinker an der Flasche. Und das mittlerweile schon im Vorschulalter oder früher – mit Kinder-Fernsehen und Apps für die Kleinsten. Wer einmal beobachtet hat, wie Kinder gebannt vor dem TV oder Tablet sitzen, der versteht die hypnotische Sogkraft, die dieser »Babysitter« auf Kleine wie Große ausübt.

Auch wenn manche Trendforscher beteuern, dass wir nicht abhängig sind, und die Bedeutung des Internets mit der der Postkutsche in früheren Zeiten vergleichen, so ist das in meinen Augen und vor dem Hintergrund meiner Recherchen sehr romantisch und beschönigt die wahren Auswirkungen der Zeitenwende, die die neuen Medien ausgelöst haben. Die Postkutsche veränderte unser Verhältnis zur Distanz. Das Internet und das virtuelle Paralleluniversum verändern jedoch unser Verhältnis zur Realität.

Natürlich würden sich die wenigsten von uns als süchtige Opfer der Informations- und Technologieindustrie sehen – und selbstverständlich gibt es Abstufungen. Doch wir müssen ehrlich zu uns selbst sein: Unser Medien- und Smartphone-Konsum kann problematisch werden und ist es in vielen Fällen schon. Allein in Österreich hat einer Untersuchung des Instituts für Suchtprävention Pro Mente OOE zufolge die Abhängigkeit vom Internet »klassische« Suchterkrankungen wie Spielsucht, Abhängigkeit von Opiaten oder Bulimie und Anorexie überholt. Auch in Deutschland haben laut der Gesamtstatistik des Fachverbandes Sucht e. V. die Zahlen des problematischen Medienkonsums und der Internetabhängigkeit die Missbrauchszahlen von Cannabis, Schlaf- und Beruhigungsmitteln sowie die der Glücksspielsucht bereits überstiegen.

Die Internetsucht ist eine Verhaltenssucht, erklärt auch Medienexpertin Cornelia Müller der Vorarlberger SUPRO Werkstatt für Suchtprophylaxe. Von einer Sucht spricht man dann, »wenn ein Großteil der zur Verfügung stehenden Zeit nur noch mit dem Medium verbracht wird. Im Extremfall kann die virtuelle Welt zu einem vermeintlich vollständigen Ersatz für sonstige reale Kontakte werden und damit zu sozialer Isolation führen.« Sie betont, dass heute oft vorschnell von Sucht gesprochen wird – und dass die wirkliche Herausforderung in puncto neue

Medien nicht in der Heilung einer Suchterkrankung liegt, wie wir es etwa bei Alkohol- oder Nikotinabhängigen erleben, sondern dass der Fokus auf einem bewussten und gesunden Umgang mit dem eigenen Medienkonsum liegt. »Unser Ziel ist, problematischem und missbräuchlichem Konsum vorzubeugen, über die Chancen und Risiken aufzuklären und ein differenziertes Bild der Medien zu vermitteln. Wir wollen dazu animieren, über den eigenen Medienkonsum nachzudenken, und dabei unterstützen, medienkompetenter zu werden«, erklärt Müller. Denn »die Dauer und die Intensität der Nutzung entscheiden nicht unbedingt über Sucht oder Nicht-Sucht, sondern die Beweggründe, die einen veranlassen, Zeit mit Medien zu verbringen.«

Gedanken über unseren Medienkonsum sollten wir uns also machen, wenn wir:

- kaum noch einen Nachmittag, Abend oder Tag ganz auf das Smartphone oder die mediale Ablenkung verzichten können.
- medienfreie Zeit nicht mehr genießen, sondern wir verstärkte Unruhe und Entzugserscheinungen an uns bemerken.
- gereizt und aggressiv reagieren, wenn das Gerät nicht genutzt werden kann oder kein Netz zur Verfügung steht.
- mehr Zeit mit dem Gerät verbringen, als wir vorhatten, und die Dauer des Konsums weiter ansteigt.
- unsere Freizeit lieber mit Medienkonsum als mit dem Partner, der Familie, Freunden, Sport oder Hobbys verbringen und in Kauf nehmen, dass daraus soziale Probleme resultieren können.
- bereits einmal gelogen haben, was die Intensität der eigenen Mediennutzung anbelangt.
- nicht wissen, wie wir es schaffen sollen, auszuschalten.

Immer mehr Menschen wenden sich mit ihren Sorgen über ihre

wachsende Abhängigkeit von Smartphone und Co. und den bedenklichen medialen Konsumgewohnheiten ihrer Kinder an die Suchberatungsstelle – und es ist so einfach wie klar: »Verzicht ist eine gute Möglichkeit, um die Kontrolle zurückzuerhalten«, sagt Müller.

Doch warum triggern und aktivieren gerade die neuen Medien überhaupt unser Suchtpotenzial?

Eine Studie der Universität Chicago kam 2012 zum Schluss, dass Facebook & Co. süchtiger machen als Nikotin und Alkohol, nur der Wunsch nach Schlaf der Probanden war größer als das Bedürfnis, sich in Social-Media-Plattformen einzuloggen. Eine Studie der California State University von 2016 besagt, dass soziale Netzwerke ähnlich auf unser Gehirn wirken wie Kokainmissbrauch. Spannend! It-Philosoph Tristan Harris erklärt in einem Bericht der Tageszeitung *Der Standard,* dass im Hintergrund jeder Plattform Tausende Programmierer, Designer und Produktentwickler daran arbeiten, uns als Nutzer süchtig zu machen und zu manipulieren.

Hier ein paar seiner Beispiele dafür, wie das Netzwerk uns einfängt:

- Die rote Farbe der aufleuchtenden Benachrichtigungssymbole in Mailprogrammen und Apps nehmen wir als Warnsignale wahr, die wir evolutionsbedingt nicht ausblenden können.
- Der »unendliche Bildschirm«, der durch das unaufhörliche Nachladen neuer Informationen beim Scrollen entsteht, suggeriert, dass es immer noch mehr Neues zu sehen und zu entdecken gibt. Wir können uns kaum losreißen von diesem Strom an neuen Reizen.
- Die sozialen Medien sind am Smartphone jederzeit unlimitiert verfügbar, und wir können ganz einfach und ohne jede Mühe »dabei sein«.

- Diese Netzwerke haben keine offensichtlichen Nachteile für uns, wie etwa Rauschmittel es haben, und sind kaum mit wahrnehmbaren Kosten verbunden.

Es ist die ideale Droge: Immer und unlimitiert verfügbar. Beinahe gratis. Legal. Sozial anerkannt. Doch wie die meisten Drogen hat auch diese eine Nebenwirkung: Paranoia. Autorin Julie Spira etablierte erstmals 2012 den Begriff der Social Media Anxiety (SMA), die sich ähnlich der Smartphone-Sucht wie folgt erkennen lässt:

1. Das Smartphone wird zum wichtigsten Gegenstand im Alltag.
2. Sie werden nervös, wenn Sie jemanden online kontaktieren und nicht binnen weniger Stunden eine Antwort oder Reaktion erhalten.
3. Das Smartphone ist immer an, und Sie verzichten auch beim Essen oder mitten in Unterhaltungen nicht auf den Blick in die sozialen Medien oder in die verschiedenen Inboxen.
4. Sie überprüfen im Minuten- oder Stundentakt, ob jemand Ihr eben geteiltes Bild oder Posting gelikt hat.
5. Sie werden traurig und depressiv, wenn dieses Posting zu wenig Anerkennung erhalten hat oder jemand Ihre Freundschaftsanfrage nicht bestätigt.

Auch hier sind Kinder und Jugendliche stärker gefährdet, sich darin zu verlieren, als im Leben verwurzelte Erwachsene. Psychisch vorbelastete Menschen erleiden eher einen Zusammenbruch in der digitalen Stressfalle als solche, die ihre Ressourcen aktivieren und sich gut abgrenzen können. Besonders greifbar wird unsere Sucht, online zu sein, durch die Ergebnisse einer Befragung der Boston Consulting Group: Ihr zufolge würden 89 Prozent der Befragten eher ein Jahr lang auf Fast Food verzichten, als ein Jahr lang offline zu leben. Über 70 Prozent würden zwölf Monate lang abstinent von Alkohol, Kaffee oder Schokolade leben, um surfen zu können, und sogar das Auto würden 23 Prozent der Befragten ein Jahr lang stehen lassen, um nicht selbst im digitalen Stand-by zu enden. Und damit nicht genug: 16 Prozent würden lieber auf Sex verzichten als aufs Sharen und Liken, und 10 Prozent wären sogar bereit, sich ein Jahr lang nicht mehr zu duschen, um weiterhin online sein zu können. Ganz klar: Der mediale Reiz betört uns mit ungekannter Kraft.

Die Büchse der Pandora

Zweifellos hat sich mit dem kollektiven Eintritt ins digitale Paralleluniversum eine Büchse der Pandora geöffnet. Die Erfindung des World Wide Webs hat einen Sturm ausgelöst, den die Menschheit noch nicht kannte – und der sicherlich seine maximale Windstärke noch nicht erreicht hat. Mit ihm sind unsere privaten Gewohnheiten, unsere kollektiven Weltbilder, unsere Erziehungsmethoden, unsere Glaubensgrundsätze, unsere bisher für stabil gehaltenen Systeme und – wie wir mehr und mehr erleben – auch unsere politische Landschaft wie Bäume im Orkan entwurzelt und völlig auf den Kopf gestellt worden.

Täglich belegen neue Studien: Wir Menschen sind dem immer komplexer werdenden Alltag, der uns kontrollierenden Vernetzung und der konstanten Überforderung, die damit einhergeht, im Grunde unseres Wesens nicht gewachsen.

Allein von 2004 bis 2015 sind den Angaben des Betriebskrankenkassen-Dachverbandes die Krankheitstage (AU-Tage) wegen Burn-out von 4,6 auf 67,3 Tage je 1.000 Mitglieder gestiegen. Psychische Erkrankungen sind auf dem Vormarsch: Heute sind dadurch nach einer Erhebung desselben Verbandes rund 2,4-mal so viele Menschen arbeitsunfähig, als das im Jahr 2001 der Fall war. In Europa leiden laut Professor Hans-Ulrich

Wittchen vom Lehrstuhl für Klinische Psychologie und Psychotherapie der TU Dresden jedes Jahr rund 165 Millionen Menschen an einer klinisch bedeutsamen psychischen Störung. Die Ursachen dafür mögen vielschichtig sein, aber das immer höhere Lebenstempo, die wachsenden Anforderungen und die Entfremdung von uns selbst, die mit der technologischen Zeitenwende einhergehen, haben gewiss einen Anteil daran. Doch was tun wir dagegen? Wir schlucken Tabletten. Mit Psychopharmaka wurden laut IMS Health im Jahr 2013 weltweit fast 40 Milliarden US-Dollar umgesetzt.

Überrascht Sie das? Mich nicht.

Ich konnte es am eigenen Leib – oder vielmehr an der eigenen Seele – spüren, dass eine magische Grenze überschritten wurde. Die menschliche Psyche hängt an einem seidenen Faden. Und da liegt es näher, Symptome zu bekämpfen, als das Problem bei der Wurzel zu packen. Auch wenn wir es nicht immer zugeben wollen, sind wir alle anfällig für diese rastlose Sehnsucht. Für den Wunsch nach immer Neuem und vor allem: nach mehr. Doch was uns zunächst verheißungsvoll erscheint, ist in Wahrheit alles andere als befriedigend. In beinahe allen Lebensbereichen stehen wir vor einer schier unerschöpflichen Fülle an Wahlmöglichkeiten. Doch bringt uns diese Freiheit keine Erleichterung. Ganz im Gegenteil: Sie erdrückt uns. Sie macht uns entscheidungsmüde.

Schwarze Löcher und hochauflösender Treibsand

Im Stillen ahnen wir: Das schwarze Loch, in dem unsere Zufriedenheit, unsere Freizeit, unsere Inspiration und unsere sozialen Kontakte versinken, ist nichts Fernes, Abstraktes oder uns gegen unseren Willen schmerzlich Aufgezwungenes. Es ist der smarte Freund in unserer Westentasche. Der Flatscreen-Altar in unseren Wohnzimmern. Das elegante Tablet oder die hippe

Watch, die unseren Status als elitärer Zeitgenosse zur Schau stellt. Schalten wir sie an, verwandeln sich die schwarzen Löcher in bunten, hochauflösenden Treibsand, in dem wir für Stunden völlig verschwinden.

Fernsehen und Internetsurfen sind zum Volkssport Nummer eins geworden. Jede Fahrt mit der U-Bahn zeigt, dass die Medien immer allgegenwärtiger werden. Doch tatsächlich schenken wir den Massenmedien so viel private Zeit, rauben uns selbst als Konsument und Follower so viel unseres Potenzials, dass manch einer im Treibsand der digitalen Welt unterzugehen droht.

Einer Studie der RTL-Tochter IP Network zum weltweiten TV-Konsum zufolge verbringt der durchschnittliche Nordamerikaner im Schnitt 293 Minuten und der durchschnittliche EU-Bürger über 230 Minuten täglich mit Fernsehen. Ein durchschnittlicher Deutscher investierte im Jahr 2014 rund 221 Minuten am Tag in Fernsehkonsum. Das sind mehr als dreieinhalb Stunden täglich. Die Gruppe der über 50-Jährigen überbietet das laut einer Erhebung der AGF gar mit 311 Minuten. Darüber hinaus widmen wir unserem Internetkonsum laut der iab D-A-CH Mediennutzungsstudie 2016 weitere 284 Minuten an unterschiedlichen Endgeräten. Tendenz steigend.

Wie wir an uns selbst beobachten können, findet das Surfen sehr oft parallel zum Fernsehen, Radiohören oder gar Lesen statt. GfK Media and Communication Research erhob, dass wir im Schnitt 167 Minuten am Tag Radio hören, 148 Minuten privat im Internet verbringen, 42 Minuten lang unsere Zeitung lesen und 30 Minuten in Zeitschriften blättern.

Addieren wir in Anbetracht dieses Multitasking-Verhaltens zu den 230 Minuten Fernsehkonsum »nur« rund 90 zusätzliche Minuten für unsere weiteren privaten Medienaktivitäten,

so widmen wir den Massenmedien im EU-Durchschnitt 320 Minuten unserer täglichen Freizeit. Das sind mehr

als fünf Stunden privater und damit freiwilliger Medienkonsum jeden Tag und somit 37 Stunden jede Woche!

Konkret bedeutet das: Jeder von uns hat – auf eine Arbeitswoche umgerechnet – einen richtig satten und selbstverständlich unbezahlten Zweitjob als »Medienkonsument«. Verrückt? Und wie!

Stellen Sie sich vor, wie die Welt sich verändern könnte, wenn ab heute alle EU-Bürger ausschalten und sich etwas Aufbauendem, Sozialem und Konstruktivem widmen würden? Wenn über 500 Millionen Menschen 1943,4 Stunden jährlich bzw. 37 Stunden jede Woche am Gemeinwohl arbeiteten, anstatt sich neue Wünsche und Ideale programmieren zu lassen? Das wäre die wohl größte humanitäre Revolution der Menschheitsgeschichte ...

Die deutsche Statistik für Zeitverwendung im Jahr 2012/2013 zeigt im Vergleich dazu nämlich: Wir widmen uns durchschnittlich rund 21 Minuten am Tag dem Ehrenamt oder freiwilligem Engagement, 110 Minuten unserem realen sozialen Leben und 59 Minuten sportlicher Aktivität.

Doch nicht nur die Lebenszeit, die wir freiwillig von Medien blockieren lassen, spielt eine Rolle. Die Dauerberieselung hinterlässt auch Spuren in unserem Gehirn. Dieser Effekt schlägt übrigens schon bei den Kleinsten groß ein: Es ist belegt, dass Kinder zwischen drei und fünf Jahren, die drei Stunden täglich fernsehen, massiv in ihrer Leistungs- und Entwicklungsfähigkeit beeinträchtigt werden. Und mehr noch: Die Konzentrationsfähigkeit, die Lesefähigkeit, die Sprachfähigkeiten und die mathematischen Fähigkeiten leiden beträchtlich unter dem Fernsehkonsum. Sogenannte Vielseher, die mehr als drei Stunden täglich (!) vom Fernsehen »erzogen« werden, haben nachweislich nicht dieselbe Leistungszunahme im fortschreitenden Schulalter wie Kinder, die gar nicht oder weniger als drei Stunden am Tag fernsehen. Das heißt: Je höher der Fernsehkonsum, desto größer die Wahrscheinlichkeit, bereits in der Grundschule ein gestörtes Verhalten zu entwickeln.

Auch Studien unter Studenten zeigten, dass mit steigender Smartphone-Nutzung die akademischen Leistungen sinken, die Lebenszufriedenheit beeinträchtigt wird und die Angst zunimmt.

Welch erschütternde Ausmaße die Kinderbetreuung durch das Fernsehen annehmen kann, wurde 2011 durch einen Fall in Wien deutlich: Ein Paar hat seine vier Kinder im Alter zwischen zehn Monaten und viereinhalb Jahren täglich stundenlang vor dem TV-Gerät an einen Sessel und in den Kinderwagen gefesselt. Monate- oder jahrelang haben die arbeitslosen Eltern ihre Kinder auf diese Weise »betreuen« lassen, berichtet die Jugendamtsprecherin gegenüber der Kronen-Zeitung. Die Folgen? Das geistige Niveau des Viereinhalbjährigen entspricht dem eines Zweijährigen. Er ist kaum fähig zu sprechen. Das dreieinhalbjährige Mädchen hat noch nicht laufen gelernt und zeigt schwere Entwicklungsstörungen. Die Eltern zeigen kaum Verständnis für ihr massives Fehlverhalten. Unter den Folgeschäden dieser Erziehungsmethode werden die Kinder, die heute in einer vom österreichischen Amt für Jugend und Familie überwachten Wohngemeinschaft aufwachsen, noch viele Jahre leiden, diese vielleicht sogar ihr Leben lang nicht mehr aufholen können.

Wie also können wir glauben, dass wir unsere Kinder fördern oder gut auf das Leben vorbereiten, wenn wir ihnen ein Tablet an den Kinderwagen klammern?

Genau diese Kinder verlangen später vielleicht nach einem Alltag hinter einer VR-Brille, da sie die reale, unretouchierte Welt nicht mehr erstrebenswert finden und sich ihr nicht stellen wollen. Und dann? Bleiben sie zu Hause und schließen sich alleine in ihr Zimmer ein, gemäß einem problematischen Krankheitsbild aus Japan, »Hikikomori«, das dort zum problematischen gesellschaftlichen Phänomen wird. Der Druck in der Schule, in den sozialen Strukturen und die kaum ausgeprägte Selbstständigkeit der Kinder lösen dort derartige Symptome des gesellschaftlichen Rückzugs aus. Die Kinder verlassen ihr Zimmer nicht mehr, schlafen tagsüber und verbringen die Nächte vor Computer und Fernseher. Laut einer Internetumfrage des Fernsehsenders NHK im Jahr 2013 geht man von 1,6 Millionen Betroffenen in Japan aus. International wird Hikikomori mit den bei uns verbreiteten sozialen Phobien und ängstlich-vermeidenden Persönlichkeitsstörungen verglichen. Aktuell liegt die Wahrscheinlichkeit, daran zu erkranken, in unseren Breiten bei circa 15 Prozent.

Doch es sind nicht nur unsere Kinder, die stumm starren und dabei ebenso stumm leiden, sondern auch wir Erwachsenen: Der australische Wissenschaftler David Dunstan vom Baker Herz- und Diabetes-Institut in Melbourne untersuchte den Lebensstil von 8.800 Australiern im Verlauf mehrerer Jahre. Seine Erkenntnis: Es besteht ein signifikanter Zusammenhang zwischen dem Fernsehkonsum und Herz-Kreislauf-Erkrankungen. Wenn wir mehr als vier Stunden täglich fernsehen (oder online Videos konsumieren), setzen wir uns einem um 80 Prozent höheren Risiko aus, an einer Herz-Kreislauf-Erkrankung zu sterben, als es Menschen tun, die weniger als zwei Stunden täglich vor dem Bildschirm hängen.

Damit nicht genug. Dass Werbepausen Dickmacker sind, haben wir alle schon selbst erlebt, wenn wir uns bereits beim zweiten Spot über die letzte Chips-Packung im Vorratsschrank hergemacht haben. Wenn man bedenkt, dass in Deutschland jährlich fast vier Millionen Werbespots ausgestrahlt werden, sinnt der eine oder andere jetzt sicherlich darüber nach, dass es sich finanziell lohnen könnte, den Beruf zu wechseln und in den goldenen Olymp der Chips-Produzenten aufzusteigen.

Und tatsächlich: GF Dunton führte gemeinsam mit dem National Cancer Institute in Maryland eine Befragung von 10.000 erwachsenen Amerikanern durch und fand heraus, dass jene Befragten, die weniger als eine Stunde am Tag fernsahen, einen signifikant niedrigeren Body-Mass-Index hatten als Probanden mit längerem Fernsehkonsum. Wissenschaftler der Harvard T. H. Chann School of Public Health in Boston fanden heraus, dass Jugendliche, die mehr als fünf Stunden täglich mit Smartphone- oder Tablet-Nutzung verbringen, ein 43 Prozent höheres Risiko aufweisen, übergewichtig zu werden, als solche Teenager, die diese Devices nicht verwenden.

Aber resignieren wir nicht. Chips oder Joggen – es liegt in unserer Hand: Jennifer Otten von der Stanford-Universität wies nach, dass Menschen, die ihren wöchentlichen Fernsehkonsum bewusst halbieren, im Schnitt 119 Kalorien mehr am Tag verbrennen.

Doch es ist nicht nur die Genusslust, die wir beim Fernsehen und Surfen stillen wollen – es ist auch das nagende Gefühl, alleine zu sein, das viele von uns vor die Mattscheibe und ins World Wide Web zieht. Eine Liebessoap lässt diese Leere für wunderbare 45 Minuten verschwinden. Glücklich machen das Fernsehen und seine Nachkommen im Internet dabei aber nicht: John Robinson befragte in einem Projekt der Universität Maryland 30.000 Teilnehmer und fand heraus: Fernsehen ist die einzige Freizeitbeschäftigung, die zwar vermeintlich Spaß macht, aber nicht langfristig zufriedener stimmt. Kurz: Vielgucker sind die unglücklicheren Menschen. Sie verbringen laut dieser Umfrage rund 20 Prozent mehr Zeit vor den TV-Bildschirmen als glückliche Zeitgenossen. Warum? Weil die kurzfristige, gedankenlose Ablenkung langfristig einfach nicht befriedigen kann.

Nun könnte jemand einwenden, dass es vielleicht gar nicht am Fernsehkonsum liegt, sondern daran, dass man nicht differenziert genug auswählen kann, was man sehen möchte? Vielleicht löst eine größere Zahl an Programmen das Problem? Leider nein. Ein Forschungsteam aus der Schweiz fand sogar heraus: Je mehr Kanäle jemand zur Verfügung hat, desto unglücklicher ist er. Für Deutschland heißt das nichts Gutes: Ein durchschnittlicher deutscher Haushalt empfängt 78 verschiedene Sender – da ist es fast unmöglich, einen auszuwählen, ohne das Gefühl zu haben, auf den 77 anderen etwas zu verpassen, das unsere Langweile nachhaltiger stillt oder uns noch mehr Ablenkung von unseren Alltagssorgen und Gedanken bietet. Also zappen wir und durchkämmen parallel dazu am Smartphone die Weiten des Internets. Dort warten noch mehr Impulse und Möglichkeiten, Breaking-News und überhöhte Reize, die wir verarbeiten müssen, aber kaum noch verarbeiten können – und so nähren wir unser »cyberkrankes Hypermind«.

Die Tiefen des cyberkranken Hyperminds

Bevor ich in mein erstes SWITCH OFF-Abenteuer startete, fühlte ich mich an manchen Tagen wie ein Durchlauferhitzer, der an seinem Rechner nur unzählige Informationen von einer Datei in die andere schleuste. Ich konnte mir kaum noch etwas merken. In Ruhe nachdenken fand so gut wie gar nicht mehr statt. Wenn in Gesprächen und Besprechungen Fragen auftauchten, wurde das Überlegen durch Googeln ersetzt. Kommt Ihnen das bekannt vor?

»Wisdom has been replaced by knowlegde. And knowlegde has been replaced by information, pieces of data, junks of data«, resümiert Psychiater, Arzt und Autor Iain McGilchrist in der Dokumentation InnSaei. Unsere innere Weisheit wurde durch

Wissen ersetzt. Unser Wissen durch Information. Und die Information letztlich durch Datenmüll. Er sagt, dass wir die Welt mehr und mehr als eine Ansammlung von Bruchstücken erleben und man kaum mehr sagen kann, woher sie kommen. Wir recherchieren etwas und hetzen dabei von einem Hyperlink zum nächsten. Die Informationsimpulse reihen sich nahtlos aneinander. Zuerst inspiriert und motiviert uns diese Fülle. Wir scheinen tiefer einzutauchen, doch ist unsere Konzentration erschöpft, wirken die Inhalte zunehmend sinnlos und austauschbar. David McCandless beschäftigt sich mit diesen neuen intermentalen Störungen und führt auf seiner Website InformationisBeautiful.net zahlreiche weitere Phänomene auf, die er im digitalen Zeitalter an sich und in seinem Umfeld beobachtet.

Finden auch Sie sich im folgenden kleinen Auszug aus dieser neuen Welt?

- **E-Mail-Allergie**: Die Symptomatik, bei der das Eintreffen neuer E-Mails Stressreaktionen hervorruft: Gefühle von Reizbarkeit, Zorn, akuter Überforderung oder Depression begleiten dringende Nachrichten. Daher entwickeln Betroffene den Zwang, diese E-Mails so schnell wie möglich zu bearbeiten oder entfernen zu können – und schließlich eine wachsende Angst, das E-Mail-Programm überhaupt noch zu öffnen.
- **Dingeing:** Nachdem wir einige Stunden von unseren Smartphones und Tablets getrennt waren, stürzen wir uns ins World Wide Web wie ein Raucher der nach längerer Abstinenz auf seine Zigarettenschachtel im Handschuhfach – und versuchen die erzwungene Abstinenz zu kompensieren und somit Erleichterung zu finden. Ein Sucht-Symptom erster Güte.
- **Smart Tick** ist der Impuls, jede Wartezeit, jeden Moment alleine und jede freie Sekunde mit Interaktion in Social Media

oder mit einem Blick in unseren Posteingang zu füllen, selbst wenn unser Gesprächspartner eben nur schnell den Tisch verlassen hat, um sich frisch zu machen. Ertappt?

- **Infogestion** beschreibt die körperlichen Begleiterscheinungen unseres exzessiven Medienkonsums, die bis zum Screen Burn, der sensorischen und kognitiven Übersättigung, die Tage oder Wochen andauern kann und sowohl von Depressions- und Entzugssymptomen als auch von Reuegefühlen über die vergeudete Zeit begleitet wird.

- **Newsgoogles** benennt das abgestumpfte und emotionslose Verfolgen von realen Tragödien des Weltgeschehens im Internet, das unsere Empathie zerstört und in egozentrischer Gleichgültigkeit resultiert.

- **Devorce** beschreibt das Phänomen, dass Paare durch ihren konstanten Medienkonsum ein vom anderen isoliertes Parallelleben auf ihren Bildschirmen führen, selbst wenn sie abends gemeinsam im Bett liegen – und sich dadurch vermehrt so fühlen, als würden sie durch einen Scheidungsprozess gehen.

- **Online Identity Disturbance** ist die Verschiebung unserer Identität auf unsere virtuelle Persönlichkeit in sozialen Netzwerken. Negative Reaktionen auf unsere kaum geschützte und kaum schützbare Online-Persönlichkeit wie Dislikes oder Hasskommentare empfinden wir ebenso stark wie reale Beleidigungen und Kränkungen – und mindern damit unseren Selbstwert beachtlich.

Diese sieben Phänomene sind nur ein kleiner Ausschnitt aus dem Katalog intermentaler Störungen, den McCandless erstellt hat. Wissenschaftlich belegt sind diese (noch) nicht, haben Sie sich jedoch in einer oder mehreren Beschreibungen wiedergefunden? Ich mich schon.

Auch Autor Douglas Rushkoff gibt der Verschiebung der

Polkappen in unserer Psyche in *Present Shock – wenn alles jetzt passiert* einen Namen: Wir leiden an Digiphrenie, ausgelöst durch die Diskrepanz zwischen dem »digitalen Dauerbombardement« und den Begebenheiten im tatsächlichen Hier und Jetzt. Unser Bezug zur Realität, zum Faktor Zeit ist damit zusammengebrochen.

Was wir jedoch anstatt eines stabilen Selbstwertes und Realitätssinns aufgebaut haben, sind intensive Bindungen zu Figuren und Influencern aus Fernsehen, YouTube und Social Media. Wir folgen ihren Feeds, lesen all ihre Postings, liken ihre Bilder und verpassen keine ihrer Sendungen. Diese virtuelle Verbundenheit auf verschiedenen Kanälen löst in uns den gänzlich falschen Eindruck aus, diese öffentlichen Personen tatsächlich privat zu kennen oder gar befreundet mit ihnen zu sein. In diesen sogenannten parasozialen Beziehungen haben wir die digitale Welt als real akzeptiert und blenden aus, dass es in Wahrheit keinerlei echte Interaktion und erst recht keine gegenseitige Sympathie mit dieser Person gibt. Und freuen uns, völlig allein im blauen Licht des Bildschirm sitzend, bereits bei der Titelmusik darüber, dass »wir uns wiedersehen«.

Wie mannigfaltig die psychischen und physischen Konsequenzen unseres Lebens im Paralleluniversum wirklich sind und wie unvorhergesehen, aber schlagkräftig diese auftreten können, zeigt gerade auch Manfred Spitzer in seinem Buch *Cyberkrank! Wie das digitalisierte Leben unsere Gesundheit ruiniert* unmissverständlich: Cybermobbing, Cyberstress, Cyberchondrie, Schlafstörungen, Depressionen – die wissenschaftlich belegten (Krankheits-)Phänomene im Zusammenhang mit unserem freiwilligen Dasein als Medienkonsument beziffern den Preis, den viele von uns für die schöne neue digitale Welt bezahlen.

Als weltoffene Menschen verbinden uns heute aber vor allem die wachsenden, täglich von den Massenmedien neu geschürten Sorgen: Terrorismus, Eurokrise, Inflation, Altersarmut, Arbeitslosigkeit und Verbrechen zahlen ebenfalls auf unser persönliches Stresskonto ein wie Social Media Anxiety, Fear Of Missing Out oder die Angst, nicht mehr mithalten zu können.

Die Angst ist überall – und wir scrollen weiter

»Angst ist in unserem Jahrtausend überall. In den westlichen Gesellschaften leidet fast jeder Zehnte mindestens einmal in seinem Leben an einer ernst zu nehmenden Angststörung«, weiß die Angsttherapeutin Margaret Wehrenberg. In den USA leidet aktuell fast ein Drittel der Bevölkerung an krankhafter Angst. Auch in Europa liegen die Angststörungen auf Platz eins der psychischen Krankheiten: Laut einer Studie von Hunderten Forschern in allen 27 EU-Staaten, veröffentlicht im Fachblatt *European Neuropsychopharmacology*, leiden 14 Prozent der Bevölkerung an einer Angststörung. Sie leben »Horror in 3-D« – mitunter kreiert aus einem Zusammenspiel von lang anhaltendem Stress, traumatischen Erlebnissen und negativer Konditionierung, die uns in den Medien ununterbrochen begegnet und die unser Nervensystem strapaziert.

Medikamente sieht die Wissenschaftlerin Margaret Wehrenberg, genau wie viele ihrer Kollegen, als nur eine – wenn auch wenig nachhaltige – Option unter vielen, um der medial verstärkten Angst zu entkommen. Was also tun, wenn die Pharmazie nicht die bequeme Lösung bietet?

Vielleicht ein, zwei Bier vor den Abendnachrichten zu uns nehmen? Einen satten Schluck Wein zum Thriller? Einen Gin Tonic, um die Erfolgs-Postings des durchstartenden Kollegen zu verkraften? Kurz: Selbstmedikation mit Alkohol?

Aus Sicht der Angstforschung löst der bequeme Griff zum Glas allerdings einen Bumerangeffekt aus: Was mit einer kurzweiligen Erleichterung und scheinbaren Entspannung beginnt, endet beim Abbau von Alkohol oft – genauso wie unser exzessiver Medienkonsum – in Schlaflosigkeit und Furcht. Warum? Alkohol lässt das Nervensystem ebenso wie die ständig neuen Informationen aus dem Netz und der Mattscheibe in einem angeregten Zustand zurück.

Wehrenberg erklärt: »Das erregte Gehirn, das versucht, sich vom Alkoholeinfluss zu erholen, neigt zu Angst und Panik.« So betrachtet, ist es also völlig absurd, dass wir die Angst, die wir uns selbst durch ein aufwühlendes mediales Unterhaltungsprogramm herbeigezerrt haben, ausgerechnet mit Alkohol wieder zu betäuben versuchen, dessen Wirkung uns am Ende ebenso verstört zurücklässt.

Die Angst sollte also weder unterdrückt noch betäubt werden, wir müssen sie vielmehr lindern: durch eine Änderung unseres Lebensstils. Der Schlüssel dazu? Ein neues Denken und bewusstes Konsumieren.

So lindern wir die Angst, die unser Leben in der digitalen Stressfalle dominiert:
• Reizzufuhr reduzieren
• Aufmerksamkeit neu fokussieren
• entspannen
• Katastrophendenken beenden
• angstvolle Gedanken stoppen
• Sorgen nicht ausufern lassen

Klingt schwer? Das ist es nicht: Das Einzige, was Sie brauchen, um diese Strategien anzuwenden, ist Ihre Bereitschaft, das mediale Entschlacken auszuprobieren.

Denn es sind vor allem die Medien, die diesen Krieg in unserem Gehirn und in unserer Seele führen. Indem wir sie öfter schweigen lassen, bringen wir auch die Angstgedanken zusehends zum Verstummen. Auch Margaret Wehrenberg nennt das Problem beim Namen und rät, mehrere Stunden vor dem Zubettgehen ganz auf Medienkonsum zu verzichten: »Die Fernsehprogramme sind voll von schriller Musik, unerwarteten grausamen Bildern und übererregten Stimmen, die allesamt die Amygdala (Anm.: ein paariges Kerngebiet des Gehirns, das wesentlich an der Entstehung der Angst beteiligt ist) irritieren und in Alarmbereitschaft halten. Der einzige Zweck dieser Programme ist es, Menschen vor dem Bildschirm zu halten aus Furcht, sie könnten sonst etwas Wichtiges verpassen.« Das Internet hat denselben, meist noch verstärkten Effekt.

Was macht das mit uns? Die Angst nistet sich leise in unserem Inneren ein und verunsichert uns schließlich in allen Lebensbereichen: Kein Job ist mehr sicher, kein Ort vor dem Terror gefeit, keine Wissenschaft oder Branche mehr ethisch korrekt. Und wenn nicht der Mensch unsere Population zerstört, dann die vom Menschen missbrauchte Natur.

Doch es ist nicht der Feind, sondern unsere eigene Angst, die uns letztlich zerstört

Sie zerstört unseren Mut. Macht den Helden in uns zum Feigling. Sie vernichtet unseren Optimismus und lähmt den inneren Freigeist, der voller Träume und Hoffnungen für die eigenen Bedürfnisse einstehen will. An seine Stelle tritt ein Mensch, der im medialen Minenfeld seine Hoffnung und seinen Bezug zur Liebe verloren hat. Denn gerade auch die »Liebe«, die im Fernsehen, in Popsongs und in diversen Plattformen propagiert wird, ist keine echte Liebe. Was wir zu sehen bekommen ist Eifersucht und Besitzdenken. Angst vor dem Alleinesein. Egoismus und utopische Erwartungen. Und auch das schwächt uns neben all den bereits genannten, durch unseren Medienkonsum erzeugten oder verstärkten Stressphänomenen zusehends.

In den Augen spiritueller Lehrer wird ein Mensch in ständiger Angst und ohne Aussicht auf echte Liebe zur sinnentleerten Marionette. Er fügt sich, schweigt und resigniert. Kann der scheinbar Starke dann mit ihm machen, was er will? Stimmen wir der Angsttherapeutin Wehrenberg zu, wenn sie sagt, all die furchtgetränkten, aufwühlenden Bilder werden nur geschaffen, um uns vor den Geräten zu fesseln? Wer hat ein Interesse daran, die Massen in Spannung und Schrecken zu halten? Wer profitiert vom Geschäft mit unserer Angst?

Sprechen wir es klar aus: Die Medien schüren unsere Angst vor der Welt. Um uns vor ihr zu schützen, flüchten wir in die Welt der Medien. Der Gewinner dabei ist eindeutig. Die Fernsehmacher verdienen alleine in Deutschland laut dem German Entertainment and Media Outlook von PwC im Jahr 2020 rund 15,6 Milliarden Euro jährlich damit, dass wir durch unseren unbezahlten Zweitjob dicker, dümmer, unzufriedener und unglücklicher werden. Facebook setzte laut Wikipedia 2010 rund zwei Milliarden Dollar um. 2016 waren es bereits 28 Milliarden US-Dollar. Damit verdreifachte das Unternehmen seinen Gewinn gegenüber dem Vorjahr. Das ist der ultimative Traum eines jeden Unternehmers. Scott Galloway, Professor für Marketing und Brand Strategy an der NYU Stern School of Business demonstriert in seinen Vorträgen: Facebook wächst schneller als jedes Unternehmen, das die Menschheitsgeschichte je gesehen hat, und hat mit aktuell 1,86 Milliarden monatlich aktiven Nutzern mehr Mitglieder als jede Weltreligion.

Google und Facebook kassieren aktuell die Hälfte des weltweit investierten Budgets für Online-Marketing, das nach und nach alle anderen unternehmerischen Kommunikations- und Werbeaktivitäten ablöst. Laut dem Advertising Forecast von

Zenit übersteigen in den USA 2017 die Budgets für Internetwerbung das erste Mal jene für TV. Europa zieht nach. Der Finanzsender CNBC prognostiziert Facebook und Google zusammen im Jahr 2017 Werbeumsätze in der Höhe von 100 Milliarden Euro. Apple setzte bereits 2015 rund 233 Milliarden Dollar um, Amazon 107 Milliarden, Google 75 Milliarden. Den gesellschaftlichen, politischen und wirtschaftlichen Einfluss, den diese explosionsartig wachsenden Giganten haben, erkennen wir immer deutlicher. Unsere Sucht nach medialem Dauerrausch ist also ein gutes Geschäft. Nur leider nicht für uns.

Wir wissen das – und doch triumphieren ORF, SF, ARD, CNN & Co. immer aufs Neue in unserem Wohnzimmer. Google, YouTube, Amazon und unsere sozialen Netzwerke folgen uns wie unser eigener Schatten. Doch weshalb? Der TSN Infratest hat im Jahr 2011 genau diese Frage gestellt und Interessantes zutage gefördert. Von 50 Prozent der Fernsehenden wird als Argument genannt: Ich schalte an, um mitreden zu können. 90 Prozent gaben zudem an, zur Informationsgewinnung fernzusehen.

Wir hängen also vor den Bildschirmen, um als braver Mitläufer ebenfalls ein Statement abgeben und einen Running-Gag aus der gestrigen Sitcom bringen zu können. Wir sehen zu 90 Prozent fern, um informiert zu sein. Wirklich? Die genannte Befragung ist sicherlich korrekt durchgeführt und ausgewertet worden, aber Hand aufs Herz: Glauben Sie den Befragten diese Antwort? Oder schärfer formuliert: Welche der in 320 Minuten oder fünf Stunden täglich erhaltenen Infos sind es wert, im Freundeskreis oder mit unserem Partner besprochen zu werden? Und welche davon brauchen wir tatsächlich für unseren Lebenserfolg? Wie lange würden wir noch vor der Mattscheibe oder unseren Smartphones sitzen, wenn wir nur und ausschließlich das sehen, googeln und lesen würden, was uns tatsächlich wertvolle, konstruktive Inhalte bietet? Ich sage: für einen Bruchteil der Zeit.

Vielleicht möchten Sie mir nun widersprechen. Und mir erklären, dass Sie ja am Anfang der Nachrichten oder eines YouTube- oder Blog-Beitrags noch gar nicht wissen können, ob das, was dort gebracht wird, wichtig für Sie ist. Und dass es schließlich – bei allen Konsequenzen, die das auch für uns persönlich haben mag – unsere Pflicht als gute Bürger ist, auf dem Laufenden zu sein. Über die Politik, über unser Land und das Leiden anderer Menschen in allen Teilen der Welt, über den sozialen Fortschritt und natürlich das Wetter.

Ich behaupte nicht nur, ich weiß aus Erfahrung: Die wirklich wichtigen Nachrichten finden ihren Weg auch außerhalb der Massenmedien zu uns. Jeder Terrorakt, jede Naturkatastrophe, aber auch jeder WM-Erfolg wird Sie erreichen, auch wenn Sie nicht rund fünf Stunden Ihrer Freizeit damit verbringen, diese Information zu suchen. Versprochen. Sie begegnet ihnen ganz unweigerlich auf der Titelseite der Zeitung im Kaffeehaus. In einem Gespräch an der U-Bahn-Station. Im Radio, das aus einem offenen Autofenster hörbar ist. Ich kann mir Ihren skeptischen Gesichtsausdruck in diesem Moment vorstellen, und die Entgegnung, die Ihnen auf den Lippen liegt, beginnt vermutlich mit »Ja, aber …«. Das erlebe ich häufig. Wenn ich aus meinen SWITCH OFF-Abenteuern erzähle, wird mir oft vorgeworfen, ich würde vor der Welt davonlaufen, ich würde die Augen verschließen und mich verstecken, statt meiner Pflicht nachzukommen, am großen, globalen Leid der Menschheit Anteil zu nehmen.

Man kann doch nicht einfach wegschauen – nichts sehen, nichts hören, nichts sagen. Absolut. Hier bin ich ganz auf Ihrer Seite: Ignoranz ist immer falsches Glück.

Weniger wird mehr. Auf dem Weg zum sicheren Ufer

Ich möchte – genauso wie Sie – in keinem Fall die Augen vor dem Leid anderer Menschen verschließen und die Nöte um mich herum ausblenden. Ganz im Gegenteil! Doch genau das ist der Grund, warum ich es für richtig und wichtig halte, zu einem gesunden und bewussten Medienkonsum zu finden.

Überlegen Sie: Wenn wir an 365 Tagen im Jahr im Radio alle dreißig Minuten mit denselben Terror-Headlines konfrontiert, in der Tram mit den passenden Zeitungsberichten und in den Abendnachrichten und den Social-Media-Kanälen mit den Sensationsbildern des Infernos bombardiert werden – was geschieht dann in Wahrheit mit uns? Wir sind übervoll und verschließen uns unweigerlich. Wir stumpfen ab.

Die inflationären Berichterstattungen rütteln uns nicht mehr wach, sie machen uns erst ängstlich, dann passiv und schließlich gleichgültig. Leider. Schon wieder ein Bombenattentat, in welchem Land war das gleich? Schon wieder eine Naturkatastrophe, war das ein Tsunami oder doch ein Erdbeben? Und wieder eine Spendenhotline, habe ich da nicht neulich schon etwas überwiesen? Alles verschwimmt. Die Wiederholung macht mürbe. Also lesen wir – wie das bereits erklärte Newsgoogle-Phänomen beschreibt – nur noch quer, hören nur halb zu, seufzen dann kurz, schließen das digitale Fenster und machen weiter mit unserer Arbeit, unserer Busfahrt, unserem Abendessen.

Niemand kann schließlich von uns erwarten, dass wir die ganze Welt retten! Und während wir das denken und uns innerlich verschließen, regt sich das schlechte Gewissen. Denn indem wir zwar alles konsumieren und in unsere Wohnzimmer holen, dabei aber angesichts des Informiertseins nicht proaktiver, sondern immer ängstlicher, gleichgültiger und passiver werden, werden wir innerlich immer unruhiger – und leisten sicherlich keinen ruhmreichen Beitrag zur Verbesserung der Gesellschaft.

In unserer bipolaren Ersten Welt gilt es, sich selbst besser denn je zu beobachten. Denn bei aller Informationspflicht und allem globalen Problembewusstsein: Was bringt es uns – und den Menschen, die dringend unsere stabile Hilfe brauchen –, wenn wir, die wir helfen könnten, manisch im Büro und im Shoppingcenter um unser Leben laufen und danach depressiv vor dem Smartphone und dem Hauptabendprogramm in uns zusammensinken? So wird die Situation für die Welt ganz gewiss nicht besser.

Verstehen Sie daher, warum ich meine, auch beim Beobachten des Weltgeschehens ist weniger mehr? Wenn ich medial entschlacke, lege ich die gleichgültigen Gedanken des schwach gewordenen Herzens ab. Ich öffne die Schotten langsam wieder. Beide: die zur Welt und die zu meinem Inneren. Denn beide müssen durchlässig sein, um ein Leben voll Kreativität, Freude und Esprit möglich zu machen. In einem proaktiven statt reaktiven Leben sind wir empfindsam und empfänglich. Die Nachrichten, die uns erreichen, haben tatsächlich einen Effekt auf uns. Manche hinterfragen wir. Manche schockieren uns. Manche treiben uns die Tränen in die Augen. Ganz klar. Doch genauso oft spornen diese Nachrichten uns an: zum Spenden, zum Diskutieren, zum Mitgestalten, zur bewussten Beteiligung an Wahlen.

Stellen wir die gewagte, idealistische Frage in den Raum: Würden wir dazu beitragen, die Welt ein Stück besser zu machen, indem wir uns für einen bewussteren, achtsamen und selektiven Medienkonsum entscheiden? Wenn wir offen sind für das, was in unserem unmittelbaren Umfeld geschieht, anstatt abgestumpft und zugleich innerlich tief verunsichert weiterzuzappen? Vielleicht ja.

Unterhaltung zum Unglücklichsein
Millionen Medienjunkies suchen bei ihrem Konsum allerdings nicht in erster Linie neues Weltwissen und Informationen.

Mehr als 80 Prozent der Befragten gaben an, einfach unterhalten werden zu wollen. 70 Prozent hoffen auf Entspannung, 30 Prozent sehen ihren Medienkonsum als Zeitvertreib, und noch einmal so viele lassen sich einfach von der Fernsehkulisse aus dem Hintergrund berauschen.

So weit, so klar. Verbunden mit unserem Faktenwissen heißt das aber, dass die »Unterhaltung« unzufrieden macht und die »Entspannung« im trägen Unglücklichsein endet. Der »gemeinsame Zeitvertreib« in der Familie sorgt ab einer gewissen Intensität nicht dafür, dass unsere Kinder »mitreden« können, sondern macht sie leistungsschwach und paradoxerweise auch unkommunikativ – und uns Erwachsene ebenfalls. Medienkonsum ist selten Unterhaltung, sondern viel öfter Ablenkung, Lähmung und Blockade.

Wenn ich mich selbst, meine Familie und meine Freunde betrachte, so muss ich zugeben, dass mir vieles davon bekannt vorkommt: Als Teenie lag ich mit meiner Post-Party-Depression im T-Shirt meines großen Bruders vor der Glotze. Als Single hing ich aus Einsamkeit vor der Flimmerkiste. Mit einer neuen Romanze ebenso, zum Kuscheln.

Manche Freunde engagieren das Fernsehen oder Online-Streaming-Dienste täglich als Gratis-Babysitter, der garantiert spannende Geschichten draufhat – vorübergehendes Stillschweigen der Sprösslinge inklusive. Und meine Großmutter? Die wartete bei laufendem Getöse. Auf Besuch. Dass es endlich Abend wird. Oder in der Hoffnung, dass vielleicht jemand eine gute Nachricht für sie hat.

Doch machen wir den Realitäts-Check: Meine Post-Party-Depression wurde nie, auch nicht nur ein einziges Mal von einer Sitcom kuriert. Sie verflog erst dann, wenn ich ausgeschaltet hatte und hinaus in die Felder spazierte. Mit dem Blick auf den sonnig grünen Wiesen. Meine Einsamkeit wurde erst gestillt, wenn ich mich anzog, meine Freundin besuchte und wir uns eine Tüte Nic Nacs teilten. Immer das echte Leben, nie die Fiktion, brachte alles wieder ins Lot. Dann begannen die Energien wieder zu fließen. Die Gedanken fanden neue Wege. Das Düstere lichtete sich. Ja, Frieden stellte sich wieder ein.

Wer wagt es heute noch, von Frieden zu sprechen?

Ist er nicht gefährdeter denn je? Da ist der Krieg im Nahen Osten. Da ist der Krieg gegen den Terror. Der Krieg der Medien. Der Krieg am Gartenzaun. Überall scheint Krieg zu sein. Und er kommt immer näher.

Alles scheint zu kollabieren, alle Sicherheiten werden aus unserem Fundament geschwemmt, alle Werte sind über Bord geworfen worden, aus Freund wurde Feind, aus einer gesicherten Zukunft ein haltloses Hineindriften in eine dunkle Zeit, in der niemand mehr die Antworten auf die entscheidenden Fragen kennt.

Mit unserem zum Smartphone gesenkten Kopf spüren wir das wachsende Unbehagen und leiden mehr und mehr an einer Schlaraffenland-Depression. Wer kann es uns verdenken: Inmitten aller Privilegien und Vorzüge unserer Gesellschaft wird nur von Zerstörung und Gewalt berichtet. Dabei leben wir in der friedlichsten Zeit, die unsere Menschheit mit ihren Bemühungen um Frieden, Gerechtigkeit und Fortschritt je erreicht hat.

Der weltberühmte Evolutionspsychologe Steven Pinker widmet der Entwicklung von menschlicher Gewalt von der Urzeit bis heute 1033 fundiert recherchierte Seiten, ein Opus Magnum, das unseren Blick auf unsere Zeit, unsere angeblichen Feinde und Bedrohungen dramatisch verändert. Anhand wissenschaftlicher Fakten zeigt er uns in seinem Buch *Gewalt. Eine neue Geschichte der Menschheit*, wie hoffnungsvoll und mutig wir in Wahrheit leben und in die Zukunft sehen dürfen. Wenn wir nicht einstimmen in den medialen Todesgesang, der den kollektiven Untergang geradezu propagiert.

Auch Soziologe, Chefredakteur und Sachbuchautor Christoph Kucklick betont in seinem Artikel *Ein Lob der Globalisierung* im GEO-Magazin, was wir viel zu selten hören:»Das 21. Jahrhundert hält eine Botschaft parat, die kaum Gehör findet, obwohl wir sie jeden Tag feiern sollten. Es ist die Botschaft der triumphalen Verbesserung der Welt in den vergangenen vier Jahrzehnten. Nie zuvor lebten so viele Menschen gesünder, länger, gebildeter, toleranter und friedlicher als heute – trotz dramatisch gestiegener Weltbevölkerung. Damit steht die Menschheit im Begriff, die schlimmsten Befürchtungen über sich selbst zu widerlegen: Sie scheint nicht auf ewig zu Not und Krieg verdammt.«

Kucklick legt dar, welche Fortschritte wir in puncto Lebensdauer, Gesundheit und Bildung auf der gesamten Welt gemacht haben. Wie stark wir die Kindersterblichkeit eindämmen konnten. Dass heute mehr als zwei Drittel aller Menschen weltweit zumindest grundlegende Schulerfahrungen aufweisen können. »Nie war die Welt friedlicher als heute«, betont er.

Doch warum sehen wir nur die Bedrohung?

Weil wir sie tatsächlich »sehen«. Im wahrsten Sinne des Wortes. Der Anschlag in der Türkei, die Zugentgleisung in Italien, das Reaktorunglück in Japan, alles holen wir hochauflösend ganz nah an uns heran – und das tun Millionen. Der Angstpuls verbreitet sich global. Er wird immer stärker, denn ein immer größer werdender Teil der vernetzten Weltbevölkerung empfängt dieselbe Nachricht simultan.

Es muss nicht länger darüber philosophiert werden, ob es nun ein kollektives Unbewusstes gibt, das uns alle miteinander verbindet und beeinflusst, oder ob es ein Prinzip des hundertsten Affen oder eine kritische Masse gibt, die aus der Menschheit eine gleichschaltbare Herde machen könnte. Diese Debatten und Verschwörungen haben sich erledigt, denn die Informationen und Überzeugungen werden heute multimedial auf der bewussten Ebene in die gesamte Welt gestreut. Wir erhalten alle (freiwillig) dieselbe Wahrheit. Dieselbe Prägung.

Unser Denken und Handeln sind das Produkt dieser Prägungen, ein Ergebnis von allem, was wir hören, sehen und lesen. Wir sind, was wir gelernt haben zu sein. Und als diese Personen haben wir wiederum einen prägenden Einfluss auf unser Umfeld: Wir vertreten unsere Meinungen an einem Tisch voller Freunde. Wir treffen Karriere- und Kaufentscheidungen. Wir wählen eine bestimmte Partei und trinken eine bestimmte Kaffeesorte. Spinnen wir diesen Faden doch einmal weiter: Wenn alles, was uns persönlich prägt, einen Effekt auf unser unmittelbares Umfeld hat, hat dann auch alles, was wir als Gemeinschaft konsumieren, ebenfalls einen Effekt auf die Masse und die Richtung, in welche sie steuert?

Wenn wir daran glauben, dass unsere Gedanken unsere Welt und Wirklichkeit beeinflussen, möchten wir sie dann nicht zum Positiven verändern? Möchten wir nicht vielmehr Freude und Glück in unserem Umfeld streuen, um selbst mehr davon zu ernten? Würden wir nicht lieber in einer Welt leben, in der wir uns nicht vor den Fremden in der Straßenbahn fürchten? Ich schon.

Wir alle warten auf das Happy End

Denn das ist es, was wir nach jedem blutigen CSI-Mord und jedem Wüten der Zombies sehen wollen: eine glückliche Wendung. Eine Auflösung der Angst, die zuvor erzeugt wurde. Das war schon immer der legitime Wunsch jedes Publikums, und schon zu Zeiten von Odysseus und Hamlet wollten wir das. Wir wünschen uns die klassische Katharsis-Erfahrung: die Erfahrung, dass der Kampf gewonnen wurde, dass die Mühe sich gelohnt hat, dass das Gute am Ende siegt. Wir möchten glücklich und gestärkt aus der Geschichte herausgehen. Wir wollen

Vorbilder, die sich in den Wirren des Schicksals und Fängen des Dunkels bewähren – und uns dadurch ein Stück weit mit der Welt versöhnen. Wir wollen werden wie sie: tapfer, unerschrocken, von den eigenen Idealen überzeugt. Vom Guten geleitet. Von der Liebe angetrieben.

Aber wo sind unsere Helden? Die Felsen in der Brandung? Die Vorbilder? Sie sind selten geworden. Zu reißerisch, zu quotengesteuert ist die Medienwelt. Wahre Helden finden wir zunehmend im Reich der Fantasie, denn das echte Leben wird als gnadenlos präsentiert. Im Reality-TV schauen wir Wildfremden beim Scheitern zu – sei es in der Schuldenfalle, beim Auswandern oder beim Großprojekt Abnehmen. So führt man uns sämtliche Ausprägungen des menschlichen Versagens in mantraartiger Wiederholung vor Augen. Und auch Blockbuster- und Sitcom-Drehbücher verherrlichen Missgunst und Konkurrenz, Konflikt, Betrug, Gewalt, Lüge, Kriminalität, Rache. Unsere destruktivste menschliche Seite.

Denn Irritation und Spannung sind das oberste Ziel im modernen Geschichtenerzählen. Diese wieder aufzulösen gehört hingegen selten zur Vermarktungsstrategie. Wir werden in einem Beitrag, einer Serie oder einem Film gezielt aufgeheizt und angetrieben – und schließlich an einem sogenannten Cliffhanger bis zur nächsten Episode, dem nächsten Teil oder nächsten Clip buchstäblich »hängen gelassen«. Nur noch selten gehen wir wirklich klüger, ruhiger, belehrt und befriedigt aus einer Geschichte, einer Serienfolge heraus, sondern meist nervös, irritiert und verunsichert. Und suchen deshalb sofort weiter: nach anderen Geschichten und Happy Ends, die uns das Gefühl des Ganz- und Sicherseins zurückgeben. Und neben der latenten Angst züchten wir damit ein zweites, nagendes Gefühl in uns: den Mangel.

Künstlicher Mangel hält uns bei der Stange

Mangel? Bei all dem Überfluss, in dem wir leben? Ja. Genau. Unvollkommenheit und Unzufriedenheit sind das, was wir im Super-Mario-Lauf durch die Medienwelt unaufhörlich einsammeln. »Künstlich erzeugter Mangel« heißt die wirkungsvolle Waffe, die die Werbung verwendet. Doch der Mangel entsteht nicht nur durch bewusste Beeinflussung, sondern auch ganz subtil. Ich werde mich für immer an einen einschneidenden Moment in meiner Kindheit erinnern: Ich saß auf dem Teppichboden meiner Großmutter und sah gebannt *Die blaue Lagune* im Fernsehen. Alles war magisch. Alles war erfüllt von dieser vibrierenden Schönheit der jungen Brooke Shields. Als der Film zu Ende war und schon lange der Abspann lief, war ich noch immer elektrisiert. Dann stand ich auf, ging zur Tür und sah im Vorübergehen mein Gesicht im Spiegel. Ich war damals noch keine acht Jahre alt, da wurde mir eiskalt schaudernd klar: Ich bin hässlich.

Im Spiegel war nichts von dieser Anmut, die ich zuvor in Spielfilmlänge hypnotisiert in mich aufgesaugt hatte. Wie Millionen anderer Frauen suche ich seither Mittel und Wege, die propagierte Makellosigkeit zu erreichen. Die Schönheitsindustrie boomt. Trefis Research prognostiziert für 2017 einen weltweiten Umsatz für dekorative Kosmetik von 66,7 Milliarden Euro.

Ging es meinen Brüdern anders? Vermutlich nicht. Vielleicht war es für sie der ambitionierte Michael J. Fox, der als kleiner Concierge in *For Love or Money* eindrucksvoll und hochemotional zeigte: Wer alles gibt, wer über seine Grenzen geht, für den wird der große Traum vom großen Geld und damit vom großen Glück Wirklichkeit. Ich habe es jedenfalls geglaubt.

All diese Hollywood-Sehnsüchte. All diese Utopien und Lebensmodelle. Und heute: all diese perfekten Instagram-Posts und beeindruckenden Social-Media-Profile der Stars und Sternchen. Sie sind künstlich erschaffen. In Drehbüchern und an Konzepttischen entstanden. Am Set in Form gebracht. Und in der Retusche perfektioniert. Auch sie sind keine Heldenfiguren, die uns aufbauen, sondern Vergleichsobjekte, die uns unzufrieden mit uns selbst und unserem Dasein, aber zu rentablen Zielgruppen machen. Mit ihrem Anspruch an Perfektion und Außergewöhnlichkeit treiben sie uns immer tiefer in die Stressfalle. Denn keine persönliche Realität kann mehr mit dem Medien-Glamour mithalten. Auch meine konnte es nicht. Selbst dann nicht, als ich weit mehr Energie investierte, als ich hatte.

Was also tun? Es wäre so simpel: Fokus auf das Echte und Ehrliche. Auf den Helden in uns selbst. Doch gibt es den überhaupt noch?

Wir sind mehr als Follower und Konsumenten

Um zu dieser Echtheit und Ehrlichkeit und damit zum selbstbestimmten Dasein zu gelangen, gilt es zuallererst, sich vom konstanten Zuviel und vom paradoxen, zeitgleichen Gefühl des immerwährenden Mangels zu distanzieren. Für unseren Medienkonsum bedeutet das: Ausschalten. Auch wenn uns das vielleicht zuerst mit unserer eigenen Abhängigkeit vom Internet und von den Medien konfrontiert. Denn Hand aufs Herz: Auch wir selbst missbrauchen sie: als Unterhaltungs-, Ablenkungs-, Beruhigungs- oder Aufputschmittel. Ganz so, wie es unsere Stimmung und Situation verlangt.

Doch ich bin überzeugt: Wir sind keine Opfer und weit mehr als Medienjunkies, die einsam und verlassen vor ihren Bildschirmen immer ärmer, kränker, einsamer und unglücklicher werden. Wir sind mehr als gestresste Follower und übersatte Konsumenten. Und können wieder zurück in ein erfülltes, achtsames und selbstwirksames Leben.

Wir gestalten unseren Alltag und unsere Freizeit selbst. Sind freiwillig eingestiegen ins virtuelle Paralleluniversum. Haben eigenhändig begonnen, unser Rad im Rad zu drehen und immer weiter zu beschleunigen. Und genau deshalb können wir das auch selbst wieder beenden. Ohne dass wir dafür auch nur ein Wort googeln, eine App downloaden, einen einzigen TV-Bericht sehen, eine Internetbestellung tätigen oder einen Fuß ins Kaufhaus setzen müssen.

Wagen Sie es?

So reizvoll es klingt, ist mir natürlich bewusst: Der Gedanke ans Ausschalten löst Unbehagen aus. Selbst wenn wir nur für begrenzte Zeit auf unsere mediale Ablenkung verzichten, ist es doch ein Sprung ins Ungewisse. Zwar klingt der Gedanke verlockend, entspannte Nerven, Ruhe und plötzlich sehr viel frei verfügbare Zeit zu haben, aber was genau soll man damit anfangen?

Der ersehnten Zeit der Freiheit, Ruhe und des privaten Offline-Seins stellt unser konditioniertes Katastrophendenken sofort wüste Prognosen entgegen: »Achtung!«, ruft es. »Bleib hier! Ich sage dir: Dort draußen existiert nur gähnende Leere. Sozial wirst du verarmen und beruflich zerstört werden! Mach dir nichts vor. Du wirst noch viel überforderter sein, als du es jetzt schon bist. Und so sehr du auch rauspaddelst aus der Medienflut, die Strömung wird dich einholen!« »Und dann?«, fragen wir. »Scheitern wirst du!«, ruft das Katastrophendenken zurück. Denn selbst wenn wir es schaffen, zwei Wochen lang auszuschalten – unser Umfeld tut dies nicht. Also sparen wir uns doch die Mühe, unser Leben wieder aktiv in die Hand zu nehmen. Und trinken wir dazu ein Viertel Blaufränkischen. Großartig! Dann sind wir ja fein raus. War auch verdammt knapp gewesen.

Doch Ironie beiseite. Natürlich, auch vor meinem inneren Auge tauchten beim Gedanken ans private Offline-Gehen mitten im Alltag und ans medienfreie Leben auf Zeit verschiedenste unangenehme Situationen auf: Ich sah mich im Bus sitzen, ohne von meinem blinkenden Display unterhalten zu werden oder mich hinter dem Tablet verschanzen zu können. Fragte mich, wie es sich wohl anfühlt, wenn alle anderen fleißig weiterposteten und linkten und nur ich nichts mehr mitbekommen würde. Oder was ich tun würde, wenn ich abends alleine nach Hause komme, abgespannt und hungrig? Sollte ich etwa Scrabble gegen mich selbst spielen? Wie viele Punkte gibt es eigentlich für »Ödnis«?

Und da lauerte noch mehr in meiner düsteren Gedankenburg: Drohende Isolation und Langeweile sind erst die Spitze des Eisbergs! Was liegt darunter? Befördert das mediale Entschlacken vielleicht plötzlich unliebsame Gedanken an die Oberfläche meines Bewusstseins, die ich mit YouTube & Co. so schön verstummen lassen konnte? Würde mich all das, was ich durch meinen Konsum und mein Abgelenktsein so tapfer verdrängte, dann einholen? Würde dann unumstößlich klar, dass Fear of Missing Out und Social-Media-Druck nicht mein Problem sind und ich in Wahrheit ganz andere Themen längst angehen oder wichtige Entscheidungen längst hätte fällen sollen? Das ließ mich schon mit den Zähnen knirschen.

Außerdem: Welche Media-Detox-Nebenwirkungen würden mich dann heimsuchen? Nervosität? Informationshunger? Ein Gefühl der Bedeutungslosigkeit? Wo bleibt dann der Dopamin-Rausch beim Liken und Geliktwerden, der mein Belohnungszentrum so herrlich auf Touren bringt?

Hm. »Detox funktioniert nicht!«, könnten wir innerlich wiederholen wie der Übergewichtige, der beim Abnehmen nur an den Jo-Jo-Effekt glaubt – und somit aufgibt, bevor er beginnt.

Aber lassen wir uns den Mut nicht nehmen. Nicht von anderen und nicht von unserem Katastrophendenken. Entfesseln wir stattdessen die Kraft, die uns als SWITCH OFF-Abenteurer aus der digitalen Stressfalle führen wird.

Entfesselte Kraft und scharfe Sinne

Ich sage bewusst, die Kraft entfesseln, nicht finden oder erschaffen, denn die Energie, die wir für unser Vorhaben brauchen, ist bereits da. Hinter all den Mauern und Filtern, die wir uns zugelegt haben, um die Flut an Gewalt, Angst, Werbung, Comedy, Society-Schick und Social-Media-Ballast überhaupt und in dieser Kombination auszuhalten.

Man spürt es oft: Wir haben Mauern um uns errichtet, um das, was unserem wahren Wesen schadet, nicht so nah an uns heranzulassen. Diese Mauern haben uns aber nicht geschützt, sondern lassen uns abstumpfen. Sie machen uns träge, schränken uns ein. Der davor und dahinter angestaute mediale Müll hat unsere Sensibilität und Offenheit unter sich begraben. Und mit ihnen unseren Elan und unsere schöpferische Freude.

Wir fühlen uns oft macht- und orientierungslos. Und verschließen uns immer mehr. Aber das einsame Zappen, Scrollen und Klicken sind tote Rituale. Und insgeheim wissen wir das auch. Wenn wir wirklich leben wollen, müssen wir hinter den Bildschirmen hervorkommen. Das virtuelle Paralleluniversum immer wieder ganz bewusst verlassen. Offen und angreifbar müssen wir wieder werden. Ja, sensibel und gar verletzlich sein, wenn wir die ganze Intensität unseres Daseins, die Lebensfreude und die kreative Energie spüren wollen. Das eine bekommen wir nicht ohne das andere. Es wird Zeit, wieder die ganze Palette unserer Emotionen zuzulassen – und sie auch zu leben.

Beobachten Sie ein Kind: Jeden Tag durchlebt es mehrfach alle Gefühle, von Trauer und Wut bis hin zu Freude, Neugier, Enttäuschung, Zorn und Glück. So kann es abends müde ins Bett fallen. Wenn wir Erwachsene von uns erwarten, ständig nur zu funktionieren und konstant zu kommunizieren, und alles andere ausblenden oder uns virtuell verkriechen, negieren wir einen großen Teil unseres Wesens. Das Schlimmste daran? Wir entfernen uns damit einmal mehr von uns selbst. Und damit von unserer Chance auf ein Leben, das Spaß macht – und Sinn hat.

Sind wir offen, aus der medial geschaffenen, digitalen Scheinwelt herauszutreten, sind wir beweglich und flexibel genug, um unsere eigene Welt zu verändern, um neue Möglichkeiten aufzuspüren, die richtigen Wege zu erkennen – und dafür vielleicht sogar für andere einen positiven Beitrag zu leisten.

Denn wie viele Ratgeber Sie auch schon gelesen, wie viele Coaching-Videos Sie schon gesehen und wie viele Kurse Sie bereits besucht haben: Wenn Sie und ich uns ähnlich sind, dann genießen Sie jede dieser Weiterentwicklungserfahrungen voll. Langfristig sind Sie jedoch wieder auf der Suche und fragen sich, warum Sie das Gelernte – auch wenn es noch so großartig und bedeutend für Sie war – nicht umsetzen konnten. Die Antwort darauf ist sehr einfach: Wir haben keine Zeit dafür. Veränderung und Fortschritt brauchen vor allem zwei Dinge: Zeit und Aufmerksamkeit. Doch durch unseren Zweitjob als Medienkonsument mit 37 Stunden Dauerrauschen jede Woche können wir weder das eine noch das andere aufbringen.

Inspiration ist genauso wie Information in die Rubrik »schnell, billig und weg« abgerutscht – und durch unsere abgestumpfte Wahrnehmung verschließt sich leider auch unser Blick für die Potenziale und Möglichkeiten im Hier und Jetzt. Eingeschlossen in der digitalen Stressfalle erreichen wir nichts, das von Bestand ist.

*Brechen wir also aus diesem Gefängnis
der digitalen Abstumpfung aus!*

SWITCH OFF bedeutet 14 Tage *kein* Fernsehen, kein privates Internet, kein Social Media, kein YouTube, kein Online-Shopping, keine Nachrichten, kein Radio, keine Zeitung. Nur Sie und das unmittelbare, erlebbare, spannende, gefährliche und abenteuerliche Leben. Sie werden auf den Geschmack kommen! Glauben Sie mir, ich habe es selbst ausprobiert. Heute selektiere ich meinen Medienkonsum rigoros. Bin so oft wie möglich offline – und kreiere jeden Tag mehr, als ich konsumiere.

Und wenn ich medial konsumiere, dann nur und ausschließlich mit einem klaren »Ja« auf folgende Fragen:

1. Tut mir gut, was ich sehe, höre oder lese?
2. Und wenn nein, ist es wichtig, dass ich es trotzdem höre, sehe oder lese?
3. Bringt es mich auf meinem Lebensweg weiter?
4. Motiviert mich diese Information dazu, mich weiterzuentwickeln, jemandem zu helfen oder eine aufbauende Sache zu unterstützen?

Ihr erstes SWITCH OFF-Warm-up

Ich lade Sie ein, dieses erste, kleine SWITCH OFF-Experiment heute noch zu starten: Wenn Sie zur Zeitung greifen, den Browser oder Ihre Apps öffnen und den Fernseher oder das Radio einschalten, dann stellen Sie sich diese vier einfachen Fragen. Und schauen, lesen oder hören Sie ausschließlich das, was viermal ein klares Ja in Ihnen auslöst.

Sie werden überrascht sein, bei welchen Programmen und Inhalten Sie schlussendlich landen – und wie anders sich die Zeitung, die Fernbedienung und das Smartphone in der Hand plötzlich anfühlen. Gewöhnen Sie sich schon einmal an die Idee, frei zu sein. Nicht mehr unreflektiert alles aufzusaugen und im Strom der Medien zu rudern. Sondern einmal am Ufer zu sitzen und den Strom an sich vorbeiziehen zu lassen. Still und beobachtend. Sie werden allein durch diese vier Fragen immer öfter den Ausschaltknopf drücken oder die Lektüre beiseitelegen. Und damit werden Sie ganz automatisch Ruhe in Ihrem Alltag schaffen.

In diesen Momenten der Ruhe geht das Beobachten auf die nächste Stufe:
- Was nehmen Sie in der Ruhe wahr?
- Wie fühlen Sie sich?
- Wohin schweifen Ihre Gedanken ab?
- Welche Ideen tauchen auf?
- Welche Gelüste?

Sich mit diesen Fragen und Beobachtungen auf Ihr SWITCH OFF-Abenteuer einzustimmen, ist Ihr Warm-up für 14 Tage voller neuer Ideen und Erlebnisse.

Was Sie davon haben?
Sind Sie im Warm-up konsequent, werden Sie Ihren Medienkonsum garantiert sehr schnell und sehr effektiv entschlacken. Und wie es das Entgiften so an sich hat, werden Sie sich dabei verändern. Vielleicht geht es Ihnen dann bald ähnlich wie mir: In mir wird nach spätestens zehn sinnlosen Minuten vor der Mattscheibe und einem wahllosen Programm das »Aus!« so laut, dass ich wirklich ausschalte oder den Raum verlasse. An einem Tisch voller Menschen, die nicht miteinander, sondern jeder für sich im virtuellen Dazwischen auf ihren Displays kommunizieren, bleibe ich nicht mehr sitzen.
   Das klingt für Sie unvorstellbar? Bald vielleicht nicht mehr.

So wie SWITCH OFF die zum Schutz gegen die Medienflut errichteten Mauern abbauen kann, so schärft es gleichzeitig unsere Wahrnehmung und Sinne wieder. Die Qualität der einströmenden Informationen kommt wieder ungefilterter und damit unmissverständlicher bei Ihnen an. Sie hören, sehen und empfinden wieder klarer. Unterscheiden schneller und rigoroser, ob die mediale Ablenkung Ihre kostbare Aufmerksamkeit wirklich verdient hat. Sie werden anspruchsvoller. Konsequenter. Denn hinter diesen alten Mauern und mit befreiten Sinnen erwacht die Offenheit für die schönen, inspirierenden, animierenden und lustvollen Eindrücke des Lebens ganz von selbst. Spielerisch, einfach und ohne den geringsten finanziellen Aufwand. Lust, es auszuprobieren?

Wagen Sie das Blind Date?

Sind Sie bereits bereit und in den Startlöchern? Oder fragen Sie sich noch: Was soll ich mit der ganzen freien Zeit und Ruhe anfangen? Was soll die windigen Novemberabende füllen, die ich bisher im steten Dämmerlicht des Fernsehers, Laptops und Smartphones heil überstanden habe?

Es stimmt: Was auf Sie ganz persönlich zukommt, wenn Sie aus der Welt im digitalen Dazwischen heraustreten, weiß niemand. SWITCH OFF ist wie ein Blind Date. Nichts ist vorhersehbar. Wenn Sie mitmachen und Ihre Sinne öffnen, was stürmt dann auf Sie ein? Oder vielmehr: Was dringt vielleicht aus den Tiefen Ihres Inneren hervor? Vielleicht das Temperament, das schon Ihre Mutter so nachdrücklich in Schach gehalten hat? Vielleicht dieser verdrängte, funkelnde Traum, mit dem marineblauen VW-Bus quer durch die Wüste zu fahren? Oder gar die Gedanken an den charmanten Nachbarn, der Ihnen neulich wieder begegnet ist? Alles ist möglich. Alles ist ein Wagnis. Ja, die aufkeimenden Ideen könnten Ihren sicheren Alltag bedrohen. Sie könnten gewohnte Umstände und Rituale hinterfragen.

Oder noch schlimmer: Sie könnten in der Ruhe unglücklich werden – und sich zu Tode langweilen.

Das Privileg Langeweile

Angst vor innerer Rastlosigkeit und quälender Langeweile. Ist es das, was Sie vielleicht vom echten Abschalten abhält? Sollten Sie denn mehr als fünf Stunden am Tag oder 1934,5 Stunden im Jahr Löcher ins Nichts starren? Ist es das? Ja, damit fängt es zumindest an: mit Leere.

Wir könnten es aber auch anders nennen: SWITCH OFF beginnt mit freiem Platz und freier Zeit. Und öffnet damit Ihren Alltag für Kreativität, Spontanität und Lebensfreude.

Beobachten wir dazu wieder ein Kind: Was macht ein Dreijähriger, der alleine nur mit einem Holzstock in einem leeren, für ihn sicheren Raum sitzt? Erst schaut er um sich. Atmet. Wartet. Doch nicht lange. Er nimmt das Stöckchen und schlägt damit einen Takt auf den Boden. Beginnt zu summen. Singt. Steht auf. Läuft herum. Singt lauter. Hüpft einmal auf einem, dann auf dem anderen Bein. Sekundenschnell verändert er immer wieder die Szene: Erst wird der Stock zum Schwert. Das Kind kämpft wie ein furchtloser Ritter gegen seine unsichtbaren Gegner. Bis es die Schlacht gewonnen hat. Dann wird der Stock plötzlich zum Stift: Er zeichnet am Boden und an den Wänden. Linien und Kreise. Blumen und Bäume. Mama und Papa.

Was tut das Kind also mit der Langeweile im leeren Raum? Es füllt sie aus. Ganz und gar. Und im Minutentakt mit etwas völlig Neuem. Es erfindet sich selbst. Und es erfindet damit zugleich die Welt um sich herum. Die Langeweile verwandelt sich zu Muse. Wird zum Raum, in dem die Inspirationen fließen und sich in den schillerndsten Farben ausbreiten.

Ja, sich ausbreiten, sich entfalten – all das ist nur möglich in einem freien, leeren Raum.

**Es ist essenziell zu verstehen:
Wir müssen zuerst Leere und Langeweile schaffen,
bevor sich etwas Neues für uns öffnen kann.**

Es ist ein Privileg der Ersten Welt, dass wir überhaupt und noch dazu so viel Zeit für Langeweile haben. Mit einem vollen Kühlschrank und vollen Vorratsschränken, mit einer automatisch beheizten Wohnung und der Möglichkeit, überallhin zu reisen, leben wir in einer beneidenswerten Luxussituation: Wir haben Zeit zum Nichtstun. Zum Entspannen. Zum Tagträumen.

Wenn wir unseren Zweitjob als Medienkonsument kündigen – und sei es nur für ein Experiment, nur für 14 Tage –, dann liegt all das plötzlich vor uns: ein Becken voller unausgeschöpfter Potenziale. Dann stehen wir plötzlich hoch oben auf dem 10-Meter-Turm. Bereit zu springen. Ins Wasser einzutauchen und uns neu zu spüren.

Und dann wird so vieles möglich! Ich garantiere Ihnen schon jetzt: Das Wasser, in das Sie mit SWITCH OFF springen, wird tief und faszinierend sein. Sie tauchen ein in eine Wunderwelt jenseits der Oberfläche. Denn sind Sie erst achtsam und bewusst geworden, gibt es keine Langeweile mehr. Bewusstsein und Langeweile schließen sich aus. In der Ruhe hingegen aktivieren Sie Ihr ganz persönliches kreatives Potenzial!

Ich – kreativ? Und wie!

Das eigene kreative Potenzial wecken? Das klingt nach etwas, das Mühe macht. Etwas, das man auf jeden Fall richtig angehen muss, damit man auch bekommt, was man erwartet – selbst wenn das noch im Unklaren liegt. Gibt es dazu eine Anleitung? Eine Art Businessplan, damit man auf keinen Fall etwas falsch macht oder gar von anderen kritisch beäugt wird?

Glauben Sie, der Dreijährige mit dem Holzstock fragt sich je:

»Werde ich denn hoffentlich genügend Fantasie haben, um den leeren Raum mit Bildern und Erlebnissen zu füllen?« Niemals. Keine Sekunde. Und Sie sollten es auch nicht tun. Wagen Sie in Sachen schöpferisches Potenzial einmal etwas Radikales und höchst Ineffizientes: Suchen und leben Sie es zum Selbstzweck. Ganz einfach zur reinen Belustigung. Und lassen Sie das Ergebnis offen. Erwarten Sie nichts. Lassen Sie alle Befürchtungen los. Aber auch alle Wünsche. Denn mit dem eigenen schöpferischen Potenzial verhält es sich wie mit der Kunst: »Vergessen Sie nicht, dass Kunst nur ein Weg ist, nicht ein Ziel.« Danke Rainer Maria Rilke!

Also keine Panik: Sie müssen kein Künstler werden. Ihr 14-Tage-Programm für mehr Kreativität und Lebensfreude hat nichts damit zu tun, in die Avantgarde aufzusteigen, ein Bohemien zu werden oder als leidendes Genie seine inneren Qualen zu Papier oder auf die Leinwand zu bringen.

Ihr kreatives Potenzial aufzuspüren, zuzulassen und auszuschöpfen bedeutet etwas ganz anderes. Es ist keine ruhmreiche Errungenschaft und auch kein Akt, an dessen Ende ein Ergebnis vorhanden sein muss. Es ist kein Erfolg, den man erzielt und an dem man danach gemessen werden kann.

Vielmehr eine Lebensart, die bunt, wild, abwechslungsreich, herausfordernd, mutig und voller Intensität ist. Nicht mehr, nicht weniger.

Vergessen Sie daher alles, was heutzutage über das Thema Potenzial gesagt wird: Optimierungspotenzial. Umsatzpotenzial. Freiheitspotenzial. Liebespotenzial. Erfolgspotenzial. Vergessen Sie, dass Potenzial heute etwas ist, das man instrumentalisiert. Das man in Zahlen und Statistiken messen und widerlegen kann. Überlassen Sie das Analysieren und Bewerten den anderen. Und fühlen Sie sich schon jetzt ganz sicher, dass Sie genügen werden: Das schöpferische Potenzial, das Sie in sich tragen, kann Ihre Lebenszeit vielfach mit Kreativität ausfüllen.

Mehr noch: Die Ideen und Interessen, die aus Ihrem freigelegten Potenzial entstehen, können Sie nie alle in diesem Leben umsetzen. Es sind zu viele. Sie werden überschäumen. Garantiert.

Warum? Weil der Mensch, der sich sein Potenzial eingesteht und bewusst nutzt, statt Langeweile nur noch Inspiration kennt. Weil seine Lethargie durch Neugier verbrannt wird. Und Sie ahnen es: Weil damit sein Leben zum Abenteuer wird.

Aber wie sieht dieses schöpferische Potenzial überhaupt aus?

Wie fühlt es sich an? Es ist eine bewegte Kraft. Ein innerer Dialog, bei dem Sie manchmal heftig und leidenschaftlich mitdiskutieren und manchmal einfach gespannt zuhören und sich führen lassen. Es ist ein anregendes Wechselspiel zwischen Bewusstsein, Gefühl und Kreativität. Dieses Potenzial wohnt uns allen inne, und es ist etwas Erbauliches. Es ist konstruktiv, nicht destruktiv. Wenn Sie Ihr Potenzial aufspüren und zur Sprache kommen lassen, dann warten Sie nicht länger, dass Ihnen etwas widerfährt. Sie legen die Passivität ab und übernehmen Verantwortung für jeden einzelnen Lebensbereich.

Denn ist das Potenzial erst einmal befreit, will es sich in jedem Aspekt Ihres Lebens ausbreiten.

Ein waches, nährendes Potenzial führt Sie hinaus aus den gängigen Konventionen. Raus aus dem Dasein »für die anderen«. Es will, dass Sie »für sich selbst« leben. Es will Spaß. Es will lachen. Sich ausdrücken. Vor allem aber will es eines: dass Sie sich selbst kennen und lieben – und dabei aufhören, immer nach der Anerkennung anderer zu streben. Es will, dass Sie feiern, nicht suchen. Dass Sie Experimente wagen und dass es Ihnen egal ist, wenn Sie damit scheitern. Dass Sie etwas erschaffen, anstatt Ideen ungenutzt fallen zu lassen.

Kurz: Es will, dass Sie etwas kreieren. Für sich. Für andere. Für die Welt.

Sie zweifeln an Ihrem kreativen Potenzial?

Haben Sie als Kind theoretische Abhandlungen über juristische Exegese verfasst? Haben Sie von Ihren Spielkameraden Miete für den großen gelben Laster kassiert und nichts getan, außer darüber Buch zu führen? Sicher nicht. Im Gegenteil: Sie haben zusammen haufenweise Sand gekarrt, sich auf den Expeditionen durch die Wiesen grüne Flecken an den Knien geholt, Picasso mit dem Filzstift alle Ehre gemacht und jeden Tag neue Welten aus Lego erschaffen.

Und dann? Dann haben Sie die Sandburg zerstört, auf den Grashalmen gekaut, die Zeichnungen zu Papierfliegern umgebaut und das Lego-Imperium in eine bunte Wüste verwandelt. Kreativität war frei, ungestüm und egoistisch. Sie war sich selbst genug. Sie war reine Freude. Sonst nichts.

Erst Ihre Eltern haben Sie auf die Idee gebracht, dass Sie für Ihre Kreationen gelobt werden könnten. Dass das, was ein Kind erschafft, »schön« und vor allem »richtig« sein muss. Ein Mensch hat doch keine blaue Haut! Auch nicht in einer Zeichnung! Und das Lego-Haus ist erst fertig, wenn es gerade Wände, ein rotes Dach und eine breite Einfahrt hat. Das ist die Stunde, in der das Problem mit der Kreativität beginnt.

Anerkennung lähmt den Antrieb

Schon bevor wir uns verbal rechtfertigen können, wollen wir Menschen gefallen. Wollen Mutter und Vater strahlen sehen. Onkel und Tante auf unsere Seite ziehen. Also unterdrücken wir unsere Fantasie und kreieren, was der Norm entspricht.

Das kreative Korsett wird enger und enger. Das große, leere Zimmer der Freiheit und Muße wird zum engen Korridor voller Verbote und Gebote, der für viele bereits als Schulkind in einer enttäuschenden Sackgasse endet.

Hatten auch Sie einen alten Handwerkslehrer, der Ihre Interpretation eines Baumhauses für eine Fehlkonstruktion hielt?

Hatten auch Sie eine Deutschlehrerin, die selbstbewusst erklärte, dass man *so* keine Geschichte erzählt? Haben auch Sie danach beschämt beobachtet, dass derjenige belohnt wird, der alles ganz genau so ausführt, wie es der Lehrer vorgezeigt hat? Was tun wir also? Wir werden selbst zu reproduzierenden Feiglingen, die nichts mehr ersehnen als einen Schulterklopfer – real oder digital.

Und wir bleiben in dieser Rolle. Wir improvisieren nicht mehr. Haben Angst vor Chaos und Kontrollverlust, wenn wir kreativ sind, anstatt minutiös zu planen. Manche ihr ganzes Leben lang.

»Ich bin nicht kreativ!« und »Ich könnte das nie!«, sagen wir, wenn wir einen Künstler bei der Arbeit bewundern – und versuchen, unser Talent an der Hochschule mit einem wasserfesten Diplom unter Beweis zu stellen. Wir zeigen mit unseren Titeln, wie sehr wir des Lobes und der Anerkennung würdig sind – oder mit der Wahl unserer kulturellen Aktivitäten, mit unserer hippen Kleidung oder unserem smarten Auftreten. Wir versuchen um jeden Preis, dem gesellschaftlich anerkannten Idealbild unserer Rolle als Geschäftsfrau, Hausmann, Arbeiter, Intellektueller, Student, Unternehmer, Eltern oder was auch immer zu entsprechen, und laufen voll Angst, vielleicht bald nicht mehr gelobt und gemocht zu werden, weiter in unserem Rad im Rad.

Doch da ist so viel ungenutzte Energie! Da ist so viel angestaute Kraft. Hier geben uns alle Künstler der Welt recht: Wird die kreative Kraft nicht entfesselt, wendet sich der Impuls gegen uns. Wir brauchen ein Ventil. Wir müssen die kreative Kraft, die in uns lebt, freisetzen. Müssen sie verwandeln in ein Werk, ein Erlebnis, einen nächsten Schritt, der ausschließlich dazu dient, unserer Innenwelt eine Stimme zu geben. All diese Kreationen verlangen kein Publikum, keine Rezensionen in der Presse, keinen Fernsehauftritt. Sie sind einfach nur dazu da, dass wir uns selbst befreien.

Doch die Gesellschaft ist voll von unkreativen, destruktiven Menschen. Sie konsumieren und kritisieren lieber, anstatt zu kreieren. Und weil sie in ihrer falschen Arroganz so übermächtig scheinen, wagen wir es erst gar nicht, etwas zu erschaffen. Wir könnten ja wieder Missgunst ernten. Es ist ein schizophrenes Verhältnis, das wir Erwachsenen zur Kreativität haben. Wir lernen und denken, Kreativität sei eine Gabe, die nur wenigen Genies und ausgewählten Künstlern vorbehalten ist. Mit uns selbst hat das natürlich nichts mehr zu tun.

Doch wenn man sich vor Augen führt, dass Kreativität jenseits von Staffelei und Atelier schlichtweg bedeutet, etwas Neues zu wagen und zu schaffen, dann spürt man, dass es hier nicht um Status geht und auch nicht um Talent. Kein Kleinkind kümmert sich darum! Es geht nur um eines: um die Tat.

Es geht darum, proaktiv statt passiv zu sein und sich weiterzuentwickeln. Wie schon der Komiker und Schauspieler Groucho Marx treffend sagte: »Ich finde das Fernsehen sehr weiterbildend. Jedes Mal, wenn jemand den Fernsehapparat einschaltet, gehe ich nach nebenan und lese ein Buch.«

Was passiert in Ihrem Zimmer nebenan? Wohin könnten Sie gehen?

Elizabeth Gilbert schreibt in ihrem erfrischend leichten Buch über Kreativität *Big Magic:* »Ich glaube, dass die Inspiration immer ihr Bestes geben wird, um mit dir zu arbeiten – aber wenn du nicht bereit oder verfügbar bist, kann sie sich tatsächlich entscheiden, dich zu verlassen, und sich einen anderen menschlichen Partner suchen. Das passiert sogar sehr häufig. Deshalb kommt es vor, dass du morgens die Zeitung aufschlägst und entdeckst, dass jemand anders dein Buch geschrieben oder dein Stück inszeniert oder deine Platte herausgebracht oder deinen Film produziert oder deine Firma gegründet oder dein Restaurant eröffnet oder deine Erfindung patentiert hat – oder auf irgendeine Art und Weise einen Funken deiner Inspiration umgesetzt hat, den du vor Jahren mal gehabt, aber nie wirklich kultiviert oder vollendet hast. Das mag dich ärgern, aber das sollte es nicht, denn du hast nicht geliefert! … Deshalb hat sich die Idee auf die Suche nach einem neuen Partner gemacht, und jemand anderes durfte die Sache durchziehen.«

Wenn Sie ständig damit beschäftigt sind, Belangloses zu posten, Videos zu streamen oder die TV-Sender zu durchforsten, wenn Sie jede freie Minute unbezahlt als Medienkonsument arbeiten und daher für Muße und Kreativität schlicht nicht zur Verfügung stehen, werden all die guten Ideen und großen Abenteuer irgendwann aufhören, auf Sie zu warten – und sich jemand anderen suchen, der sie Wirklichkeit werden lässt. Denn dazu sind Ideen und Träume da: Sie wollen real werden. Sie wollen gelebt und genossen werden. Von Ihnen!

We are Creators!

Trommelwirbel! Knallende Korken! Sie haben es geschafft. Sie sind der Fährte gefolgt – und sind zum wahren Kern der SWITCH OFF-Botschaft vorgedrungen:

SWITCH OFF ist
KREATION STATT INFORMATION.

SWITCH OFF ist mein Aufruf an Sie, vom Follower zum Freigeist zu werden. Vom Medienjunkie zum Meister Ihres eigenen Daseins. Vom Konsumenten zum Creator!

Mit Ihrem SWITCH OFF-Abenteuer tauchen Sie ein ins We-are-Creators-Prinzip, das diesem Aufbruch zugrunde liegt. Mehr kreieren. Weniger konsumieren. Mehr auf sich selbst hören und weniger Meinungen aus der Medienwelt übernehmen. Bewegende Momente erleben statt zu scrollen und zu zappen. All das macht uns zu Creators.

Ein kreatives Leben zu leben und
ein SWITCH OFF-Abenteurer zu sein bedeutet in 7 Schritten:

1. Nicht länger von sich selbst entfremdet und abgelenkt zu sein, sondern verbunden mit sich und dem eigenen Potenzial.
2. Das ständige Vergleichen loszulassen und sich selbst als einzigartig zu akzeptieren und anzunehmen.
3. Alle Emotionen zu leben und mit der Dynamik des Lebens mitzugehen, anstatt sich von ihr abzuschotten.
4. Ein Bewusstsein dafür zu entwickeln, wer man ist, wer man sein möchte und was unser eigener Beitrag dazu sein soll.
5. Die wiederentdeckte innere Stimme immer lauter und deutlicher werden zu lassen und den Mut zu haben, ihr zu folgen, selbst wenn der Ausgang ungewiss ist.
6. Aus der Langeweile, dem Nichts, der Ruhe und der Stille etwas Schöpferisches entstehen zu lassen.
7. Reflektiert, nüchtern, klar, verantwortungsbewusst und ehrlich mit sich selbst, den anderen und der Welt umzugehen. Denn das allein ist ein wesentlicher kreativer Akt.

Um das We-are-Creators-Prinzip und Ihr schöpferisches Potenzial zu aktivieren, dürfen Sie Kreativität selbst definieren. Es ist nicht nur das Schreiben eines Science-Fiction-Romans oder das Schneidern eines Bühnenkostüms. Es ist auch das Gründen eines Beach-Volleyball-Clubs oder die Mitgestaltung des Stadtteilfestes. Es ist das Keksebacken mit den Kindern – oder den Bewohnern des lokalen Altersheims. Es ist ein Gesangstraining einmal die Woche oder auch nur das Umtopfen einer geliebten Zimmerpflanze in ein neues Gefäß. Kurz: Kreativ und schöpferisch sind wir dann, wenn wir etwas mit Liebe und Hingabe machen. Mit Freude und ohne dabei an den Applaus zu denken.

Wahre Kreativität ist ein Spiel mit offenem Ausgang – dafür aber mit knisternder Intensität. Der Lohn ist schlicht die Bereicherung unseres Alltags.

Das Paradoxe und Wunderbare daran ist: Je schöpferischer Sie selbst leben, umso mehr haben Sie zu geben. Wenn Sie aus Ihrer kreativen Quelle schöpfen, können andere mehr aus den Begegnungen und Gesprächen mit Ihnen ziehen.

Was Sie dafür brauchen, ist nicht mehr Information, die Sie aufsaugen und anschließend reproduzieren, sondern die Nähe zu sich selbst. Zu Ihrer inneren Stimme. Die Ideen und Projekte werden sich dann von selbst zeigen: Vielleicht ist es der Wunsch, einen Kulinarik-Blog zu starten oder einen Fotokurs zu belegen. Vielleicht denken Sie aber auch darüber nach, ein Jahr ins Ausland zu gehen und Entwicklungshilfe zu leisten oder einfach endlich aus Ihrer ungeliebten Wohnung auszuziehen. Der eine steigt gleich in den Flieger nach Afrika, die andere hilft erst mal in der Suppenküche der Stadt aus. Die eine kauft sofort eine große Leinwand und plant eine Ausstellung, der andere zieht sich zuerst einmal ins Kämmerlein zurück und tüftelt allein am Skizzenblock. Alles – wirklich alles – ist möglich. Und was dabei das Schönste ist? Nichts und niemand bevormundet Sie. Wie weit Sie gehen wollen, entscheiden alleine Sie.

Mit jedem Tag werden Sie tiefer eintauchen ins Creator-Sein. Sie werden freier und unabhängiger. Werden erleben, dass Ihre Kreativität bedeutender ist als alles, was Ihnen die Medien je bieten können. Und dass Sie alle Macht haben, sich das Leben zurückzuholen, das Sie vielleicht in Ihren Träumen bereits gelebt haben. Warum also warten? Lassen wir das Abenteuer beginnen!

Teil 2

SWITCH OFF:
Das Abenteuer beginnt!

Es ist so weit! Sie stehen am Beginn eines aufregenden Abenteuers. Ich hoffe, Sie spüren das Kribbeln der Vorfreude: auf die Freiheit, die frischen kreativen Ideen und die Lebensfreude, die Sie erwarten! 14 Tage lang wird Ihr Leben nun ein anderes und herrlich erfüllend sein!

Ab sofort haben Sie jeden Tag mehr als fünf Stunden Zeit zur Verfügung, um sich neu zu erfinden, sich auszutoben, zu entdecken, zu planen, zu träumen, auszuprobieren, zu üben, zu wagen, zu erobern, zu erfinden – um einfach zu leben!

Es ist mir eine Freude, Sie auf diesem Weg ein Stück zu begleiten: Auf den nächsten Seiten warten 14 Anregungen auf Sie, wie Sie jeden einzelnen SWITCH OFF-Tag intensiv auskosten können. Jedem Tag ist ein bestimmtes Thema zugeordnet, das Ihnen die Möglichkeit gibt, sich innerlich neu auszurichten. Dieses Buch ist dabei Ihr ständiger Begleiter, der Ihnen Inspiration und Struktur bietet. Dazu gehören einleitende Worte zum Tagesbeginn, Anregungen für den Arbeitsweg, Tipps für den Arbeitsplatz, motivierende Worte zum Durchhalten und ein Abendprogramm, das Ihnen Raum lässt, Ihr persönliches Tagesthema zu vertiefen. Aber auch Übungen zur Selbstreflexion, zur Visualisierung und Affirmationen, konkrete Aufgaben, inspirierende Gedanken und vieles mehr erwarten Sie.

Alles, was Sie dazu brauchen, sind ein Block, ein Stift und der

Wille zum medialen Entschlacken. Und wenn Sie nach 14 Tagen noch nicht genug haben: Niemand zwingt Sie aufzuhören und in Ihren Zweitjob als Medienkonsument zurückzukehren!

So individuell wie Sie

Das SWITCH OFF-Abenteuer ist ebenso individuell wie Sie. Um das Beste für sich herauszuholen, hier ein paar Hinweise vorab:

Die täglichen Themen und damit verknüpften Überlegungen sind für den einen ein willkommenes Programm, dem er gerne und im Detail folgt. Andere sehen die Inhalte und Übungen als eine freie Inspirationsquelle, der sie einmal ihre Aufmerksamkeit widmen und einmal nicht. Wieder andere möchten noch mehr Inspiration, Austausch und Möglichkeiten, das Abenteuer zu vertiefen und zu dokumentieren – und können das hier im Buch oder in einem eigenen Journal tun.

Wie Sie es auch handhaben möchten: Die allerersten SWITCH OFF-Abenteurer berichteten mir, dass sie sich dem Programm sehr verbunden fühlten und Lust hatten, alle Abendprogramme nachzuholen, die Sie am vorgesehenen Tag nicht ausüben konnten. Denn Einladungen bei Freunden, ein später Geschäftstermin oder einfach der Wunsch nach einem faulen Abend sind in den zwei Wochen SWITCH OFF mehr als erlaubt.

Kreise ziehen

Auch Ihrer Entscheidung, ob und wie Sie Ihr Umfeld miteinbeziehen, sind keine Grenzen gesetzt: Sie können Ihr SWITCH OFF-Abenteuer ganz alleine ausüben, mit Ihrem Partner oder auch die ganze Familie, Ihre Wohn- oder Bürogemeinschaft zum Ausschalten motivieren. Machen diese bei Ihrem Erlebnis nicht mit, ist das noch lange kein Grund, zu verzichten. Wenn

Ihr Partner oder Ihre Familie fernsieht, streamt oder das Radio aufdreht, können Sie wie beim Fasten trotzdem bewusst verzichten: Sie können stattdessen einen Spaziergang unternehmen, eine Freundin besuchen oder das SWITCH OFF-Programm des Tages einfach im Nebenzimmer ausüben. Sie werden vielleicht sogar bemerken, dass Sie mit jedem Tag, dem Sie Ihrem SWITCH OFF-Abenteuer treu bleiben, mehr und mehr Gesellschaft für Ihre Aktivitäten bekommen. Vielleicht zückt Ihr Partner eines Abends auch ein Buch, das schon so lange ungelesen gewartet hat, anstelle der Fernbedienung. Eventuell bekommen Ihre Kinder Lust, Sie bei den Tages- und Abendaktivitäten zu begleiten und zu unterstützen. Alles ist möglich. Bleiben Sie einfach Ihrem Media-Detox treu und lassen Sie sich von den vielen positiven Nebenwirkungen überraschen.

Ein persönlicher Gewinn

Grundsätzlich gilt: Es gibt keine Regeln und Pflichten, außer die, an Ihrem Ziel festzuhalten und die Massenmedien Zeitungen, Magazine, das Fernsehen, Radio und Internet zwei Wochen lang bewusst zu meiden. Dieser Lebensstil, dieses echte Abschalten, wird Ihr Innerstes berühren. Sie werden rasch feststellen, wie sehr Sie auch unterbewusst mit den verschiedenen Medien verbunden sind und wie erstaunlich oft Sie aus reiner Gewohnheit in Ihrer Freizeit auf Google, YouTube & Co. zurückgreifen. Mit SWITCH OFF verlassen Sie diesen Trampelpfad und schenken sich selbst, Ihrem Geist und Ihrer Seele eine erholsame Auszeit. Und somit ist SWITCH OFF ein großer persönlicher Gewinn für Menschen mit viel Medienkontakt, aber auch für alle, die einfach mal wieder eine Zeit der Ruhe und des bewussten Nachdenkens suchen, die zu Neuem aufbrechen oder ihre Beziehungen wieder intensiver leben wollen.

Welcher SWITCH OFF-Typ sind Sie?

Welcher SWITCH OFF-Typ Sie sind und wie Sie am meisten aus Ihrem 14-Tage-Abenteuer herausholen können, finden Sie ganz einfach mit diesem Test heraus. Beantworten Sie die folgenden fünf Fragen intuitiv und rasch:

1. **Wenn ich 37 Stunden mehr Freizeit pro Woche hätte und nur eine der folgenden Möglichkeiten wählen könnte, würde ich ...**
   a) mehr Zeit mit Familie und Freunden verbringen.
   b) endlich mein ersehntes Projekt starten.
   c) mehr Ruhe genießen, auf mich achten und das Leben langsamer leben.

2. **Am meisten stört mich derzeit, dass ...**
   a) ich nicht so für andere da sein kann, wie ich das eigentlich will.
   b) ich das Gefühl habe, im Leben nicht voranzukommen.
   c) ich mich dauernd gestresst, gereizt oder geschwächt fühle.

3. **Wenn ich eine Sache ohne jeden Aufwand in mein Leben integrieren könnte, wäre das ...**
   a) großartige Beziehungen und Freundschaften zu führen.
   b) Erfolg zu haben und Dinge zu erleben, die mich begeistern.
   c) ausgeglichen zu sein und keine belastenden Gedanken zu haben.

4. Was mir am meisten fehlt, ist …
   a) Zuneigung, gute Gespräche und Verbundenheit mit anderen Menschen.
   b) der Kick, etwas zu riskieren und dabei auf mich zu vertrauen.
   c) das Gefühl, sicher und geborgen im Jetzt zu sein.

5. Wenn ich von allen negativen Bindungen im Alltag frei wäre, weiß ich, dass ich …
   a) der herzliche, mitfühlende Mensch wäre, der ich bin.
   b) voll durchstarten würde.
   c) keine Probleme hätte, die Balance zu halten.

Die Lösung

3 Mal oder öfter Antwort »A«

SWITCH OFF-Typ A: »Liebe & Lebensfreude«

Sie sehnen sich nach Zeit und Raum, um der Mensch zu sein, der Sie außerhalb der digitalen Stressfalle wirklich sind. Spüren, dass es mehr geben muss, als zu funktionieren und sich dabei mehr und mehr zu isolieren. Sie wollen jene Verbindungen wieder aufbauen oder stärken, die echte Freundschaften ausmachen. Wünschen sich positive Erlebnisse mit Ihrer Familie und Ihrem Partner – oder möchten einen Gefährten finden, der dieselbe Sprache spricht. Sie wissen: Lebensqualität und Lebensfreude wachsen dort, wo wir uns wohlfühlen, wo wir verstanden und gemocht oder geliebt werden. Wo wir sein dürfen, wer wir sind, und wo andere Raum haben, dasselbe zu tun. Einander zuhören, gute Gespräche, Mitmenschen helfen, sich verstanden fühlen und Nähe zu anderen sind das Salz, das unserer Suppe heute oft fehlt. Wenn Sie nun mit SWITCH OFF in den kommenden zwei Wochen Ihre kostbare Energie von Ihrem Zweitjob als Medienkonsument abziehen, wird diese Energie frei für genau diese Würze in Ihrem Leben. Für ein aufmerksames Miteinander, das im Stress unserer Tage oft zu einem hektischen Nebeneinander geworden ist. Mit SWITCH OFF schließen Sie die Lücke zwischen dem Realen und dem Digitalen, wachsen neu zusammen – und erleben »Liebe & Lebensfreude«, die Ihr Herz erfüllt!

3 Mal oder öfter Antwort »B«

SWITCH OFF-Typ B: »Abenteuer & Aufbruch«

Oh ja, Sie wollen es wissen! Sie wollen alles erreichen. Und intensiv leben. Und SWITCH OFF verschafft Ihnen endlich die Zeit und die Power, das auch tatsächlich zu schaffen. Denn wenn die rund fünf Stunden täglich endlich frei werden, die wir ansonsten als Medienkonsument vergeuden, dann bringen Sie Ihre PS auf die Straße, definieren Ihre Zielgerade ganz klar und starten wieder frisch, kreativ und voll Elan aus diesem Boxenstopp ins Leben. Egal, ob Sie mit SWITCH OFF Ihr geheimes Wunschprojekt realisieren, Ihr Start-up gründen oder Ihre privaten Weichen neu stellen – es wird Ihr ganz persönliches Abenteuer und ein Aufbruch, der alles für immer verändern kann. Denn mit SWITCH OFF werden Sie Ihre Energien endlich bündeln, alten Ballast abwerfen und mit Klarheit und Fokus starten können. Kein Mediengetöse und Social-Media-Trash steht mehr zwischen Ihnen und Ihren Vorhaben. Kein innerer Schweinehund, oder besser gesagt: Keine innere Mediensau bremst Sie mehr. Sondern frischer Rückenwind kommt auf. Setzen Sie die Segel, nehmen Sie den vollen Schwung dieser inspirierenden Tage mit – und endlich werden aus Wünschen Wirklichkeiten.

SWITCH OFF-Typ C: »Ruhe & Regeneration«

Schon die Antworten zu lesen fühlt sich einfach wundervoll an! Ruhe. Rückzug. Sich zwei Wochen lang eine Atempause gönnen und dabei die Füße hochlegen. Wie schön! Ihr SWITCH OFF-Erlebnis wird Ihnen die Zeit und Muße schenken, sich einmal aus dem schnellen Leben zurückzunehmen und ein Tempo zu finden, das lebenswert und gesund ist. Das Schönste an dem Abenteuer, das Sie erwartet, ist jedoch Folgendes: Es wird ein ganz stilles Abenteuer sein, eine leise Transformation, eine Reise zurück zur eigenen Mitte. Mit der großen Chance, dieses Mal auch wirklich dort anzudocken und sich dort zu verankern. Immer wieder brechen wir auf, um bei uns selbst anzukommen, doch es gelingt nicht. Warum? Weil wir ständig abgelenkt und neu aus der Bahn geworfen werden – und schließlich müde, übersättigt und überfordert die Lust verlieren. Doch die Ablenkungen und fremden Stimmen aus der Welt der Medien verstummen nun. Die Lebensfreude wächst. Sie sammeln Ihre Energie, bündeln Ihre Kräfte und lenken sie schließlich ins Zentrum: zu den eigenen Bedürfnissen, zur Natur, zur Stille und zur Entspannung, die unsere Sinne für neue Inspiration und unseren Blick über den Bildschirmrand hinaus öffnet. So schöpfen Sie mit SWITCH OFF aus einem Brunnen, den Sie vielleicht haben versiegen lassen oder noch gar nicht kannten – und entdecken, wie tief, reich und voll dieser Brunnen ist. Genießen Sie es, dort aus den Vollen schöpfen zu dürfen und Tag für Tag die neu gewonnene Vitalität in alle Lebensbereiche fließen zu lassen.

Keine eindeutige Richtung zu erkennen?

SWICTH OFF-Typ Y: »Von allem etwas«

So vielseitig wie das Leben ist, so vielseitig sind Ihre Wünsche – und so facettenreich sind auch die 14 Tage, die vor Ihnen liegen. Wenn Sie alles haben möchten, die Entspannung, die neuen Impulse, die glücklichen gemeinsamen Stunden, dann werden Sie mit SWITCH OFF auf Ihre Kosten kommen. Denn für Menschen wie Sie bietet jeder Tag neue Abwechslung. In diesem Buch finden Sie die richtigen Fragen, animierende Antworten, stille Momente und unzählige kreative Anregungen. Nehmen Sie es als Ihren Begleiter jeden Tag und zu allen Aktivitäten mit – und lassen Sie sich ganz ein auf diese Zeit ohne Medienrauschen und Dauerkonsum. Fühlen Sie sich frei, inspiriert und energiegeladen!

Der perfekte Moment

Egal, welcher Typ Sie sind: Einen richtigen oder falschen Zeitpunkt für Ihr SWITCH OFF-Abenteuer gibt es nicht. Zwar richtet sich das Programm vorwiegend an all jene, die das mediale Entschlacken mitten in ihren ganz normalen Alltag einbinden wollen, um die gewohnten Strukturen aufzubrechen und neue Perspektiven zu gewinnen. Hoch praktikabel und effektiv. SWITCH OFF eignet sich jedoch auch hervorragend zur Urlaubsgestaltung, egal, ob zu Hause oder weit weg.

Darüber hinaus ist es ein ideales Mittel zur Orientierung zwischen zwei Jobs, nach dem Studium, nach überstandener Krankheit, in Vorbereitung auf den Ruhestand oder auf neue Projekte, in der Schwangerschaft, zwischen zwei Lebensabschnitten und in Zeiten der Sinnsuche und Selbstreflexion. Immer jedoch ist es ein Weg zu mehr Ruhe, mehr Kreativität, mehr persönlichem Freiraum und ein einfacher Pfad zu einer konstruktiveren und erfüllteren Freizeitgestaltung.

Idealerweise beginnen Sie das SWITCH OFF-Abenteuer mit dem *Getting-Ready-Tag* an einem ersten von zwei freien Tagen, zum Beispiel einem Samstag. Danach ist es egal, ob Sie arbeiten oder nicht. Sie können das Programm ganz einfach Ihren Umständen anpassen.

Wir erleben, dass wir als gehetzte Konsumenten zuerst wieder lernen müssen, diese Langsamkeit und diese Ruhe auszuhalten. Sich dem Steten und Geruhsamen zu öffnen löst in uns nicht selten ein Gefühl der Unsicherheit aus. An meinen Schweigetagen, die ich jedes Jahr vollkommen offline und einhundert Prozent medien- und kommunikationsfrei in einem kleinen Kloster in den Bergen bewusst begehe, erlebe ich das am eigenen Leib: Zuerst wächst die Unruhe, die Gedanken erhöhen ihr Tempo, die Suche nach Ablenkung und Zerstreuung macht nervös. Doch mit jedem Tag verändert sich der Puls der Seele. Er wird runder, satter und genügsamer. Der Blick auf die Natur, die Umwelt und die Menschen, die mit mir schweigen, wird klarer. Und das Schönste? Der Frieden, der tatsächlich in der Tiefe aller Dinge liegt, beginnt sich zu entfalten – und wirkt. Immer. Die regelmäßige Verbindung mit der Ruhe ist eine kleine Revolution in unserem Inneren, die leise und heimlich beginnt – und irgendwann uns selbst, unser Leben und unseren Alltag verändert. Vor allem aber entwickelt sich dadurch das Bewusstsein, dass es auch in der allgegenwärtigen Informationsflut, in der wir heute leben, in uns selbst einen ruhenden Kern gibt. Und diesen werden Sie in den nächsten 14 Tagen in sich selbst entdecken!

Sie und Ihre Gefühle sind bei SWITCH OFF das A und O. Und vermutlich werden Sie neben der wiedererlangten inneren Ruhe auch das ganze weitere emotionale Spektrum erfahren: Glück, Langeweile, Neugier, Nervosität, Freude und vieles mehr.

Folgen Sie Ihren Gefühlen. Hören Sie Ihre innere Stimme. Genießen Sie die Intensität. Entfesseln Sie Ihr kreatives Potenzial und holen Sie sich Ihre Lebensfreude zurück! Jetzt beginnt Ihr ganz persönliches SWITCH OFF-Abenteuer. Viel Freude in der großartigsten aller Welten: der realen!

Ihr 14-Tage-offline-Abenteuer

Samstag: Getting Ready

Krempeln Sie die Ärmel hoch, reiben Sie sich die Hände und freuen Sie sich! Ihr SWITCH OFF-Abenteuer startet! Heute erleben Sie das, was ich »Getting-Ready« nenne – eine Mischung aus Beobachtung, Planung, Vorfreude, Motivation und Loslassen. Wundervoll!

Legen Sie wie bereits erwähnt Ihren Vorbereitungstag am besten auf den ersten von zwei freien Tagen, einen Samstag zum Beispiel. Das hilft Ihnen, sich selbst ganz in Ruhe vorzubereiten, sich einzustimmen und sich bereits vorab einige Fragen zu beantworten, die Ihnen in den nächsten 14 Tagen möglicherweise begegnen werden.

Außerdem ist es ideal, nach dem Getting-Ready-Tag ebenfalls an einem freien Tag, vielleicht an einem Sonntag, ins SWITCH OFF-Abenteuer zu starten. So können Sie ganz privat und entspannt Ihre ersten Erfahrungen sammeln.

Das Beobachten beginnt

Schon heute werden Sie überrascht sein, was SWITCH OFF bereithält. Es wird Ihr Leben in den nächsten zwei Wochen verändern. Und damit das passieren kann, gilt es, heute Ihre Mediengewohnheiten aufzuspüren.

**Seien Sie ganz ehrlich zu sich selbst und versuchen Sie,
die folgenden Fragen genau zu beantworten:**

- Wie oft greifen Sie – auch ganz unbewusst und unnötig – zum Smartphone?
- Verlieren Sie sich immer wieder in der digitalen Welt, und plötzlich sind wieder zwanzig Minuten oder mehr verstrichen?
- Wann läuft der Fernseher?
- Welche Programme sehen Sie?
- Wie lange? Haben Sie schon beobachten können, ob Sie auch rund fünf Stunden täglich fernsehen und surfen?
- Mehr?
- Weniger?

Oder sind Fernsehen, YouTube und Social Media mehr ein stetiges Hintergrundrauschen wie das Radio, das vielleicht fast unmerklich immer nebenherläuft?

Wie sieht es mit Ihrem Nachrichtenkonsum aus?

- Konzentrieren Sie sich auf die Nachrichten und verfolgen Sie die aktuellen Ereignisse interessiert, um auch die Hintergründe zu erfassen?
- Oder blättern Sie beiläufig durch eine Zeitung oder surfen Sie nebenher in News-Rooms aus Gewohnheit oder aus Sorge, etwas zu verpassen?
- Was machen die Nachrichten mit Ihnen?
- Wie fühlen Sie sich, wenn Sie die Nachrichten wieder ausschalten bzw. beiseitelegen?

Und überlegen Sie auch: Gibt es Momente der Ruhe in Ihrem Alltag?

- Sind diese angenehm oder störend?
- Wie nutzen Sie die Ruhe oder versuchen Sie diese zu vertreiben? Wenn ja, wie oder womit?

Wie steht es um Ihre privaten Kommunikationsgewohnheiten?

- Halten Sie den ganzen Tag über ununterbrochen Kontakt mit Freunden über WhatsApp, Facebook oder Twitter?
- Freuen Sie sich über Anrufe, oder belasten Sie diese?
- In welcher Geschwindigkeit reagieren Sie auf private Anrufe und Nachrichten?
- Macht es Sie nervös, wenn Sie ein paar Stunden von niemandem kontaktiert werden?
- Wie oft kontrollieren Sie auch ohne Signalton, ob eine Nachricht oder ein Retweet für Sie abgegeben wurde?

Wie viele Stunden investieren Sie in etwa täglich in Ihren privaten Medienkonsum?

- ca. _____ Stunden
- Ist das für Sie in Ordnung oder zu viel?
- Welche Obergrenze möchten Sie für sich festlegen?

Außerdem:

- Wie verbringen Sie Ihren freien Tag?
- Welche Gedanken kehren auffällig oft wieder?
- Welche Sorgen?

Mit all diesen Beobachtungen im Gepäck nehmen Sie sich abends eine Stunde Zeit, um zum ersten Mal tiefer in die SWITCH OFF-Welt einzutauchen. Setzen Sie sich, brühen Sie Tee auf und bringen Sie zu Papier, was Sie heute an sich selbst beobachten konnten:

_____

_____

_____

_____

_____

Diese Gefühle haben heute meinen Tag bestimmt:

☐ Freude und Leichtigkeit
☐ Mut und Erlebnislust
☐ Gelassenheit
☐ Nervosität, wenn mein Smartphone nicht in der Nähe ist oder wenn ich zur Ruhe kommen wollte
☐ Druck, den ich nicht genauer benennen kann
☐ eine eigentlich grundlose innere Unruhe
☐ _____
☐ _____
☐ _____

Diese positiven Gedanken haben mich heute begleitet:

☐ Ich bin voller Vorfreude auf die nächsten zwei Wochen.
☐ Ich bin bereit, einen bewussten Umgang mit den Medien zu finden.
☐ Ich werde an meinem Vorhaben festhalten, weil ich es will und es mir guttut.
☐ Ich bin froh, SWITCH OFF gefunden zu haben und das Abenteuer jetzt umsetzen zu können.
☐ Ich bin mir sicher, dass ich eine großartige, abwechslungsreiche Zeit vor mir habe.
☐ Ich habe schon die ersten Ideen, wie ich die freie Zeit füllen werde.
☐ _____
☐ _____
☐ _____

Diese Sorgen sind mir aufgefallen:

☐ Ich bin unsicher, ob ich wirklich 14 Tage ohne Medien durchhalte.
☐ Ich mache mir Sorgen, wie mein Umfeld darauf reagieren wird.

- ☐ Ich spüre ein inneres Unbehagen, wenn ich mich in den nächsten zwei Wochen meinen innersten Gedanken, Ängsten und Gefühlen aussetze.
- ☐ Ich habe Angst, etwas zu verpassen, mich zu isolieren und den Anschluss zu verlieren.
- ☐ Ich bemerke an einem Tag wie heute deutlicher, dass mein Medienkonsum sich auf mein Wohlbefinden auswirkt, und das beunruhigt mich.
- ☐ _____
- ☐ _____
- ☐ _____

Heute beobachte ich an mir, dass
- ☐ ich es genießen kann, wenn rund um mich herum alles still und ruhig ist.
- ☐ SWITCH OFF vermutlich sehr einfach für mich sein wird.
- ☐ ich mich auf SWITCH OFF freue und am liebsten schon heute medienfrei gelebt hätte.
- ☐ _____
- ☐ _____
- ☐ _____

Oder dass
- ☐ ich total an dem Fernsehen hänge.
- ☐ ich total am Internet hänge.
- ☐ ich oft grundlos nach meinem Smartphone greife.
- ☐ ich viele eigentlich unnötige Telefonate führe oder unnötige Nachrichten versende.
- ☐ _____
- ☐ _____
- ☐ _____

Was will ich mit SWITCH OFF erreichen?

☐ Mehr zur Ruhe kommen und entspannen.

☐ Mehr Zeit für meine Freunde und Familie finden.

☐ Meine Kinder wieder mehr in den Mittelpunkt stellen und die Stunden mit ihnen aktiver gestalten.

☐ Die Liebe und Romantik neu entfachen.

☐ Die Partnersuche mehr in den Fokus stellen.

☐ Mich sozial engagieren.

☐ Meine nahen Verwandten öfter besuchen.

☐ Alle Freunde einladen und groß aufkochen.

☐ Mehr Sport treiben und besser auf meine Gesundheit achten.

☐ Für den Marathon trainieren.

☐ Eine neue Sportart finden und als stabilen Fixpunkt in mein Leben integrieren.

☐ Im Job produktiver und fokussierter sein.

☐ Endlich dieses Projekt starten oder finalisieren: _____

_____

☐ Endlich all die Bücher lesen, die ich kaufe und doch nie zur Hand nehme.

☐ Meine Jobperspektive genauer unter die Lupe nehmen.

☐ Mich selbstständig weiterbilden oder einen Kurs besuchen. Konkret schwebt mir vor, dass ich: _____

_____

☐ Diesen Start-up-Traum verwirklichen: _____

_____

☐ Einen Blog starten und die ersten Texte dafür offline erstellen.

☐ Meine Talente fördern und kreativ sein.

☐ Öfter tanzen und ausgehen.

☐ Kunst und Kultur wieder mehr Zeit widmen oder diese Welten endlich für mich entdecken.

☐ Eine Band gründen oder wenigstens das alte Instrument wieder entstauben.

☐ Der Natur wieder näherkommen.

- ☐ Ausgeglichener sein.
- ☐ Mehr im Jetzt leben.
- ☐ Herausfinden, was ich wirklich will im Leben.
- ☐ Weniger sinnlos kommunizieren.
- ☐ Endlich mal die Wohnung und das Haus auf Vordermann bringen.
- ☐ Altes loslassen und Raum für Neues öffnen.
- ☐ Öfter mal einfach durch die Stadt flanieren.
- ☐ Besser und mehr schlafen.
- ☐ Mich weniger mit belastenden Dingen befassen.
- ☐ Schöne Dinge erleben:
- ☐ _____
- ☐ _____
- ☐ _____
- ☐ _____
- ☐ _____

Was motiviert mich?

- ☐ Zu wissen, dass ich es schaffen werde.
- ☐ Die Freude, mich nach meinem Media-Detox wieder frisch, erholt, frei und kreativ zu fühlen.
- ☐ Die Lust darauf, mich selbst besser kennenzulernen.
- ☐ Die Chance, mich neu zu orientieren und neue Klarheit in mein Leben zu bringen.
- ☐ Die positiven Folgen, die ich mir für meine Beziehung erhoffe.
- ☐ Die erlebnisreiche Zeit mit der Familie.
- ☐ Die Möglichkeit, meinem Leben eine neue Richtung zu geben.
- ☐ Meine Gesundheit und mein psychisches Wohlbefinden damit zu unterstützen.
- ☐ Die Begeisterung für das Projekt, das ich in dieser Offline-Zeit planen, vorantreiben oder finalisieren will.

- ☐ Die Lust, mal was Neues auszuprobieren und ein Vorreiter im Freundeskreis zu sein.
- ☐ Meine Freunde und Angehörigen, die es auch schon geschafft haben.
- ☐ Meine Partnerin oder mein Partner, der auch mitmacht.
- ☐ Meine Arbeitskollegen, denen ich es einfach beweisen will.
- ☐ _____
- ☐ _____
- ☐ _____

Ihre Goldgrube

Behalten Sie diese Liste mit all Ihren Zielen, Vorhaben und Ideen im Auge – und kommen Sie immer wieder zu ihr zurück, wenn Sie schwach werden, an Ihrem Abenteuer zweifeln oder die Langeweile oder Nervosität Sie zum Blick aufs Smartphone verleiten möchte!

Was es auch ist, das Sie motiviert, was immer Sie erleben oder erreichen möchten – setzen Sie hier ein Lesezeichen, knicken Sie das obere Eck dieser Seite um oder markieren Sie sie mit einem Post-it und kehren Sie immer wieder hierher zurück, wenn Sie in den kommenden zwei Wochen das Gefühl haben, eine Extraportion Motivation zu brauchen.

Meine Es-geht-los-Checkliste

Damit Sie morgen ganz frei und gelassen starten können, lohnt es sich, heute anhand der Es-geht-los-Checkliste ein paar Dinge zu klären:

✓ **Freunde und Familie:** Möchten Sie Ihre Freunde und Familie vorab informieren, dass Sie die nächsten zwei Wochen als SWITCH OFF-Abenteurer leben und daher privat komplett offline sein werden? Erzählen Sie von Ihrem Vorhaben. Vielleicht animiert es jemanden mitzumachen!

- ✓ **Online verabschieden:** Wollen Sie mit einem offiziellen Social-Media-Post sagen, dass Sie sich die Freiheit nehmen, ein paar Tage offline zu sein, und Ihr Abenteuer jetzt startet?: *»Leben statt liken. Genießen statt googeln. Das mache ich jetzt für 14 Tage – mit meinem ganz persönlichen @Switch OffAbenteuer. Bis bald! #switchoff #relax, #reflect and #renew because #wearecreators :)«*
- ✓ **Private E-Mails:** Richten Sie in Ihrem persönlichen Account eine Abwesenheitsnachricht ein, die darauf hinweist, dass Sie gerne in zwei Wochen wieder via E-Mail erreichbar sind.
- ✓ **Oder behalten Sie Ihr Erlebnis lieber erst einmal für sich?** Sehen Sie es entspannt, sich jetzt die Freiheit und den Luxus zu gönnen, zwei Wochen lang nur im realen Leben erreichbar zu sein.
- ✓ **Ihre SWITCH OFF-Party:** Was Sie jedoch auf alle Fälle heute noch machen sollten, ist eine kleine und feine Gästeliste für Ihre allererste SWITCH OFF-Party, die Sie als Belohnung für Ihre Konsequenz und Ihr Abenteuer an Tag 14 feiern werden! Laden Sie Ihre Gäste am besten zu sich nach Hause oder an einen ruhigen Ort zu einer Feier oder einem gemütlichen Beisammensein ein. Mehr zur Gestaltung dieses Abends oder Nachmittags erfahren Sie rechtzeitig!

  An Tag 7 wird Sie Ihr SWITCH OFF-Abenteuer abends in die Stadt und zum Ausgehen locken. Wenn Sie Kinder haben, kümmern Sie sich schon heute um einen Babysitter für diesen Tag.
- ✓ **Inspiration:** Spazieren Sie in die Stadt und holen Sie sich den aktuellen Veranstaltungskalender, greifen Sie in der Buchhandlung nach einem Reiseführer, der Sie anspricht, nach einem Bild- oder Gedichtband oder nach einem Magazin mit vielen schönen, inspirierenden Fotos.

  Wenn Sie möchten, können Sie für die Übungen und Aufgaben in den nächsten 14 Tagen ein eigenes SWITCH OFF-

Journal anlegen. Besorgen Sie eines, wenn Sie noch keines zur Hand haben. Oder nutzen Sie den Raum für Notizen gleich hier im Buch.

✓ **Musik! Musik!** Fernsehen, Radio, Zeitungen und die gesamte Welt des Internets sind in den nächsten zwei Wochen etwas, worum Sie sich nicht kümmern müssen. Was jedoch das SWITCH OFF-Abenteuer noch schöner macht, ist Musik! Genau darum haben wir eigene SWITCH OFF-Soundwelten geschaffen. Speziell für Sie und Ihr Abenteuer haben wir Musik komponiert, die es leichter macht, das Leben »unplugged« zu genießen – und die Ihre Stimmungen zwischen entspanntem Relaxen und abenteuerlichem Aufbruch hochleben lässt. Laden Sie sich die verschiedenen SWITCH OFF-Alben heute unter www.switchoff.at/musik herunter, damit sie Ihnen offline zur Verfügung stehen. Viel Freude damit!

✓ **Geführte Entspannung:** Besuchen Sie in diesem Zuge, auch gleich www.switchoff.at/meditationen und holen Sie sich die dort für Sie vorbereiteten Downloads zur geführten Entspannung. Diese werden in den nächsten 14 Tagen zum Einsatz kommen.

✓ **Raus aus der Cloud:** Checken Sie nun, ob Ihre Lieblingsmusik und wichtigen Bücher nur in der Cloud, also online, oder auch offline für Sie verfügbar sind. Denn sobald Sie am Tablet oder Smartphone Ihre mobilen Daten deaktivieren, sind auch Ihre Online-Musik oder Ihre E-Books nicht mehr abrufbar. Laden Sie also, was Sie unbedingt und regelmäßig hören oder lesen möchten, herunter. Denn sind Ihre mobilen Daten erst deaktiviert, sollten sie auch deaktiviert bleiben, ansonsten wird Ihr Smartphone beim Reaktivieren sofort Nachrichten in Messenger, WhatsApp und so weiter anzeigen – und es wird schwer, zu widerstehen. Stellen Sie sich eine schöne Musik- und Literaturauswahl für die nächsten zwei Wochen zusammen. Vielleicht haben Sie auch Lust, die alte Stereoanlage aus dem Keller zu holen und in den CDs zu stöbern, die Sie lange nicht mehr gehört haben?

Wenn Sie schon im Keller kramen: Wo sind Ihre Gesellschaftsspiele? Nichts geht über ein Mensch-ärgere-dich-nicht mit der ganzen Familie oder einen Siedler-Abend mit Freunden. Nehmen Sie Ihre Spiele-Favoriten unter den Arm und mit ins SWITCH OFF-Abenteuer. Denn auch auf Online-Spiele sollten Sie für Ihr mediales Entschlacken mit SWITCH OFF verzichten.

Wenn Sie Mitglied in einem Online-Yoga-Kurs oder Online-Fitnesscenter sind, können Sie vielleicht ebenfalls ein paar Ihrer Lieblingskurse offline verfügbar machen. Ist das nicht möglich, ist Fitness die große Ausnahme bei SWITCH OFF und darf weiterhin online erlebt werden, denn Sport kann für viele SWITCH OFF-Abenteurer eine wesentliche Bereicherung sein. Versuchen Sie in diesem Fall jedoch vielleicht mal etwas Neues, das auch ohne Bildschirm machbar ist: eine Wanderung, einen Radausflug, eine Runde mit den Inlineskates oder einen Skitag in den Bergen.

✓ **Ticktack:** Haben Sie irgendwo noch Ihren alten, analogen Wecker? Den mit der Batterie, den drei Zeigern und dem Geräusch, das Sie jahrelang jeden Morgen geweckt hat? Verwenden Sie ihn! Lassen Sie abends Ihr Handy im Lautlos-Modus im Wohnzimmer liegen und stellen Sie Ihren analogen Wecker. Beenden und beginnen Sie Ihre nächsten 14 Tage einmal nicht damit, von Ihrem Smartphone geblendet zu werden. Versuchen Sie es, es hat eine ganz eigene Qualität! Auch Ihre Armbanduhr können Sie bereitlegen. Sie werden sie brauchen, wenn Sie ohne Smartphone aus dem Haus gehen.

Und nun wird's heiß: Es heißt SWITCH OFF!

1. Deaktivieren Sie die mobilen Daten und WLAN auf Ihrem Smartphone und Tablet und ...

2. ... schalten Sie Ihr WLAN zu Hause aus oder ziehen Sie den Stecker, bevor Sie zu Bett gehen.

3. Schalten Sie beides erst in 14 Tagen wieder an. Versprochen?

Ihr SWITCH OFF-Versprechen

Die Versprechen, die wir uns selbst geben, sind die, die besonders wichtig für unseren Lebensweg sind. Denn wir versprechen uns nur dann etwas, wenn es uns ernst ist. Wenn wir etwas wirklich wollen und unserem Herzen garantieren möchten, dass wir seinem Wunsch folgen – und unsere Träume verwirklichen. Daher lade ich Sie am Beginn dieser wohlverdienten medienfreien Tage ein, sich selbst ganz in Ruhe ein verbindliches JA zu Ihrem SWITCH OFF-Abenteuer zu geben. Möge es Sie auf Ihrem Weg und in Ihrem Vorhaben bestärken!

Ich, _____ (Ihr Name), verspreche, in den kommenden 14 Tagen zur Gänze auf privates Surfen, auf YouTube, Social Media, Online-Shopping, Fernsehen, Radio und Zeitungen zu verzichten – und mich dafür ganz mir selbst, meinen Träumen und Interessen zu widmen.

Als SWITCH OFF-Abenteurer lebe ich anders als der Rest der Welt. Ich bin ein Creator. Ich genieße die Ruhe und die Freiheit, die ich mir gönne, in vollen Zügen und kann dabei für viele ein Vorbild sein, ebenfalls ein persönliches SWITCH OFF-Abenteuer zu erleben.

Ich, _____ (Ihr Name), bleibe diesem Versprechen treu und lasse mich ein auf eine Zeit, die voll und ganz mir, meiner Lebensfreude und meiner Kreativität selbst gehört.«

Herzlichen Glückwunsch! Sie haben sich klar zu ihrem SWITCH OFF-Abenteuer und damit zu all den vielen großartigen Veränderungen bekannt, die dieses Media-Detox mit sich bringt.

Wenn Sie ein Tagebuch führen, nehmen Sie es heraus und schreiben Sie Ihr SWITCH OFF-Versprechen in bunter Farbe hinein. Notieren Sie es auf Seite 1 Ihres eigenen SWITCH OFF-Journals, das Sie vielleicht anlegen wollen, oder schreiben Sie es auf ein leeres Blatt und heften Sie es an eine Stelle, die für Sie Bedeutung hat. Vielleicht möchten Sie es auch in Ihre Geldbörse legen? Widmen Sie ihm einen ganz besonderen Platz und geben Sie ihm in den kommenden zwei Wochen den höchsten Stellenwert.

Denn je klarer Sie sich zu Ihrem Versprechen bekennen und je konsequenter Sie sind, desto wirkungsvoller wird Ihr Media-Detox sein, desto tiefer die SWITCH OFF-Erfahrung und desto größer das Erfolgserlebnis und die Selbstachtung.

Ab morgen überrasche ich Sie jeden Tag mit kleinen Tipps, Tricks und Inspirationen für Ihren Morgen, Ihre Arbeitswelt, Ihre Pausen und Ihre Abende.

Legen Sie Ihr SWITCH OFF-Buch am besten neben Ihr Bett und schlagen Sie gleich nach dem Aufwachen Tag 1 auf. Ich freue mich auf Sie!

Gute Nacht!

Tag 1, Sonntag: Natur-Rendezvous

Let the sun shine! Let the sun shine!
Herzlich willkommen in Tag 1 Ihres ganz persönlichen SWITCH OFF-Abenteuers. Haben Sie gut geschlafen? Was haben Sie geträumt?

Nun beginnt die Zeit, in der Sie auch bei Tag wieder träumen dürfen – ja sogar sollen. Denn die Träume sind es, die uns auf die Fährte des Neuen und der unbewussten Sehnsüchte locken. Sie animieren uns, uns selbst in den Mittelpunkt zu stellen und das Leben zu leben, das wir uns tief im Inneren wirklich wünschen.

Heute führt Sie Ihre Reise an einen Ort der Kraft: die Natur. Das Natur-Rendezvous ist die ideale Gelegenheit, all die blendenden Bildschirme hinter sich zu lassen und die Welt mit eigenen Augen zu entdecken.

Offline und medienfrei frühstücken

Schon gleich beim Aufbrühen Ihres Kaffees und beim Vorbereiten des Frühstücks für sich oder für Ihre Familie werden Sie spüren, wie ruhig Ihr Abenteuer startet: kein Radio oder Fernsehen. Auch die Zeitung holen Sie zwar herein, legen Sie aber an einen Ort, an dem Sie sie in den kommenden 14 Tagen immer ungelesen ablegen werden.

Schauen Sie stattdessen aus dem Fenster: Welches Wetter erwartet Sie draußen? Und in sich hinein: Wie fühlen Sie sich? Welche Stimmungen bemerken Sie? Und um sich herum: Wie geht es Ihrem Partner? Wie Ihren Kindern?

Verwöhnen Sie sich heute mit allem, wonach Ihnen der Sinn steht: Es ist ein Feiertag! Ein Tag, der anders werden wird, als Sie es in den letzten Jahren gewohnt waren. Ganz sicher spüren Sie es schon, wenn das Stimmengewirr im Radio und die Schlagzeilen der Nachrichten plötzlich fehlen. Erlauben Sie es sich, diese Ruhe zu spüren, die damit einhergeht. Selbst wenn Sie nicht alleine wohnen und wenn Ihre Familie natürlich miteinander spricht oder Ihr Partner trotzdem die Zeitung liest. Beobachten Sie die Situation. Jedoch ohne sie zu bewerten. Denn das ist, was Sie in den kommenden Tagen neu für sich entdecken werden: das bewertungsfreie Beobachten.

Ein Media-Detox ist immer auch ein Judgment-Detox. Wir finden heraus aus dem konstanten Bewerten, das uns in den Konsumentscheidungen und in den sozialen Medien abverlangt wird, und können damit wieder klar, präsent und direkt wahrnehmen. Der schwarz-weiße Filter von »gut und schlecht«, »mag ich und mag ich nicht«, »will ich und will ich nicht«, »Daumen hoch oder runter« kann aufgelöst werden. Und damit haben wir eine neue Chance auf Zufriedenheit: mit dem Augenblick. Mit dem Erlebten. Mit uns selbst. Und mit der Welt um uns. Gerade heute. Kennen Sie das Sprichwort:

»Natur überwindet die Gewohnheit«?

Dieser weise und starke Satz ist heute das Credo, unter dem Sie tatsächlich mit dem Gewohnten brechen. Sie verlassen den bekannten Pfad – nicht nur in Gedanken, sondern tatsächlich.

Entscheiden Sie sich für einen Ort in der Natur, den Sie heute besuchen möchten. Alleine, zu zweit, mit der Familie, mit Freunden. Ganz egal.

Als SWITCH OFF-Typ A »Liebe & Lebensfreude« sollte es ein bewegender und besonderer Ort sein, der Ihnen einmal viel bedeutet hat oder immer noch bedeutet, der aber nicht alltäglich ist. Ein Platz, mit dem Sie schöne, kraftvolle Erinnerungen verbinden oder der Sie an wertvolle Menschen erinnert. Ein

Park oder ein Strand, an dem Sie mit Ihrer großen Liebe geturtelt haben. Ein Berg, der für Sie immer schon eine besondere Magie ausstrahlte. Eine Hütte, in der Sie einmal übernachtet haben. Weite Felder, durch die Sie als Kind so gerne mit dem Rad gefahren sind. Strände, die Ihr zweites Zuhause waren. Wie er auch aussehen mag, der Ort, der in Ihrem Herzen in allen Farben lebt – heute werden Sie ihn besuchen.

Auch als SWITCH OFF-Typ B »Abenteuer & Aufbruch« sollte dieser Ort abseits Ihrer alltäglichen Routen liegen. Er sollte die Möglichkeit bieten, sich zu »verirren« und etwas zu entdecken, das Sie jetzt noch nicht vorhersehen können, oder ein bestimmtes Highlight bergen, das Sie immer schon mit eigenen Augen sehen wollten: einen Wasserfall. Eine mystische Klamm. Eine Brücke. Ein Gipfel. Einen abgelegenen Strandabschnitt. Eine Windmühle. Folgen Sie einer verlockenden Fährte, bleiben Sie jedoch in der Natur selbst. Denn Abenteuerparks bieten nur wieder neue Ablenkung und Irritation, von der Sie sich heute jedoch bewusst verabschieden. Denn um neu zu starten, müssen Sie die Systeme erst herunterfahren. Um in ein neues Level aufzusteigen, müssen wir uns zuerst erden.

Als SWITCH OFF-Typ C »Ruhe & Regeneration« finden Sie Ihr Rendezvous heute an einem leicht zu erreichenden Ort der Beschaulichkeit. Wenn es ein Park in Ihrer Nähe ist, suchen Sie dort die einsamen Plätze. Wenn Sie in den Wald gehen, wagen Sie sich tief hinein, und wenn die Weite Ihre Heimat ist, dann spüren Sie sie und ihre befreienden Elemente.

Trinken Sie also Ihren Kaffee aus, bereiten Sie etwas Proviant oder ein kleines Picknick vor und machen Sie sich fertig für Ihr Natur-Rendezvous.

Es regnet, schneit oder stürmt? Wunderbar! Dann wird Ihr Natur-Rendezvous einmal mehr ein Abenteuer und ein Erlebnis außerhalb des Gewohnten, das Körper, Geist und Seele neu ausrichtet, erdet und ein Stück weit wieder harmonisiert. Der Natur werden heilende Kräfte nachgesagt, besonders ihren Botenstoffen, Gerüchen, der Erde, den Blüten und Harzen schreiben Forscher eine intensive Wirkung auf unser körperliches Wohlbefinden, unsere Stressresistenz und unsere psychische Gesundheit zu. Ein Grund mehr für uns SWITCH OFF-Abenteurer, unser Media-Detox-Erlebnis mit Naturbegegnungen heilsamer Art zu intensivieren. Selbst zu spüren, zu riechen, zu berühren, aufzunehmen und unser Bewusstsein für diese unsichtbare und doch so unglaublich kostbare Verbindung zwischen uns und der Erde zu öffnen.

Wie das Sprichwort sagt, wird die Natur Sie heute darin unterstützen, Ihre Gewohnheiten zu überwinden. Sie hält nirgendwo einen Bildschirm oder eine mediale Versuchung bereit. Dafür aber eine entscheidende Erkenntnis. Begegnen Sie der Natur heute mit diesem Gedanken:

»Hier komme ich her.«

Fühlt sich das sonderbar an? Wir alle sind Teil der Natur. Und die Natur ist ein Teil von uns. Sie ist unser Ursprung. Zwischen uns besteht eine tiefe, magische Beziehung. Mit dem Bewusstsein dieser Verbindung und auf der Suche nach einer neuen Art der Weltwahrnehmung, die sich nun für vierzehn Tage dem Einfluss des Digitalen entzieht, möchte ich Ihnen dieses »Hier komme ich her« als kleines Mantra mitgeben. Wiederholen Sie diesen Gedanken heute immer und immer wieder. Warum? Weil wir ihn offenbar zu großen Teilen vergessen haben. Irgendetwas an unserer modernen Zeit lässt uns glauben, dass wir Menschen von der Natur getrennte Wesen sind. Mehr noch: dass die Natur etwas Fremdes, Bedrohliches, Sterbendes und

Ausgebeutetes ist, das uns nicht länger schützen und nähren kann. Die Natur scheint weit außerhalb unseres Lebensbereichs zu liegen und uns fremd zu sein. Doch darin liegt einer der größten Trugschlüsse unserer Zeit. Denn mit dieser Annahme kappen wir unsere Verbindung zu unserem eigenen Ursprung und Wesenskern. Und führen folglich ein entwurzeltes Leben. Höchste Zeit also, diesen Irrtum zu beenden.

Wenn Sie heute hinausgehen, vielleicht erst ein Stück weit mit dem Auto, der Bahn oder dem Rad fahren und der Natur entgegenkommen, dann suchen Sie nach Folgendem: nach der Unverwüstbarkeit der Natur. Nach ihrer rauen und doch wohlwollenden Kraft. Nach ihrer greifbaren Ruhe und Geduld. Sehen Sie, wie nichts dem anderen gleicht und doch alles eins ist. Dass Sie wie die Natur selbst Ruhe und pure Lebendigkeit sind.

Ein vibrierendes Rauschen

Es war an einem meiner SWITCH OFF-Tage, als ich bei einem Spaziergang in der Natur zum ersten Mal das leise Rauschen, diese geheime Kommunikation des Waldes wahrnahm. Es war einfach da. Unsichtbar. Zwischen den Tannen und Buchen, die gerade ihr Laub verloren. Unwirklich und doch deutlich war es zu hören, das Leben zwischen den Bäumen und Sträuchern. So fordernd und doch flüchtig, dass ich stehen blieb, um mich zu vergewissern, dass dieses vibrierende Rauschen tatsächlich von der Natur selbst kam.

Hören auch Sie hin. Ganz ohne Jogging-Musik im Ohr. Einmal ganz ohne zu plaudern. Frei von jeder Ablenkung gehen Sie hinein in die Natur und nehmen diese einfach nur wahr: die Farben, die Gerüche, die Geräusche und vor allem die Stimmungen.

Die Natur als wahrer Kokon

Holen Sie sich das Gefühl zurück, dass die Natur uns guttut. Dass diese Erde lebt, wächst, nährt und sich stets erneuert. Wie sie sprießt und blüht und dabei so verschwenderisch viel gibt. Immer noch.

Wenn Sie Ihr SWITCH OFF-Abenteuer in einem kalten Wintermonat erleben, dann achten sie einmal darauf, wie großzügig die Natur mit sich selbst ist: Sie gönnt sich absolute Ruhe. Nichts bewegt sich. Die Bäume und Sträucher, die Seen und Wiesen – alles scheint in einem gnadenvollen Schlaf zu liegen. Erkennen Sie den Reichtum, der in dieser Ruhe liegt? Die Liebe, mit der die Natur sich selbst diese wohlverdiente Auszeit gönnt, um anschließend zu einem neuen produktiven Zyklus aufzubrechen? Als SWITCH OFF-Abenteurer befinden Sie sich auch in einer solchen wohlverdienten Ruhephase, in der Sie das Tempo reduzieren, sich mehr nach innen richten und neue Kraft schöpfen – für starke Beziehungen und persönliches Wachstum. Was manche »Digital Cocooning« und den neuen Luxus unserer Zeit nennen, den Rückzug aus der rauschenden, übervollen Welt des Internets, das praktiziert die Natur im regelmäßigen Ablauf der Jahreszeiten, wenn sie sich zurückzieht, sich einhüllt in die Kälte und Ruhe des Winters, um schließlich aus dem Kokon aufzubrechen und im Frühling neu zu erblühen. Wir können und dürfen das auch – damit auch wir wieder erholt und erfüllt zurückkehren aus unserem SWITCH OFF-Abenteuer. Denn Offline-Sein ist kein Luxus, Ruhe ist kein Luxus. Es ist ein Geburtsrecht.

Es geht los!

Packen Sie Ihren Proviant, dieses Buch und einen Stift ein. Ziehen Sie Ihre bequemen Laufschuhe, gemütliche Kleidung, die zum Wetter passt, und Ihre Armbanduhr an und verlassen Sie das Haus – ohne Ihr Smartphone.

Noch einmal: Verlassen Sie das Haus ohne Ihr Smartphone. Ja, Sie haben richtig verstanden.

Kein Problem? Dann sind Sie vielen einen Schritt voraus.

Als ich zum ersten Mal bewusst handyfrei die Wohnung für ein SWITCH OFF-Abenteuer verlassen wollte, schaltete sich sofort eine alarmierende Stimme in meinem Kopf ein: »Du wirst stürzen, dir den Unterschenkel brechen und hochdramatisch im Wald gesucht werden müssen! Du könntest dich verlaufen! Oder – noch schlimmer – auf dem Rückweg die Tram verpassen und gezwungen sein, endlose zwanzig Minuten völlig alleine und ohne die leuchtende Welt des Mobiltelefons an der Station ausharren zu müssen!«

Doch ich bin ein großes Mädchen, höre nicht auf die Angststimme, vertraue auf meine Trittsicherheit, meinen Orientierungssinn und meine Persönlichkeit und starte los. Jemandem Bescheid sagen? Das wäre nur ein Vorwand, doch wieder zum Handy zu greifen. Verlassen auch Sie heute wirklich unvernetzt das Haus auf ungewohnten Pfaden. So wie früher: zu hundert Prozent auf sich allein gestellt.

Sie haben keine Angst, aber Sie befürchten, wichtige Anrufe zu verpassen? Sein Sie egoistisch! Die ständige Erreichbarkeit ist eine der schlimmsten Seuchen unserer Zeit, und ein Media-Detox ist umso wirkungsvoller, wenn Sie bewusst einmal nur auf Ihre eigenen Bedürfnisse achten – und sich nicht von der Möglichkeit eines Anrufes unter Druck setzen lassen. Aber die Kinder! Nichts da. Alles Ausreden. Sie sind vermutlich in weniger als vier Stunden wieder zu Hause und können jeden verpassten Anrufer zurückrufen. Und eines vorab: Seien Sie nicht enttäuscht, wenn Sie zurückkommen und sich auf Ihrem Handy in der Zwischenzeit absolut gar nichts abgespielt hat. Denn dieses Szenario ist das mit der höchsten Wahrscheinlichkeit.

Lassen Sie also diese Ängste und Befürchtungen zu Hause und schließen Sie die Tür hinter sich.

Tipp:

- Vergewissern Sie sich, bevor die Tür ins Schloss fällt, dass Sie Ihre Schlüssel eingesteckt haben. Sie werden keinen Schlüsseldienst rufen können.
- Verlassen Sie nun das Haus und schlagen Sie das Buch erst bei Ihrem Picknick oder bei Ihrer Einkehr wieder auf.

Einkehren oder picknicken

Ist es schön, in der Natur angekommen zu sein? Was fällt Ihnen auf? Wie fühlen Sie sich mit Ihrem Mantra »Hier komme ich her«? Möchten Sie ein paar Gedanken notieren? Eine Skizze des Moments machen?

Haben Sie sich für eine Einkehr entschieden? In einer Berghütte? Sitzen Sie auf einer Ruhebank inmitten einer Waldlichtung, an einem Kiosk am See oder in einer Strandbar und spüren die Meeresbrise? Was es auch ist, hier an diesem Platz, den Sie sich für Ihre Rast ausgesucht haben, können Sie alles auf sich wirken lassen: die Eigenheiten der Jahreszeit, die Luft, die Temperatur. Alles findet genau jetzt und nur für Sie statt.

Kein anderer Mensch auf der Welt sieht oder hört gerade genau das, was Sie sehen und wie Sie es sehen. Eigentlich ist das revolutionär.

Sie sind einzigartig. Ihr Erlebnis ist einzigartig. Und Sie müssen es nicht teilen. Mit niemandem. Sie müssen keine Fotos schießen und diese posten, damit Ihre Freunde Sie sehen und online bewerten. Alles hier passiert gerade nur für Sie als etwas ganz Privates, Intimes. Niemand wird es je liken oder nicht liken. Ist das nicht eine wundervolle Freiheit, die sich daraus für Sie ergibt? Denken Sie an Ihr Smartphone, das zu Hause liegt. Ist es nicht herrlich entspannend, einmal solo, ohne digitale Stütze unterwegs zu sein? Ganz frei und unerreichbar? Ja, lassen Sie es sich auf der Zunge zergehen wie eine seltene Köstlichkeit: Sie sind gerade unerreichbar. Sie sind offline und in diesen kostbaren Momenten nicht greifbar für den Rest der Welt, Sie gehören nur sich selbst. Genießen Sie es. Nehmen Sie es bewusst wahr und stellen Sie fest, wie es Sie verändert. Wie es Ihre Wahrnehmung und Ihre Stimmung beeinflusst.

Inspirierende Affären

Was Sie hier gerade erleben, ist der Stoff, aus dem die schönsten Gedichte und Lieder aus längst vergangenen Zeiten gemacht sind: aus der einsamen Begegnung mit der Natur. Inspiriert es Sie auch? Es muss nichts Künstlerisches sein. Vielleicht inspiriert es Sie zu einem Lächeln. Zu ein bisschen Melancholie und zu schönen Erinnerungen? Zu neuen Gedanken, zu Fernweh und Lust, aufzubrechen und noch weiter hinauszugehen. Oder dazu, noch ein bisschen länger zu bleiben, vielleicht bis Sonnenuntergang? Vielleicht beschließen Sie, sich öfter Zeit für ein geheimes, stilles und intimes Natur-Rendezvous zu nehmen. Vielleicht eine kleine, regelmäßige Affäre daraus zu machen. Und verlieben Sie sich neu: in die Natur, die zu uns gehört.

Gönnen Sie sich an diesem Platz so viel Zeit, wie Sie möchten. Verzehren Sie in Ruhe, was Sie mitgebracht haben, und genießen Sie jeden Bissen. Spazieren Sie zurück zu Ihrem Auto, Ihrer Tram oder Ihrem Haus und versuchen Sie dabei, so viel wie möglich von der belebten Stille und der Kraft der Natur in sich aufzunehmen. Bedienen Sie sich aus ihr mit großen, tiefen Atemzügen. Strecken Sie sich. Fühlen Sie sich frei und unbeobachtet. Das ist die Welt, aus der wir alle kommen. Das ist die Welt, in der wir nicht in einer Informationsflut ertrinken, sondern in der unsere Lungen frei und weit sein dürfen. Besuchen Sie sie in den nächsten Tagen immer wieder – und immer wieder auf neuen Pfaden.

Naturfaszination und offene Sinne

Lenken wir unsere Aufmerksamkeit auf die Besonderheiten einer Pflanze, auf die natürlichen Geräusche und Gerüche, kann sich unsere im Alltag erschöpfend stark von uns verlangte »gerichtete Aufmerksamkeit« entspannen. Die Faszination, die eine wunderschöne Blüte, ein Stück raue Rinde, ein imposanter Baum oder die Wellenbewegungen des Meeres bei näherem Betrachten in uns auslösen, hilft uns, unsere Aufmerksamkeit auf dieses Objekt zu bündeln – und uns damit für echte Begeisterung und Freude zu öffnen. Wir fühlen uns entspannt und glücklich, während sich unsere strapazierte Konzentrationsfähigkeit erholen kann. Und das ist ebenso effektiv wie einfach.

Mit einer kleinen Bewusstseinsübung entdecken Sie diese Kraft für sich:

1. Finden Sie einen schönen Platz in der Natur und gönnen Sie sich zwanzig Minuten Stille.

2. Finden Sie ein Objekt, das Sie fasziniert: eine raue Baumrinde, ein Stück klebriges Harz, ein starkes Blatt, einen schönen Stein, was auch immer Sie anspricht.

3. Setzen Sie sich bequem hin und nehmen Sie, falls möglich, dieses Stück Natur in die Hand – und entdecken Sie es zuallererst als neugieriger Beobachter. Betrachten Sie die Farben und Formen, die kleinen Details und Besonderheiten. In aller Ruhe.

4. Dann schließen Sie die Augen und rekonstruieren Sie das Objekt in Ihrem Inneren. Stellen Sie es sich so detailliert wie möglich vor. Aus verschiedensten Perspektiven und in seiner ganzen Pracht.

5. Öffnen Sie die Augen wieder und erkunden Sie nun die Textur, die Oberfläche des Objektes. Ist es glatt, weich, körnig, rau, samtig? Ist es warm von der Sonne, kühl oder kalt? Spüren Sie es und lenken Sie dabei Ihre ganze Aufmerksamkeit in Ihre Fingerkuppen. Legen Sie das Objekt in Ihre Innenhand und lassen Sie es über Ihre Unterarme gleiten. Nehmen Sie die Textur so intensiv auf, wie Sie können.

6. Schließen Sie nun wieder die Augen und spüren Sie den Wahrnehmungen Ihres Tastsinns nach.

7. Wiederholen Sie diese Übung nun ein letztes Mal mit Ihrem Geruchssinn: Wie duftet das Objekt? Inhalieren Sie tief und bewusst – und lassen Sie anschließend die Gerüche bei geschlossenen Augen nachklingen.

8. Bringen Sie nun all diese Sinneserfahrungen zusammen und visualisieren, spüren und riechen Sie das Objekt mit geschlossenen Augen. So real und klar wie möglich. Genießen Sie die Kraft dieser Übung und die natürliche Geräuschku-

lisse, die es untermalt. Lassen Sie dieses Gefühl durch Ihren gesamten Körper strömen. Spüren Sie, wie intensiv die Natur sich plötzlich zeigt, wie sich Ihre Sinne öffnen – und wie das heilsame Zusammenspiel zwischen Ihnen und der Natur sein Werk tun kann.

Rückbindung, die stärkt

Erkennen Sie dabei die eigene Rückbindung an die Natur, die nun wie von selbst geschieht. Verinnerlichen Sie das »Hier komme ich her« und nehmen Sie die Faszination, die der heilsamen und entspannenden Wirkung der Natur innewohnt, mit. Es sind die Schätze des heutigen Tages, die Sie allein geborgen haben. Tragen Sie sie mit Stolz nach Hause. Still und für immer verankert in Ihrer Nase, Ihrer Haut, Ihren Ohren und Ihrem inneren Auge. Ohne es hinausspülen zu lassen in die unendlichen Weiten des World Wide Web.

Zurück zu Hause

Fühlen Sie sich verändert? Hat Ihnen Ihr Rendezvous mit der Natur neues Leben eingehaucht? Haben sich Ihre Sinne geöffnet?

Und Ihr Smartphone? Haben Sie tatsächlich viele Anrufe versäumt? Möchten Sie jemandem von Ihrem Ausflug erzählen? Oder verzichten Sie heute auf die üblichen Telefonate und Nachrichten? Ich empfehle Ihnen: Behüten Sie Ihre Erlebnisse noch ein bisschen. Behandeln Sie sie wie etwas Wertvolles und Intimes, das Ihren Schutz verdient.

Daheim angekommen, wartet nun ein entspannter Abend, der ebenfalls still und frei ist. Nehmen Sie ein Bad, duschen Sie lange, kümmern Sie sich wieder einmal um all die kleinen Dinge, die dafür sorgen, dass Sie sich in Ihrem Körper wohlfühlen: Verwenden Sie Ihren Lieblingsbadezusatz und das angenehmste Duschöl, cremen Sie sich mit Ihrer reichhaltigsten

Lotion ein. Spüren Sie Ihren Körper, der ebenfalls pure Natur ist. Behandeln Sie sich selbst heute wie etwas Wertvolles, etwas Kostbares, das besondere Aufmerksamkeit und Vorsicht verdient. Betrachten Sie Ihren Körper einmal so, wie wir es immer tun sollten: liebevoll. Denn aus der Natur kommen wir her, und im Körper sind wir zu Hause.

Ich, der herrlich unperfekte Mensch

Wenn die Uhren unseres Alltags den Takt bestimmen und wir abends gewohnheitsmäßig spätestens um 20:15 Uhr auf der Fernsehcouch liegen, dann kommt all das zu kurz. Da reicht unsere Aufmerksamkeit nicht, um mehr an uns zu entdecken als die Fehler und Macken, die uns vermeintlich von den TV-Stars unterscheiden und aus dem modernen Olymp verstoßen: der zu dicke Bauch, die zu kleinen Brüste, die Falten und Dellen bei uns Frauen. Das dünne Haar, das fehlende Sixpack und die zu schlaffen Muskeln bei den Männern. Nur das nehmen wir an uns selbst wahr und verurteilen uns dafür. Nicht heute. Heute sehen Sie sich als SWITCH OFF-Abenteurer, und es ist Ihnen völlig egal, wie die Stars nach stundenlanger Retusche und berufsbegleitendem Dauer-Workout aussehen, denn nun ist diese Welt von Ihrer Bildfläche verschwunden. Und Sie selbst können auftauchen: als der herrlich unperfekte Mensch, der Sie sind. Holen Sie sich das Recht auf ein gutes Gefühl zurück: in der Natur und in Ihnen selbst als einer der schönsten Formen der Natur.

▶ *Übung: Für sich festhalten, anstatt zu posten*
- Liegt Ihnen etwas auf dem Herzen?
- Welche Gedanken haben Sie begleitet?
- Hatten Sie eine Erkenntnis, oder ist Ihnen etwas besonders nahegegangen?

Notieren Sie es hier, anstatt es Freunden zu schreiben oder es ins Netz zu werfen und einen Hauch von Anerkennung zu erhoffen. Sie brauchen ihn nicht. Die süße Erinnerung an diesen und die Vorfreude auf den nächsten Tag sind wertvoller und echter als jedes Daumen-Hoch.

PS: Stellen Sie den Wecker eine halbe Stunde früher als sonst. Wir treffen uns, um uns auf den ersten SWITCH OFF-Arbeitstag einzustimmen! Ich freue mich auf Sie!

Tag 2, Montag: 37 Stunden Freiheit

Einen wunderschönen guten Morgen!
Heute ist ein herrlicher und zugleich aufregender Tag: Sie schalten heute zum ersten Mal auch im Arbeitsalltag aus: keine Zeitung im Zug, kein Radio im Auto oder Büro, kein YouTube zwischendurch, kein Social Media zur Ablenkung. Nicht beim Frühstück, nicht in der Pause, nicht am Feierabend. Sie sind nur online, wenn es Ihr Job verlangt. Auch wenn Sie sich vielleicht gerade etwas angespannt fühlen und nicht sicher sind, wie Sie sich offline in den freien Minuten durchschlagen werden, ich versichere Ihnen: Mit jeder Stunde und jedem Tag als SWITCH OFF-Abenteurer werden Sie sich leichter, freier und gelassener fühlen. Denn Sie gewinnen nicht nur viel Zeit, sondern entstressen mit Ihrem Media-Detox die sonst so volle und oft in Ihrem Tempo überwältigende Arbeits- und Freizeit.

Heute starten Sie mit SWITCH OFF in den Alltag, und dazu gebe ich Ihnen gleich vorab ein paar **Richtlinien und Tipps mit auf den Weg, die wir später vertiefen:**
✓ **To do:** Nutzen Sie die Frühstückszeit, um eine kleine, private To-do-Liste für den Tag, vielleicht sogar für die ganze Woche anzulegen. Anstatt in der Zeitung zu blättern oder in Newsfeeds zu surfen, notieren Sie alles, was Sie heute erledigen könnten und in welcher Reihenfolge Sie das machen möchten. Sie gewinnen durch SWITCH OFF Zeit, um all die Kleinigkeiten in Angriff zu nehmen, die schon lange liegen geblieben sind: endlich den Anzug aus der Reinigung holen, sich um die Gartenmöbel kümmern, Ihrer Freundin geliehene Bücher und DVDs zurückgeben. Was es auch ist – nutzen Sie heute die freie Zeit, um diese kleinen Erinnerungsstimmen aus Ihrem Hinterkopf verschwinden zu lassen.

✓ **Im Zug oder Bus, in der Straßen- oder U-Bahn**: Packen Sie dieses Buch ein. Schlagen Sie es an einer beliebigen Stelle des ersten Teils auf. Lesen Sie noch einmal ein Kapitel, das Sie dazu motiviert hat, zum SWITCH OFF-Abenteurer zu werden.

✓ **Im Auto**: Suchen Sie eine der CDs aus, die Sie wieder ausgegraben haben, und legen Sie diese auf Ihrem Weg zur Arbeit ein. Es wird Sie garantiert zum Schmunzeln bringen, diese Musik wieder zu hören.

Wenn es Ihnen jedoch möglich ist, verzichten Sie heute auf Ihr Auto und die damit verbundene Abgeschiedenheit und fahren Sie mit öffentlichen Verkehrsmitteln zur Arbeit. Mehr dazu unter »Ihr Arbeitsweg« auf S. 117.

✓ **Im Büro:** Gleich wenn Sie Ihren Computer hochfahren, starten Sie Ihren Internetbrowser und besuchen WIKIHOW oder eine Suchmaschine. Dort suchen Sie nach »Internet-Explorer-Seiten sperren« oder »Firefox-Seiten sperren«. Folgen Sie den Anweisungen und blockieren Sie für die kommenden 14 Tage YouTube, Twitter, Facebook und Co. Eine simple Alternative, die ich selbst nutze, ist, mich einfach auf der Plattform abzumelden und somit den Anmeldeprozess als Hürde zwischen mir und der wilden Welt des Social Media zu haben. Das ist eine Empfehlung, die ich Ihnen ganz besonders ans Herz lege, denn ohne es zu bemerken, folgt man plötzlich doch wieder dem inneren Trampelpfad. Und erwischt sich unversehens dabei, wie man doch wieder einem YouTube-, Facebook- oder Twitter-Link gefolgt ist. Das ist kein Beinbruch, solange Sie Ihrem SWITCH OFF-Versprechen treu bleiben und das Fenster sogleich schließen und über sich selbst und die Macht der Gewohnheit schmunzeln. Mir sind solche unbewussten Klicks immer wieder passiert, bis es mir gelang, diese Gewohnheit zu durchbrechen. Wenn Sie sich jedoch sicher sind, die Seiten auch ohne Blocker zu vermeiden, können Sie diesen Schritt überspringen.

✓ **SWITCH OFF-Save-Use:** Natürlich wird es für Sie in der modernen Zeit kaum möglich sein, während der Arbeit gänzlich auf das Internet und verschiedene Medien zu verzichten. Als SWITCH OFF-Abenteurer nutzen Sie das Internet und die Zeitung jedoch nur, wenn es Ihr Job verlangt. Sehen Sie besonders das Internet in den nächsten zwei Wochen schlichtweg als reine Online-Enzyklopädie und Datenbank zu Arbeitszwecken, als digitales Adressbuch beruflicher Kontakte und Routenplaner für Ihre Termine. Mehr nicht. Wenn es möglich ist, sollten Sie auch nach der Arbeitszeit darauf verzichten, Ihre beruflichen E-Mails zu checken. Probieren Sie es aus!

✓ **Kollegen:** Es liegt ganz bei Ihnen, ob und in welcher Form Sie Ihren Kollegen von Ihrem SWITCH OFF-Abenteuer erzählen. Ist es jedoch so, dass in Ihrer Abteilung stets für alle hörbar das Radio läuft, würde ich Ihnen empfehlen, Ihren Kollegen ein nachrichtenfreies Online-Radio vorzuschlagen. Warum? Weil es wichtig ist, dass Sie in diesen zwei Wochen vom medialen Lärm entspannen und sich einmal wieder ganz auf sich und die Sie tatsächlich umgebende Realität reduzieren und konzentrieren. Die globalen Nachrichten spielen dabei ebenfalls eine entscheidende Rolle. Achten Sie auf sich und spüren Sie, wie viel ruhiger die Arbeitsatmosphäre dadurch wird. Wenn Ihre Kollegen nicht einstimmen, dann haben Sie immer noch die Option, selbst mit ein paar Kopfhörern in die Welt Ihrer privaten Playlists oder der SWITCH OFF-Musik einzutauchen, die ich Ihnen am Orientierungstag zum Download ans Herz gelegt habe. Nehmen Sie sich dieses Recht zwei Wochen lang heraus. Danach sind Sie wieder im 30-Minuten-Takt informiert.

Ihr Arbeitsweg

Ab heute gehört die Welt jenseits der Massenmedien endlich wieder ganz Ihnen. Erleben Sie diesen ersten SWITCH OFF-Tag sehr bewusst. Begehen Sie ihn als privilegierter Beobachter, schon bevor Sie im Büro ankommen.

Gehen Sie heute auf dem Weg zur Arbeit mit offenen Augen und Ohren durch die Welt. Wählen Sie, wenn möglich, dazu bewusst die öffentlichen Verkehrsmittel oder gehen Sie zu Fuß:

• Was begegnet Ihnen?
• Welche Unterhaltungen hören Sie im Vorbeigehen mit?
• Welche Schlagzeilen und welche News können Sie bereits ohnehin in der Bäckerei oder in der U-Bahn aufschnappen?
• Wie viele Menschen telefonieren oder schotten sich mit ihren Kopfhörern von der Außenwelt ab?
• Wer versteckt sich nicht hinter einer Zeitung oder einem Display?
• Wer lächelt?

Nehmen Sie die Welt ganz offen wahr. Spüren Sie die Temperatur. Die Sonne, die Leichtigkeit, die kühle Tristesse, den Regen oder den Schnee. Das Wesen der aktuellen Jahreszeit. Staunen Sie über die Farben des Himmels und die der Natur – auch in der Stadt blitzt sie immer wieder auf. Küren Sie das schönste Kleid oder den originellsten Mantel der Passantinnen. Die schönste Fassade. Als ich noch mittellose Studentin und junge Texterin und Songwriterin war, bin ich oft so durch die Straßen gefahren: mit dem Blick hoch über den Auslagen in den Schaufensterreihen, dorthin gerichtet, wo die Gebäude ihr echtes Gesicht zeigen, auf die Fenster im ersten Stock und höher. Wo die Gebäude plötzlich ein Alter haben, einen Charakter und Bewohner mit Pflanzen, Weihnachtsgirlanden, schicken Vorhängen und Fensterbildern. Es war eine andere Stadt. Ist es Ihre auch?

Am Arbeitsplatz

Im Büro angekommen, geht das stille und veränderte Beobachten weiter:

- Worüber sprechen Ihre Kollegen?
- Welche Themen kehren immer wieder?
- Sind Sie an diesen Unterhaltungen wirklich interessiert, oder sind Sie einfach daran gewöhnt?
- Möchten Sie als SWITCH OFF-Abenteurer lieber über andere Dinge sprechen?
- Über welche?

Tatort Pause

Überall wird geraucht oder genascht, die Facebook-Posts werden überflogen, YouTube-Videos geladen. Meist nebenher, mitten im Gespräch. Gäbe es nicht etwas Spannenderes oder Entspannenderes? Zum Beispiel die schöne Einkaufsstraße mit den vielen Lokalen und bunten Angeboten, durch die Sie stattdessen eine Viertelstunde lang flanieren könnten. Der kleine Park ganz in der Nähe, wo um diese Zeit die ersten Schachspieler ihre Züge planen. Der freundliche Italiener ums Eck mit dem besten Espresso der Stadt in den kleinen feuerroten Tassen. Wagen Sie sich als SWITCH OFF-Abenteurer raus aus den gewohnten Szenen! Die 14 Tage sind kurz und werden rasend schnell vorbei sein. Nutzen Sie sie!

Auch auf dem Weg zurück nach Hause: Haben Sie keine Lust mehr auf die abwesenden Menschen in der U-Bahn, die schweigend im Netz und an ihren Headphones hängen? Dann spazieren Sie heimwärts. Bleiben Sie auf Ihrem Weg beim Supermarkt stehen und kaufen Sie genau das, wonach Ihnen der Sinn steht: ganz egal, ob es gesund ist, Low-Fat, Low-Carb, No-Sugar oder sonst einem Diktat folgt. Greifen Sie zu und lassen Sie sich dabei in Vorfreude schon das Wasser im Mund zusammenlaufen. Meine Wahl am ersten Abend? Eine Salamipizza mit Salat und eine frische Ananas sowie große Dinkel-cookies mit Haselnüssen und Schokostreuseln zum Dessert.

Verändern Sie heute Ihre Welt ein bisschen, brechen Sie diese kleinen und doch täglichen Grenzen auf – und Ihre Stimmung verändert sich mit. Versprochen! Viel Erfolg an Ihrem ersten SWITCH OFF-Arbeitstag!

Platz für persönliche Notizen:

Ihr Abend: Ins Feuer schauen

Sie haben es geschafft, großartig! Seien Sie stolz auf sich! Für Ihre Konsequenz und Ihr Anderssein dürfen Sie sich jetzt belohnen: Tischen Sie schön auf und nehmen Sie sich Zeit für Ihr ganz spontanes Candle-Light-Dinner mit den Sachen, die Sie auf Ihrem Heimweg so herrlich hemmungslos ausgesucht haben. Schmunzeln Sie über sich und Ihre Auswahl. Es ist ganz egal, ob sich aus den Zutaten eine klassische Menüfolge machen lässt oder nicht. Schlemmen Sie wie ein Kind, frei und voller Lust.

Wenn Sie mit Ihrem Partner oder Ihren Kindern leben, genießen Sie das gemeinsame Essen und ziehen Sie sich anschließend für eine Stunde oder zwei ganz für sich zurück.

Setzen Sie sich mit Block und Stift an einen ruhigen, bequemen Platz. Zünden Sie eine Kerze oder ein paar Teelichter an. Vielleicht haben Sie auch einen Kamin oder eine Feuerschale, die Sie entzünden können. Nicht der Romantik wegen, sondern aus einem menschlichen Urbedürfnis heraus: Sie dürfen nun wie unsere Vorfahren »ins Feuer schauen«. Das ist es, was wir Menschen in frühen Zeiten gemacht haben: War das Tagwerk getan, haben die Menschen im Zentrum ihrer Siedlung oder nahe ihrer Höhle ein Feuer entzündet, sich darum versammelt und sind ganz im Anblick der Flammen versunken.

Zurückschauen statt fernsehen

Sie haben einander dabei Märchen und Sagen erzählt. Das Fernsehen und Video-Streaming ahmt dieses Prinzip mit seinen leuchtenden, bewegten Bildern und seinen Geschichten auf seine Weise nach. Heute kehren Sie zu diesem Ursprung zurück. Denn Fernsehen und Internet bleiben aus. Nichts flimmert und rauscht rund um Sie und die Flammen. Sie haben Zeit und endlich diese lang ersehnte Ruhe, um Ihre Akkus zu laden, also gönnen Sie sich eine Tasse duftenden Tee oder ein gutes Glas

Wein. Schenken Sie sich bewusst ein, lassen Sie den ersten Schluck etwas länger im Mund und schlucken Sie ihn nicht gleich hinunter – genießen Sie ihn in vollen Zügen. Schmecken Sie den Wein oder Tee wirklich. Strecken Sie dabei Ihre Beine aus – und lassen Sie die Bilder des Tages Revue passieren:

- Wie haben Sie heute die Menschen, Ihre Arbeit, die Welt und Ihre Gewohnheiten aus Sicht des SWITCH OFF-Abenteurers erlebt?
- Hat Sie etwas verärgert?
- Etwas gefreut?
- Hat Sie jemand positiv überrascht?
- Haben Sie etwas Unerwartetes erlebt oder wahrgenommen?
- Wo und wann konnten Sie Ruhe und Entspannung finden?

Notieren Sie es, wenn Sie möchten. Ganz egal, wie. Es gibt keine Regeln und kein Richtig oder Falsch. Niemand wird je dieses Papier zu Gesicht bekommen und bewerten, also seien Sie Kind und verleihen Sie Ihrem Tag Ausdruck: quer über das ganze Blatt, brav von links oben nach rechts unten, als Aufzählung, als Aufsatz, als Gedicht. Was auch immer. Sie können auch zu Ihren Buntstiften greifen und es zeichnen. Lassen Sie es raus – und bewerten Sie es nicht länger.

Mein zweiter SWITCH OFF-Tag in Wort und/oder Bild

Jede Woche 37 Stunden Freiheit

Der heutige Abend ist nicht nur ein Abend zum Schlemmen und zum Ins-Feuer-Schauen, sondern auch ein Abend, um neue Ideen zu spinnen.

▶ *Übung:*

Fragen Sie sich: »Wenn ich jede Woche 37 Stunden zu meiner freien Verfügung hätte, um meine Lebensfreude und Kreativität zu entfachen, was würde ich tun?«

- Gibt es ein Projekt, das Sie schon lange angehen wollten?
- Einen Kurs, den Sie schon immer belegen wollten?
- Gibt es ein Talent, das droht einzurosten?
- Eine Sprache, die gelernt werden will?
- Oder möchten Sie einfach wieder einmal eislaufen gehen?
- Auf dem Markt die schönsten Pfirsiche aussuchen und einen Kuchen backen?
- Endlich Ihren Cousin besuchen?
- Die fast vergessene Gymnastikmatte wieder aktivieren?
- Das Meditationskissen entstauben?
- Oder wieder einmal tanzen gehen?

Schreiben Sie nun ganz schnell, ohne wirklich darüber nachzudenken, elf Dinge auf, die Sie wieder einmal machen oder endlich erledigen möchten, wenn Sie jede Woche 37 Stunden freie Zeit genießen könnten. Alles, was Sie aufschieben, wofür die Zeit noch nicht reif ist, wofür es schon zu spät ist oder wofür das Geld fehlt. Und alles, was Sie als SWITCH OFF-Typ »Liebe & Lebensfreude«, »Abenteuer & Aufbruch« oder »Ruhe & Regeneration« unterstützt, das volle Potenzial dieser 14 Tage auszuschöpfen.

Legen Sie los mit Ihren persönlichen elf Akten der Lebensfreude. Jetzt!

11 Akte der Lebensfreude füllen 37 Stunden Freiheit

1. _____
2. _____
3. _____
4. _____
5. _____
6. _____
7. _____
8. _____
9. _____
10. _____
11. _____

Wunderbar! Vor Ihnen liegen elf Möglichkeiten, Ihrem Leben neue Würze zu verleihen. Und Sie dürfen auf den Geschmack kommen! Denn in den nächsten zwölf Tagen haben Sie die Möglichkeit, endlich mit der Umsetzung einiger dieser aufgeschobenen Wünsche und Ideen zu beginnen, die Ihre Lebensfreude und kreative Kraft aktivieren. Auch hier erkennen Sie, ob Sie bei Ihrer SWITCH OFF-Typ-Ausrichtung bleiben möchten oder ob zu Ihrem Abenteuer doch auch eine herrliche Portion Entspannung gehört oder ob Sie nicht nur Ihre Beziehungen, sondern vielleicht auch Ihre innersten Visionen eines schönen Lebens intensivieren wollen.

Nehmen Sie nochmals den Stift zur Hand und küren Sie unter Ihren Akten der Lebensfreude jene drei, die Ihnen besonders am Herzen liegen und die Sie in den kommenden zwei Wochen unbedingt verwirklichen wollen.

Ist darunter ein Projekt auf diesen elf Zeilen aufgetaucht? Etwas, das Sie lernen möchten? Ein Familienausflug, den Sie planen, oder eine soziale Veranstaltung, die Sie organisieren möchten? Oder finden Sie hier Dinge wieder, die Sie am Getting-Ready-Tag schon beschäftigt haben? Perfekt! Das ist ein Zeichen dafür, dass Sie dieser Fährte folgen sollten.

Unter Ihren Akten der Lebensfreude finden sich Projekte oder Erlebnisse, die Sie wirklich nur mithilfe von Informationen von außen umsetzen können? Dann lösen Sie es auf altmodische Art und Weise: Welcher Ihrer Freunde könnte Ihnen telefonisch oder bei einem Treffen weiterhelfen? Können Sie morgen in der Mittagspause ein Buch zum Thema besorgen? Haben Sie ein solches bereits irgendwo im Keller?

Es gibt einen Weg, auch ohne das Internet ans Ziel zu kommen! Er wird sehr spannend sein!

Schmieden Sie konkrete Pläne. Aber bitte offline!
- Wann möchten Sie welchen Punkt umsetzen?
- Was können Sie gleich heute machen?
- Was vielleicht schon morgen?
- Wer kann Sie dabei unterstützen?
- Welche Stunden oder Tage möchten Sie bewusst für Muße und Entspannung frei halten?

Mit SWITCH OFF gehören Ihnen nun jede Woche all jene Stunden, die sonst Facebook oder YouTube und Co. gehört haben. Wie großartig das ist! Sie sind wieder Herr im Haus und machen aus Ihrer Zeit, aus sich selbst und aus Ihrem Leben, was *Sie* wollen.

Fühlt sich das gut an? Das ist der Aufwind des Neuen – Sie werden ihn lieben lernen! Verweilen Sie in diesem Gefühl, kosten Sie es aus und notieren Sie Ihre ausführlichen Umsetzungsideen für mehr Lebensfreude und Kreativität auf den Freiseiten am Ende des Kapitels.

Relax: Der Duft des Neuen

Oft, wenn etwas Neues beginnt, hat dieses Neue einen besonderen Duft. Hätten Sie Lust, heute Ihr Bett frisch zu beziehen, sanftes Licht zu entzünden und einfach einmal ganz früh zu Bett zu gehen, sich zu erholen? Sich in die frischen Laken zu kuscheln und endlich wieder einmal so richtig lang zu schlafen, auch wenn morgen ein Arbeitstag ist?

Ein Gedanke zur Motivation

>»Anderssein ist keine Frage des Charakters, Anderssein ist eine Frage der Ausdauer.«
>*Lieselotte Trutnau*

Schlafen Sie süß. Bis morgen!

Tag 3, Dienstag: Mein neuer Kreativitätsplatz

Wie spannend!
Ich würde zu gerne wissen, welche Ideen Sie geboren haben und wie entspannt Sie den gestrigen Abend haben ausklingen lassen! Heute ist ein neuer SWITCH OFF-Tag, und er wird Sie herausfordern.

Wie der Titel des Tages schon verrät, geht es heute ans Eingemachte: Sie schaffen heute nach Feierabend im wahrsten Sinne des Wortes Raum für Neues. Doch bis es so weit ist, leben Sie Ihren Tag wie gestern – als aufmerksamer Beobachter. Gehen Sie dabei jedoch heute einen Schritt weiter.

In den öffentlichen Verkehrsmitteln:
- Wie sehen die Menschen hinter den Tablets, Smartphones und Zeitungen aus?
- Sind sie angespannt? Glücklich? Traurig? Gestresst?
- Wie fühlen Sie sich selbst?
- Ist es einfach, ganz »unconnected« in der Straßenbahn, im Bus oder Zug zu sitzen?
- Wie viele tun es Ihnen gleich?

Oder im Auto:
- Stöhnen Sie bei jeder roten Ampel auf?
- Wünschen Sie sich mitten im Stop-and-Go zum tausendsten Mal, Sie hätten den Aufpreis für das Automatikgetriebe bezahlt?
- Greifen Sie ganz automatisch beim Warten zum Beifahrersitz und kramen in der Tasche nach Ihrem Handy?

Heute nicht. Sie dürfen ganz bei sich bleiben, ohne dauernd ins Netz abzuschweifen und sich zum gefährlichen Multitasking zu zwingen. Auch das Radio ist aus. Nur die Motoren- oder Zuggeräusche begleiten Sie. Lenken Sie Ihre Gedanken immer wieder zu der 37-Stunden-Freiheit-Liste von gestern? Schön! Bleiben Sie dabei! Füllen Sie die Leere in Ihrem Auto gedanklich mit Ihren positiven Vorsätzen und Wünschen, die Sie sich in den kommenden Tagen erfüllen dürfen.

Workflow und befreiende Pausen

Auch heute erleben Sie Ihre Pausen offline und zeitungsfrei. Was macht es mit Ihnen, wenn Ihr Handy weiterhin keine Surfstation mehr ist, sondern das, was es vor einigen Jahren noch war: ein Telefon? Ich liebe dieses Gefühl. Sie auch? Es bringt so viel Ruhe und klaren Abstand zu den Dingen und der Welt. Doch wie oft sind Sie versucht, nur einen klitzekleinen Blick auf Ihr Facebook-Profil zu werfen? Zerrt das Offline-Sein noch an Ihren Nerven? Oder genießen Sie es bereits – heute an Tag 3 Ihres SWITCH OFF-Abenteuers?

Leben Sie anders: Streunen Sie in der Mittagspause doch ein bisschen durch die Stadt oder das Viertel rund um Ihren Arbeitsplatz. Drehen Sie eine Runde mit dem Fahrrad. Probieren Sie den Mittagstisch in einem neuen Lokal aus. Worauf haben Sie Lust? Prosciutto, Käse und Oliven? Burger? Running Sushi? Ein Winteressen mit viel Herz und Seele? Oder möchten Sie einfach mit einem Sandwich oder Salat im Park sitzen und sich ein bisschen Urlaubsfeeling holen? Alles ist erlaubt und für all das auch Zeit, denn Sie verlieren keine Sekunde Ihrer kostbaren Freizeit an einen weiteren Bildschirm.

Platz da!

Oder Sie nutzen die Mittagspause, um auch hier Raum für Neues zu schaffen: Misten Sie Ihren Arbeitsplatz aus! Da liegen immer noch die Unterlagen des alten Projektes, die längst überflüssig geworden sind. Rechnungen, die eingeordnet werden müssten. Kundenmappen, die ins Archiv gehören. Oder ganz etwas anderes: alte Zeitungen zur Recherche. Werkzeug, das einen ganz anderen Platz hat. Noten des letzten Konzerts, die Sie längst digitalisieren wollten. Pläne fangen Staub, die schon gebaute Wirklichkeit geworden sind. Weg damit! Und zum Vorschein kommt: ein Arbeitsplatz, der wieder Raum zum Atmen lässt!

Übertragen Sie Ihre auf gefühlten einhundert Post-its verteilten To-do-Listen und Termine in einen Terminkalender. Jene weiteren einhundert, die an Ihrem Bildschirm kleben, um Ihre Motivation hochzuhalten, könnten Sie entweder verabschieden oder in einem schönen Buch sammeln, als Nachschlagewerk für schöne Gedanken und als kleine Inspirationsquelle.

Voilà: Zwanzig Minuten später ist das Chaos beseitigt.

Wie viel leichter sich jetzt alles anfühlt!

Genießen Sie den restlichen produktiven Tag und das Gefühl, frei zu sein. Wir lesen uns später!

Abends: Bringen Sie Ihre Lebensenergien in Bewegung

Zu Hause angekommen, brennt die Lust zum Entrümpeln vielleicht schon unter Ihren Fingernägeln. Sie wissen ganz genau, wo das Chaos am größten ist, und starten voller Elan. Oder Sie denken vielleicht: Puh, wo soll ich da bloß anfangen? Ganz hinten in den Untiefen des Abstellraumes? Im Wohnzimmer? Oder – Gott bewahre! – im Keller? Über die Jahre erleben wir so vieles. Wir verändern uns. Wachsen über uns selbst hinaus. Finden neue Hobbys und lassen alte gehen. All das hinterlässt Spuren: ein ausrangierter Tennisschläger. Bücher, die Sie wohl nie wieder in die Hand nehmen werden – außer um sich von ihnen zu trennen, und zwar heute. All der Plunder, all diese Zeitzeugen sind angestaute und aufgestaute Energie. Ja, reden wir ein bisschen Feng-Shui: Sie tragen Ihre alten Gewohnheiten und vielleicht sogar Gefühle noch mit sich herum. Sie könnten Sie sogar spüren, wenn Sie den alten Pullover überstreifen oder ein paar Seiten im alten Lieblingsbuch lesen.

Raus mit den Relikten

Sie haben all diese Dinge in den letzten Monaten und Jahren abgelegt und außer Acht gelassen, weil Sie neue Gefühle entwickelt und neue Interessen gelebt haben? Warum also diese Relikte aufbewahren? Sie belasten und ermahnen Sie vielleicht sogar. Je mehr Gerümpel wir angestaut haben, desto schwerer fühlen wir uns und desto größer ist die Hürde, überhaupt mit dem Ausmisten zu beginnen. Man ist doch viel zu müde dazu! Dabei sind es genau diese Dinge, die uns müde machen und die unsere Kräfte lahmlegen. Denn gestaute Energie ist unbewegte Energie. Schluss damit! Legen Sie das Gewicht der Vergangenheit ab, werfen Sie den Plunder raus, und Sie werden ungeahnte Kräfte spüren. Garantiert! Denn wo Sie physischen Freiraum schaffen, entsteht geistiger Freiraum, und wo geistiger Freiraum ist, dort findet die Kreativität Platz, sich zu entfalten.

Find the spots

Um noch leichter zu starten und sich für den ersten Abend nicht zu viel vorzunehmen, nehmen Sie sich nun ein paar Minuten und zeichnen Sie den groben Grundriss Ihrer Wohnung oder Ihres Hauses auf. Platzieren Sie darin ganz schematisch auch die Möbel, die sich in den Räumen befinden (Seite 133).

Von dunklen Winkeln zu Lieblingsplätzen

Nehmen Sie nun zwei Farbstifte zur Hand und kennzeichnen Sie jene Orte mit einem Kreis, die Ihre Lieblingsplätze sind. Die Plätze, an denen Sie sich besonders gerne aufhalten, die Ihnen Entspannung bieten oder Kraft schenken.

Nehmen Sie nun den anderen Stift und kennzeichnen Sie jene

Orte mit einem X, die Sie vermeiden, an denen Sie sich unwohl und belastet fühlen.

Stellen Sie nun für jeden Platz fest, warum er so positiv oder negativ auf Sie wirkt. Und küren Sie den schlechtesten Platz in Ihrer Wohnung und Ihren absoluten Lieblingsplatz. Machen Sie es nun wie folgt: Entrümpeln Sie heute einen schlechten Platz. Das Aus- und Aufräumen sollte heute noch ein bis zwei Stunden Zeit übrig lassen, um Ihren Kreativplatz einzurichten. Starten Sie also nicht gleich in der Garage, sondern entscheiden Sie sich für etwas Überschaubares: Eine viel zu volle Kommode. Einen Medikamenten- oder Döschenschrank. Das Regal im Abstellraum. Ist der Anfang erst geschafft, geht alles andere wie von selbst. Vielleicht schon in den kommenden zwei Wochen, immer dann, wenn die Lust zum Loslassen Sie packt. Warum? Gerümpel wird im Feng-Shui als aufgestautes Chi erkannt, als blockierte Energie, die nicht fließen kann. Eliminieren Sie diese aufgestauten Energien, kommt nicht nur das Feng-Shui des Raumes, sondern Ihre Lebensenergie an sich wieder in Bewegung. Es ist ein Loslassen mit herrlich befreienden Nebenwirkungen. Also, Ärmel hoch! Und sehen Sie den Tatsachen ins Auge: Fühlen Sie sich schlecht, wenn Sie das achtlos ausgesuchte Weihnachtsgeschenk von vor drei Jahren in der Hand halten? Schmeißen Sie es weg – und die Enttäuschung gleich mit.

Nehmen Sie Ihren Plunder in die Hand und beobachten Sie, welche Gefühle er in Ihnen auslöst. Sind sie negativ, dann trennen Sie sich ein für alle Mal davon. Sind sie romantisch, aber wehmütig, dann tun sie es genauso. Das Leben ist zu kurz, um immer wieder in den gleichen Gassen spazieren zu gehen! Werfen Sie den Krempel weg! Die radikale Faustregel der internationalen Feng-Shui-Meisterin Karen Kingston lautet: Würden Sie morgen umziehen und dabei mehr als zwei Müllsäcke voll Plunder erzeugen, dann ist es an der Zeit, auszumisten.

Wie viele Müllsäcke schaffen Sie? Ordnung ist der Anfang für neues, wundervoll inspirierendes Chaos. Schalten Sie Musik an und dann ran an das Gerümpel, das Sie als SWITCH OFF-Abenteurer nicht mehr brauchen!

Sie kommen in Fahrt? Großartig! Machen Sie gerne in den nächsten Tagen weiter. So lange, bis Sie sich selbst wie neu fühlen. Ihren Kleiderschrank lassen Sie jedoch vorerst unangetastet. Auf diesen kommen wir später zurück. Beschränken Sie sich heute auf den ausgewählten und überschaubaren ersten Hotspot, denn nach dem Loslassen folgt das Aufbauen: Heute richten Sie noch Ihren neuen Kreativplatz ein! **Planen Sie dazu noch rund eine oder zwei Stunden Zeit ein.**

Sie sind gerade erst umgezogen?

Dann richten Sie sich ein. Räumen Sie auch den wirklich letzten Karton aus und bringen Sie alles an seinen neuen Platz. Auch hier gilt: Was haben Sie mit in Ihr neues Zuhause geschleppt, das negative Gefühle und Erinnerungen an sich hat? Belasten Sie Ihr neues Heim nicht damit. Geben Sie nur all dem einen neuen Platz, das Sie auch wirklich brauchen und das Ihnen ein gutes Gefühl schenkt.

Ein Zitat zur Motivation

Schüler: »Ich habe nichts.«
Meister: »Dann wirf es weg.«
Aus dem Zen-Buddhismus

Den Kreativitätsplatz aufladen

Nachdem Sie Ihren ersten Hotspot in Ihrem Zuhause ausgemistet und aufgeräumt haben, wenden Sie sich den Plätzen zu, die Sie als Ihre Lieblingsplätze auserkoren haben. Sie sind Ihre »sicheren Orte«, Ihre Kraftzentren, die entscheidend sind für unsere Möglichkeit zur Entspannung und zur kreativen Entfaltung. Einer dieser Lieblingsplätze ist es, der für Sie als SWITCH OFF-Abenteurer nun zum Kreativitätsplatz wird.

Mein Kreativplatz befindet sich aus beruflichen Gründen in meinem Autorenbüro. Genau genommen ist mittlerweile der gesamte Raum zum Kreativplatz gewachsen. In ihm finden sich neben vielen schönen Dingen, die mein Auge und meine Sinne erfreuen, zwei Tische: Ein klassischer Schreibtisch mit Notebook und großem Recherchebildschirm zum digitalen Arbeiten. Und ein weiterer Tisch mit schöner kleiner Couch und Leuchte für das analoge Tüfteln. Der analoge ist für uns der interessante von beiden. An ihm bastelt und malt, skizziert und probiert man. Um neue Ideen zu finden, die Kreativität auf Touren zu bringen und über sich hinauszuwachsen.

Ich sage: Nur wenn die Dinge einen Raum erhalten, können sie sich zeigen und entwickeln. Innerlich wie äußerlich. Mit Ihrem SWITCH OFF-Versprechen und den nun 37 freien Stunden jede Woche haben Sie bereits mental und zeitlich Raum geschaffen. Mit dem bewussten Ausmisten blockierter Räume und dem Schaffen Ihres Kreativplatzes tun Sie das auch äußerlich.

Ideen sammeln

Finden Sie also Ihren Kreativitätsplatz und betrachten Sie ihn mit dem Gedanken: »Hier möchte ich mich entspannen und meine Kreativität und meine Ideen fließen lassen.« Wie müsste der Platz also fortan aussehen?

Mein Kreativitätsplatz braucht:

_____

_____

_____

_____

_____

_____

_____

_____

_____

_____

In Ihrem Zuhause fehlt noch ein solcher Platz? Dann schaffen Sie einen! Es kann ganz einfach sein: Vielleicht kann ein ehemalig schlechter Platz, an dem nur abgelegt und aufbewahrt wurde, zum Kreativplatz transformiert werden? Vielleicht brauchen Ihre Kinder gar nicht mehr so viel Platz für ihre ohnehin kaum mehr beachteten Spielsachen. Vielleicht kann das nie benutzte Homeoffice umfunktioniert werden? Oder schaffen Sie sich mit einem Raumtrenner oder Vorhang eine Nische und einen kleinen, feinen Rückzugsort. Es ist nicht so wichtig, wie Ihr Kreativplatz aussieht, sondern dass es ihn gibt. Ist er erst einmal geschaffen, wird er sich von selbst weiterentwickeln. Starten Sie mit Ihren Überlegungen für die Gestaltung, die diesem Platz seinen Geist einhauchen soll: Könnte etwas Wandfarbe für mehr Stimmung sorgen? Ein neues Möbelstück vom Secondhand-Shop oder dem neuen Designerladen in Ihrer Straße? Was entspricht Ihnen? E-Gitarren an der Wand oder lieber Räucherstäbchen? Kuschelcouch oder ein reduzierter Metalltisch? Ihr Kreativitätsplatz soll Ihr Wesen unterstützen. Er darf gefühlvoll oder kreativ, schlicht oder diszipliniert, modern oder retro sein – einfach ganz so wie Sie.

Als SWITCH OFF-Typ A »Liebe & Lebensfreude« macht es Ihnen vielleicht Freude, Fotos Ihrer Liebsten aufzustellen oder schönen Erinnerungsstücken einen Platz zu geben.

Als SWITCH OFF-Typ B »Abenteuer & Aufbruch« können hier aufregende Schnappschüsse, ferne Reiseziele oder starke Symbole großer Erfolge die Aura des Kreativplatzes aufladen.

Und als SWITCH OFF-Typ C »Ruhe & Regeneration« gleicht der Kreativplatz vielleicht mehr einer kleinen Oase der Ruhe, einem Zen-Den, in das Sie sich wie in eine schillernde, sichere Muschel zurückziehen können.

Ergänzen und erweitern Sie diesen Kreativplatz im Laufe der Zeit. Erwecken Sie ihn jeden Tag etwas mehr zum Leben und machen Sie ihn zu einem kleinen heiligen Ort, den Sie wertschätzen und der sich mit Ihnen und durch Sie ständig verwandelt. Dann atmet hier die Seele der Kreativität.

Alles, was den Schöpfergeist weckt

In den kommenden elf Tagen werden Sie als SWITCH OFF-Abenteurer diesen Kreativitätsplatz zu Ihrem Zuhause im Zuhause machen. Er wird jener Ort sein, an dem das Neue nun Stück für Stück, Gedanke für Gedanke in Ihr Leben fließt. Ihr ruhiger Ort, um zu entspannen, sich zu sammeln und Pläne zu schmieden. Für Genuss und Glücklichsein. Für Aufbruchsstimmung und schäumenden Schöpfergeist. Machen Sie den Kreativitätsplatz daher zu einem Nest, das Sie schützt und in dem Sie von schönen, erbaulichen Dingen umgeben sind, und zugleich zu einem inspirierenden und motivierenden Ort, der Sie anregt, sich neu zu erfinden.

Bestücken Sie ihn mit allem, was Sie spielen lässt: leere Blätter oder Schreibjournale. Bunte Farben aller Art. Vielleicht ein Zirkel aus den alten Schulsachen. Bunte Schleifen oder Post-its. Die jüngste Erweiterung meines Kreativplatzes in meinem Autorenbüro war die Anschaffung eines großen Flipcharts und passender Stifte, um Ideen und Projekte zu visualisieren.

Für Familien und Wohngemeinschaften

Sie wohnen nicht alleine? Inspirieren Sie Ihren Mitbewohner, Partner oder Ihre Kinder dazu, selbst ihre Kreuze und Kreise im Grundriss zu platzieren und sich auch einen eigenen Lieblings- oder gar Kreativplatz zu schaffen – vielleicht gibt es auch einen besonderen Platz, den alle teilen! Wie schön und wie bunt er sein könnte! Lassen Sie Ihren Ideen freien Lauf. Alles ist erlaubt. Außerdem: Ausmisten macht gemeinsam gleich doppelt Spaß!

Gute Nacht!

Nach Ihrer Entrümpelungsaktion sollten Sie nun befreit und müde ins Bett fallen. Erleichtert und motiviert. Atmen Sie tief durch und klopfen Sie sich auf die Schulter. Sie haben Jahre alten Ballast abgeworfen! Sie sind großartig.

Träumen Sie vom Neuen! Gute Nacht!

Tag 4, Mittwoch: Lebensträume sichtbar machen

Hallo und schönen guten Morgen!
Es fühlt sich doch einfach großartig an, aufzuwachen und zu wissen: Gestern Abend habe ich neue Segel gesetzt. Kein sinnloses Dösen vor der Mattscheibe. Kein Surfen bis zur Migräne. Sondern Hand anlegen, alten Ballast abwerfen und neue Energie sammeln. So sieht ein Abend aus, der ein gutes Gefühl hinterlässt!

Seien Sie stolz auf sich und nehmen Sie dieses Gefühl heute mit in den Tag. Denn als SWITCH OFF-Abenteurer an Tag 4 haben Sie schon Ihre eigene Version des Morgenrituals gefunden und fühlen sich sicher bereits im einen oder anderen Moment auf gewisse Weise privilegiert. Und das sind Sie auch!

Sie gönnen sich mit Ihrer medialen Entschlackungskur von SWITCH OFF den wahren neuen Luxus, nämlich nicht das Offline-Sein an sich, sondern die Möglichkeit, sich ganz auf sich selbst einzulassen. Ihre wenige und kostbare Zeit für das zu nutzen, was Ihnen mehr bietet: mehr Abwechslung, mehr Selbstbestimmung, freie Gedanken und die Möglichkeit, etwas ganz Wundervolles in Ihr Leben zu rufen.

Wäre es nicht großartig, wenn …
Gehen Sie heute in Ihren Tag und vollenden Sie immer wieder in Gedanken folgenden Satz: »Wäre es nicht großartig, wenn …« Sie spüren schon: Diese wenigen Worte haben gewaltige Kraft. Vor allem dann, wenn Sie keine Grenzen setzen. Wenn Sie alles zulassen.

Wäre es nicht großartig, wenn ich fit genug wäre, jeden Tag mit dem Rad zur Arbeit zu fahren wie diese Zeitungsboten? Wäre es nicht großartig, wenn ich morgens glücklich das Haus verlassen würde, nachdem ich meinen Mann so innig geküsst habe wie früher? Wäre es nicht großartig, wenn ich jetzt auf dem Weg zu meinem Traumjob wäre? Wäre es nicht großartig, wenn ich endlich genügend Mut hätte, die Kleider zu kaufen, in denen ich mich wirklich toll fühle? Wäre es nicht großartig, wenn ich mir einmal die Woche Zeit nehmen könnte, um mit den Kindern etwas Besonderes zu unternehmen?

Was auch immer erfüllend für Sie wäre, denken und vor allem fühlen Sie es. Spüren Sie den positiven, lichtvollen Schauer, der dabei Ihren Körper durchströmt.

Ein Lauffeuer entzünden

Wagen Sie sich in Ihren Wäre-es-nicht-großartig-Gedanken bis zum Himmel und darüber hinaus. Locken Sie Ihre Kollegen auf die gleiche Fährte. Machen Sie in den Pausen ein Spiel daraus – und seien Sie dabei wieder der beobachtende SWITCH OFF-Abenteurer:

- Wer wird euphorisch und kommt in Aufbruchstimmung?
- Wer zieht sich zurück und trägt nichts bei?
- Wer ist der Nein-Sager?

Mit diesem Spiel »Wäre es nicht großartig, wenn ...« lernen Sie Ihre Kollegen und Mitarbeiter besser und auf neue Weise kennen – und finden vielleicht Ideen, die es wert sind, verfolgt und umgesetzt zu werden. Mit den Menschen, die genauso wie Sie Lust aufs Neue haben. Viel Freude!

Meine »Wäre-es-nicht-großartig-Wenns«

Sammeln Sie im Laufe des Tages jene Sätze, die bei Ihnen die größten Emotionen und stärksten Reaktionen auslösen. Sie sind es, die uns heute Abend vielleicht als Schlüssel in einen neuen Lebensraum führen.

Notieren Sie Ihre »Wäre-es-nicht-großartig-Wenns«:

_____

_____

_____

_____

_____

_____

_____

Der Abend: Willkommen zurück daheim

Hallo SWITCH OFF-Abenteurer! Wie war Ihr Tag? Wie viele
Flausen haben Ihren Kopf aufgewirbelt? Lächeln Sie beim Gedanken daran? Oder haben Sie den unsichtbaren grauen Hut
rausgeholt und ihn über alle Wäre-es-nicht-großartig-Wenns
gestülpt und denken:»Was soll das alles? Ich kann ohnehin
nicht raus aus meiner Haut und werde das alles nie erreichen!
Diese Träumereien bringen nichts. Im Gegenteil – sie machen
mich nur unzufrieden. Blödes Gerede!« Hört sich die Stimme
aus dem grauen Hut bei Ihnen so an? Dann habe ich einen Tipp
für Sie: Misten Sie ihn aus! Wie gestern. Lassen Sie den imaginä-
ren Hut, der Ihre Träume unterdrückt, verschwinden. Nehmen
Sie ihn ab, husten Sie kurz unter dem Staub, der von ihm ab-
fällt – und weg damit! Basta!

Dream big?

Denn eines ist klar: Träume sind immer der Anfang des Anfangs. Sie stehen vor jeder positiven Lebenswendung. Vor jedem Aufbruch und jeder Kleinigkeit, die unseren Alltag besonders macht. Kleinigkeit? Ja, richtig gelesen. Regel Nummer eins
beim Träumen: Es ist völlig egal, ich wiederhole: völlig egal, ob
Ihre Träume groß oder klein sind. Lassen Sie sich nicht irritie-

ren von dem Glauben, dass nur große Träume etwas taugen! Wir leben in einer Gesellschaft, die immer nach dem Großen jagt: die große Liebe, die große Chance, das große Geld, die große Karriere, die große Bühne. Schluss damit! Es spielt überhaupt keine Rolle, wie groß, wie glamourös und extravagant Ihre Träume sind. Es geht einzig darum, dass Sie sie zulassen. Und sich nicht und niemals dafür schämen, dass Sie angeblich nicht anspruchsvoll genug träumen und zu wenig vom Leben erwarten. Das ist alles gesellschaftlich hochstilisierter Ego-Schwachsinn. Wenn es Ihr Traum ist, jeden Tag mit eigenen Kräutern vom Fensterbrett zu kochen, dann gratuliere ich Ihnen! Er ist simpel, einfach umzusetzen und wird jeden einzelnen Ihrer zukünftigen Lebenstage bereichern. Wenn Sie davon träumen, wieder wie früher drei Mal die Woche laufen zu gehen, ist das ebenso berechtigt, wie sich nach einem Urlaub auf einer einsamen Insel zu sehnen, der das Feuer der Liebe vielleicht neu entfacht, oder davon, zu den ersten Mondtouristen zu zählen. Ihre Träume sind Ihre Träume. Es gibt kein Maß im außen, dem sie entsprechen oder genügen müssen. Das einzige Kriterium, das zählt, ist dieses: Der Gedanke an Ihren Traum muss Ihr Herz erfassen. Ihren Blick verändern. Diese Spannung erzeugen, die das Dasein interessant macht.

Wirklich guter Rat kommt von innen

Es stimmt, selbst wenn es um das Finden unserer Träume geht, ist guter Rat oft teuer. Besonders heute: Coaching-Möglichkeiten, wohin das Auge reicht. Self-Help für Dummies, Anfänger und Meister. Psychologen, Paartherapeuten, Unternehmensberater. Erziehungsratgeber. Selbstfindungsseminare. Es ist alles da, was uns auf der Suche nach dem Wäre-es-nicht-großartig-Wenn anleiten soll – tausendfach und in allen Schattierungen. Das ist fantastisch und eine der schönsten Privilegien unserer Zeit, doch vergessen wir nicht: Der beste und wertvollste Rat kommt in Wahrheit von uns selbst. Aus der weltberühmten inneren Stimme. Dass wir in puncto Träume und Lebensziel oft ratlos, rastlos und unglücklich sind, liegt daran, dass wir unsere innere Stimme nicht zu Wort kommen lassen, übertönen oder ignorieren. Tun wir das über viele Jahre hinweg, wird die innere Stimme immer leiser und scheint plötzlich verschwunden zu sein – ersetzt von Zweifeln, Ängsten und Unsicherheiten und all dem, was die Massenmedien uns vorbeten.

Vom Weniger zum Mehr

Mit SWITCH OFF geben wir unserer inneren Stimme in den nächsten Tagen ein Mikrofon in die Hand. Wir machen die Welt um uns herum leiser und drehen die Lautsprecher unseres Herzens auf. Wir entschlacken mit Media-Detox, konsumieren weniger, um mehr zu haben: mehr vom eigenen Ich. Mehr vom Heute. Und vor allem mehr Klarheit darüber, wer wir offline heute sind – und morgen noch sein möchten.

Wenn wir im Leben neu aufbrechen und etwas wagen wollen, begleiten uns innere Bilder: Wie wir an der tosenden Küste Norwegens auf den Atlantik blicken und endlich diese Freiheit spüren, die wir hier zu finden hofften. Wie wir bei unserer ersten Lesung die Dankesrede halten und das Sektglas mit vollem Stolz zum Toast erheben. Wie wir beim Joggen zum ersten Mal unsere Runde locker ausdehnen können. Wie wir unsere jahrelang aus den Augen verlorene Freundin wieder in den Arm nehmen. Wie wir mit unserer neuen Liebe in unsere erste gemeinsame Wohnung ziehen.

Alle unsere Wünsche und Sehnsüchte leben in uns in den blühendsten Farben. Und das ist bereits der erste Schritt.

Visualisieren ist Manifestieren

Je klarer wir unser Ziel vor Augen haben, desto konkreter können wir es verfolgen. Als kreative Schöpfer entsteht unsere

Realität zuerst in unserem Gehirn, in unserer Vorstellung. Darüber sind sich Psychologen, Mentaltrainer und Coaches gleichermaßen einig. Wir selbst kreieren unsere Erfolge und Misserfolge. Unsere Bestleistungen und Lebenshöhepunkte erreichen wir nicht nur durch Üben, Trainieren und Arbeiten allein. Sportler haben ihre Abfahrts-, Renn- oder Turnier-Siege schon hundertfach in ihrer Vorstellung durchlebt. Ihren Fans gedankt. Hände geschüttelt und auf dem Siegertreppchen ganz oben den Pokal ins Blitzlichtgewitter gehalten, oft Jahre bevor dieser Triumph tatsächlich wahr wird. Nutzen auch Sie als SWITCH OFF-Abenteurer diese inneren Mechanismen zu Ihrem Vorteil und dazu, die Aspekte »Liebe & Lebensfreude«, »Abenteuer & Aufbruch« und »Ruhe & Regeneration« aus dem vorangegangenen Test noch gezielter in Ihr Leben zu integrieren! Was Sie visualisieren, in Ihrem Inneren bereits heute mit allen Sinnen erleben und mit voller Motivation anstreben, wird Ihnen sehr wahrscheinlich gelingen. Insbesondere dann, wenn Sie einige Grundregeln beachten.

Grundregeln des Visualisierens:
1. **Setzen Sie sich ein Ziel.** Eines, das Sie wirklich bewegt, das schon beim ersten Gedanken ein Lächeln auslöst und für Sie ganz persönliches Glück bedeutet. Ein Ziel, das Sie magisch anzieht, Sie ganz automatisch anspornt. Denn dann ist es ein Ziel, das Sog erzeugt und nicht über pure Willenskraft und Druck erreicht werden muss. Diese Anziehungskraft wird Ihnen immer Rückenwind und Auftrieb geben. Auch und gerade wenn der Weg herausfordernd wird.
2. **Beleben Sie das Ziel und lassen Sie es innerlich Wirklichkeit werden.** Visualisieren Sie die gewünschte Situation wirklich mit allen Facetten des tatsächlichen Erlebens: Gerüche und Geräusche, die diese Situation begleiten, und die Gefühle und Gedanken, die Sie dabei erleben. Halten Sie

nichts zurück, gönnen Sie sich so viele Details wie nur möglich – und vor allem: Tun Sie es mit dem Gefühl, dass Sie all das Gute und Schöne wert sind. Je stärker die Emotionen sind, mit denen Sie Ihr Ziel aufladen, desto stärker wird dessen Anziehungskraft – und desto einfacher damit das Erreichen.

3. **Üben Sie mehrmals täglich!** Nehmen Sie sich am Morgen, vor dem Schlafengehen und zwischendurch ein paar Minuten Zeit, um sich ganz auf das ersehnte Ziel einzulassen, und visualisieren Sie es in seiner ganzen emotionalen Intensität und in der Freude, die es in Ihnen schon heute auslöst.

4. **Üben Sie lange.** Üben Sie so lange, bis Sie spüren, dass Ihr Ziel erreicht ist oder durch ein neues Ziel ersetzt werden kann. Immer gilt: In der täglichen Wiederholung und der Intensität Ihrer Gefühle liegt der Erfolg. Das ist die einfachste und sicherste Motivation.

Träume sind nicht Taten

Das Schaffen Ihres Kreativitätsplatzes war und ist ein äußeres, reales Zeichen Ihres Aufbruchs zu einem erfüllteren Leben. Als SWITCH OFF-Abenteurer haben Sie endlich Zeit, sich aktiv um sich und Ihr Lebensglück zu kümmern. Sie schalten ab, versinken nicht länger in den Wogen der Reizüberflutung, sondern steuern neue Horizonte und neue Häfen an. Ist das nicht großartig? Es ist das aufregendste Geschenk, das Sie sich selbst seit langer Zeit gemacht haben.

Aber: Unseren Worten wollen Taten und unseren Gedanken wollen Erfahrungen folgen. Noch sind wir nicht am Ziel.

Gehen wir also mit einem richtig guten Gefühl einen weiteren Schritt in Richtung Abenteuer: Bringen Sie Ihre inneren Bilder, Ihre Visualisierung nach außen. Genauso wie der Kreativplatz Ihren inneren Wunsch nach Abwechslung ausdrückt, so bringt die Kreation Ihres eigenen Visionboards Ihre Visualisierung von innen nach außen – und hilft Ihnen, kontinuierlich dabeizubleiben. Sie kennen vielleicht die Methode, Post-its am Schreibtisch zu platzieren, um sich zu animieren, zu erinnern und zu motivieren. Das Visionboard ist eine XXL-Version dieses Tricks. Es gibt Ihren Träumen und Zielen Form und Farbe.

Ein Mensch ohne Ziel ist wie ein Pfeil ohne Spitze

Das Visionboard spitzt Ihre Ziele zu. Macht sie klar und sendet ein deutliches Signal nicht nur an Sie selbst, sondern – wenn Sie so wollen – auch an alle Kräfte, die Sie beim Erreichen unterstützen.

Mein erstes Visionboard kreierte ich mit Anfang zwanzig auf einem Seminar in Vancouver in Kanada, ohne je zuvor von so etwas wie einem Visionboard gehört zu haben. Es war ein Erlebnis! Das Visionboard selbst jedoch habe ich erst vor wenigen Monaten wiedergefunden. Alles, was ich damals visualisierte, ist auch tatsächlich eingetreten, beziehungsweise ich konnte alle damals anvisierten Ziele auch wirklich erreichen. Mit einer Ausnahme: Ich habe nicht Russisch gelernt.

Auch Sie werden sehen: Es ist eins, Ihre Ziele innerlich zu visualisieren oder hier im SWITCH OFF-Abenteuerbuch niederzuschreiben, und etwas anderes, diese Ziele mit realen Bildern zum Ausdruck zu bringen. Das Visionboard ist der erste Schritt in die Realität, die Sie hier erschaffen. Warum also warten? Bringen Sie es hervor!

▶ Übung: Kreieren Sie Ihr Visionboard!

Holen Sie einen Karton, ein Brett oder was auch immer Ihnen als feste Unterlage dienen kann. Nehmen Sie Schere, Kleber und ein paar alte Magazine heraus, oder was auch immer Sie zu Hause haben, und schneiden Sie jene Bilder aus, die das ausdrücken, was Sie fühlen, erleben und erreichen möchten. Oder gestalten Sie selbst Zeichnungen, Symbole, Texte, Schlagworte,

Skizzen oder Fragmente. Machen Sie eine lebendige Collage, malen Sie sich Ihren Traum in allen Facetten aus. Seien Sie ganz offen, mutig und großzügig mit sich selbst – und wie gesagt, vor allem voll positiver Energie und Vertrauen darauf, dass Sie Ihre Ziele erreichen werden!

Vielleicht möchten Sie Ihr Visionboard ganz gezielt auf Ihren SWITCH OFF-Typus ausrichten und es Ihrem Thema »Liebe & Lebensfreude«, »Abenteuer & Aufbruch« oder »Ruhe & Regeneration« widmen – oder einfach ganz frei in Ihre imaginäre Zukunft aufbrechen, die ganz gewiss alle drei Bereiche berühren wird!

Fertig?

Finden Sie nun einen passenden Platz in Ihrer Wohnung, an dem Sie Ihr Visionboard aufhängen können, vielleicht direkt an Ihrem Kreativplatz, und lassen Sie sich davon immer neu inspirieren und anspornen, für Ihre Träume einzustehen. Ihr Leben gehört Ihnen.

Zitat des Tages

»Man muss träumen wollen, um träumen zu können.«
Charles Baudelaire

Träumen Sie bunt. Bis morgen!

Tag 5, Donnerstag: Bin das ich?

Hallo SWITCH OFF-Abenteurer!
Genießen Sie Ihr Frühstück und lesen Sie, wenn möglich, die folgenden Zeilen auf Ihrem Arbeitsweg.

PS: Stift nicht vergessen!

Die Bilder, die Sie gestern aus sich herausgelockt haben, werden Sie heute vermutlich in Ihren Arbeitsalltag begleiten. Versprechen Sie sich selbst und Ihrem Lebensglück, dass Sie die Schätze, auf die Sie bereits in Ihrem Inneren gestoßen sind, nicht achtlos zurücklassen. Mit Sicherheit haben Sie gestern etwas gefunden, das Sie heute bereits in die Tat umsetzen oder Wirklichkeit werden lassen können. Tun Sie es! Nutzen Sie Ihre freie Zeit dazu, die ersten Schritte zu machen.

Unter dem Motto »Bin das ich?« beobachten Sie heute:
- Wie sehr stimmt mein aktueller Lebensinhalt bereits mit meinen Interessen und Träumen auf meinem Visionboard überein?
- Was kann ich vielleicht ganz einfach integrieren, das mir mehr Lebensfreude bringt?
- Was kann ich tun, damit meine Beziehungen wachsen?
- Wo könnten Abenteuer und Herausforderung auf mich warten?
- Oder bin ich bereits auf dem richtigen Weg?
- Wenn ja, kann ich mein Leben noch inspirierender ausfüllen?
- Kann ich mich noch mehr einbringen?
- Welche neuen Ideen könnten mich, meine Familie, meine Partnerschaft und mein Arbeitsumfeld weiterbringen und meine Ziele noch greifbarer machen?

Und entsprechend dem Fokus auf Ihren Wunsch nach
»Abenteuer & Aufbruch«, »Liebe & Lebensfreude«
und »Ruhe und Regeneration«:

- Gehe ich den berühmten Weg des geringsten Widerstandes, auch wenn er mich langweilt oder einengt?
- Lebe ich ein Leben bestimmt von Entscheidungen, die ich nur für die Zufriedenheit anderer oder für Anerkennung und Status treffe, und vergesse ich dabei, auf mich selbst zu achten?
- Gehe ich immer »auf Nummer sicher«, aus Angst vor Veränderung, Stress oder Aufregung, auch wenn mir das meine Energien raubt?

Wenn ja, verurteilen Sie sich nicht dafür. Millionen Menschen geht es so – sogar jene, die auf den ersten Blick ihren Traum leben, sind oft gefangen in einem Netz aus bösen Befürchtungen und einengenden Erwartungen.

Sich selbst treu zu sein und so zu leben, dass wir am Sterbebett nicht in Reue versinken, hat vor allem damit zu tun, dass in unserem Leben unsere sechs Grundbedürfnisse erfüllt werden. Wie wichtig wir welches Bedürfnis aktuell empfinden, hängt von unserem Charakter und unserer Gesamtsituation ab.

Die sechs Grundbedürfnisse

1. Sicherheit und Beständigkeit
2. Anerkennung und Wertschätzung
3. Liebe und Verbundenheit
4. Wachstum und positive Entwicklung
5. Spontaneität und Abenteuer
6. Geben und Engagement für das Gute

Jeder kann diese Bedürfnisse erfüllen – jeder

Liest man die Liste der Grundbedürfnisse und stellt sich dabei vor, dass wir jedes davon in unserem Leben zur Entfaltung bringen können, dann zeichnet sich ein einfach grandioses Bild. Die gute Nachricht: Diese Bedürfnisse können Sie als Erzieherin genauso erfüllen wie als Investmentbankerin. Als Bildhauer genauso wie als Elektroinstallateur. Es geht um die Fülle des Lebens, nicht um die zwanghafte Optimierung eines Bereiches. Ihre Ziele und Träume vom Visionboard – seien sie noch so bescheiden oder noch so prätentiös – zu verwirklichen hat viel damit zu tun, ob Sie Ihren Alltag so gestalten, dass Sie die einzelnen Aspekte Ihrer Träume stärker einfließen lassen können. Ja, einfließen, nicht wie eine Atombombe einschlagen lassen. Lassen wir die ziemlich beklemmende Vorstellung los, dass wir, um unseren Traum zu leben, zuerst alle Brücken niederbrennen müssen, die wir aufgebaut haben. Eine Veränderung hin zu mehr Authentizität und einem Lebensstil, der unsere innersten Bedürfnisse befriedigt, ist etwas, das jeden Tag ein bisschen mehr gelebt werden kann. Etwas, das Sie für sich aufbauen. Stärken. Sich entwickeln lassen. Es ist nichts, was über Nacht passiert. Folgen Sie Ihrem eigenen Rhythmus und Ihrer eigenen Intuition, nicht einer Hollywood-Szene.

▶ *Übung:*
Sehen wir uns dazu die sechs Grundbedürfnisse noch einmal genauer an. Beantworten Sie folgende Fragen und kreuzen Sie an: Das Leben, das ich heute lebe, erfüllt mein Bedürfnis nach:

Sicherheit und Beständigkeit
- ☐ überhaupt nicht ☐ immer weniger ☐ gelegentlich
- ☐ meistens ☐ immer mehr ☐ immer
- ☐ Warum? _____
- ☐ Diese Bedürfnisse zu erfüllen ist mir:
- ☐ wichtig ☐ nicht wichtig

Anerkennung und Wertschätzung

☐ überhaupt nicht   ☐ immer weniger   ☐ gelegentlich
☐ meistens   ☐ immer mehr   ☐ immer
☐ Warum? _____
☐ Diese Bedürfnisse zu erfüllen ist mir:
☐ wichtig   ☐ nicht wichtig

Liebe und Verbundenheit

☐ überhaupt nicht   ☐ immer weniger   ☐ gelegentlich
☐ meistens   ☐ immer mehr   ☐ immer
☐ Warum? _____
☐ Diese Bedürfnisse zu erfüllen ist mir:
☐ wichtig   ☐ nicht wichtig

Wachstum und positive Entwicklung

☐ überhaupt nicht   ☐ immer weniger   ☐ gelegentlich
☐ meistens   ☐ immer mehr   ☐ immer
☐ Warum? _____
☐ Diese Bedürfnisse zu erfüllen ist mir:
☐ wichtig   ☐ nicht wichtig

Abwechslung und Abenteuer

☐ überhaupt nicht   ☐ immer weniger   ☐ gelegentlich
☐ meistens   ☐ immer mehr   ☐ immer
☐ Warum? _____
☐ Diese Bedürfnisse zu erfüllen ist mir:
☐ wichtig   ☐ nicht wichtig

Geben und Engagement für das Gute

☐ überhaupt nicht   ☐ immer weniger   ☐ gelegentlich
☐ meistens   ☐ immer mehr   ☐ immer
☐ Warum? _____
☐ Diese Bedürfnisse zu erfüllen ist mir:
☐ wichtig   ☐ nicht wichtig

Was fehlt?

Finden Sie jene Bedürfnisse, die Ihnen besonders wichtig sind und die aktuell keinen Raum in Ihrem Leben haben.

- Könnten Ihre Visionen von gestern dazu beitragen, diese Bedürfnisse zu erfüllen?
- In welcher Form?
- Wie würde Ihr Leben und vor allem Ihr konkreter Alltag dann aussehen?

Lassen Sie all das auf sich wirken – und genießen Sie den Tag!

Mittags: Freude schenken heißt Freude ernten

Wenn Sie sich heute so intensiv mit Ihren Bedürfnissen auseinandersetzen, kann es sehr gut tun, jemanden zu überraschen, sie oder ihn zum Lachen zu bringen oder Ihre Zuneigung aktiv zum Ausdruck zu bringen. Überlegen Sie, welchem Menschen Sie heute Mittag eine Freude machen könnten. Sei es mit einem viel zu lange aufgeschobenen Anruf. Mit einer kleinen handgeschriebenen Karte, die Sie per Post abschicken. Mit einem Krankenbesuch. Mit dem Angebot, beim geplanten Umzug zu helfen oder bei der neuen Bewerbung, die für Ihre Freundin oder Ihren Freund ansteht. Ganz gewiss finden Sie einen kleinen Akt der Freude, den Sie heute umsetzen und mit anderen teilen können! Viel Spaß!

Abends: Bin das noch ich?

Zurück zu Hause möchte ich Sie heute bitten: Öffnen Sie Ihren Kleiderschrank und Ihre Kommoden, holen Sie jedes einzelne Teil heraus und fragen Sie sich: »Woran erinnerst du mich?«

Sie kennen das Sprichwort: »Kleider machen Leute.« Kleider haben oft einen Bezug zu unserer Vergangenheit und erinnern uns an frühere Momente und Lebensphasen. Spüren Sie auf, welcher Teil von Ihnen und Ihrer Geschichte in den einzelnen

Pullovern, Hosen, Jacken, Blusen, Hemden, Röcken, Strümpfen, Shorts, Mänteln, Mützen und Schals steckt.

Alte Geister ziehen lassen

Sie werden feststellen, dass es nur wenige neutrale Teile in Ihrem Fundus gibt. Wo ist das Outfit, das sagt:»Ich bin nichts Besonderes ... Lieber nicht auffallen und schön brav und angepasst leben.« Raus damit! Stecken Sie es in die gelbe Tüte und bringen Sie es zur Kleidersammlung einer karitativen Einrichtung – und werfen Sie gleich alles hinterher, was Sie an schlechte Zeiten, falsche Freunde, peinliche Momente, gescheiterte Beziehungen, versäumte Chancen, langweilige Jobs und an sonstige kleine und große Misserfolge erinnert.

Wenn Sie als SWITCH OFF-Abenteurer im Hier und Heute und an der Basis Ihrer Bedürfnisse ankommen, ist es an der Zeit, all diese Geister der Vergangenheit zu verabschieden und sie nicht mehr am Körper zu tragen. Kleiden Sie sich ganz besonders in diesen 14 SWITCH OFF-Tagen so, dass Sie sich selbstsicher fühlen und gerne auf Menschen zugehen möchten. Dass Sie Ihren Typ voll leben können, sich in ihrer eigenen Haut wohlfühlen und zu sich selbst und Ihren Eigenheiten stehen können. Kleidung ist ein Schutz, der uns nicht wie die Bildschirme von den Menschen isoliert, sondern der uns eine Möglichkeit gibt, unsere Persönlichkeit nach außen zu tragen und schon alleine damit neue Verbindungen zu schaffen.

Befreien Sie nun Ihren leeren Kleiderschrank vom alten Muffel und wählen Sie beim Wiedereinräumen Ihr ganz persönliches Lieblings-Outfit – Sie werden es morgen brauchen! Seien Sie gespannt!

37 Stunden. Ein Akt der Lebensfreude aus Tag 1
Schon an Tag 1 haben Sie elf Akte der Lebensfreude gesammelt, die Sie während Ihres SWITCH OFF-Abenteuers ausleben möchten. Wenn Sie, statt zu entrümpeln, Lust haben, eines dieser Erlebnisse zu verwirklichen, blättern Sie zurück und suchen Sie sich ein Erlebnis aus. Viel Vergnügen!

Stellen Sie den Wecker zwanzig Minuten früher als sonst – ich warte mit einigen spannenden Gedanken zum Frühstück auf Sie! Ich freue mich darauf.

Tag 6, Freitag: Mein Wirkungskreis

Ein besonderer Tag wartet
Ein neuer Tag offline und abseits des Medien-Mainstreams beginnt. Haben Sie sich schon an Ihr leises Telefon, an Ihre ruhigen Abende, an Ihre Zeit für sich gewöhnt? Oder stresst es Sie, offline zu sein, vor allem, wenn Sie an die viele freie Zeit am Wochenende denken? Vielleicht entdecken Sie bereits die Vorzüge des Privilegs der Langeweile und erleben sie als Mußestunden? Wenn ja, dann wissen Sie, dass Sie auf dem richtigen Weg sind. Wenn Ruhe einkehrt und wir nicht im weltweiten Mediennetz ständig mit neuen Impulsen, Schreckensmeldungen und Hypes elektrisiert werden, dann sehen wir mehr und mehr, wie stetig, ruhig und langsam diese Welt auch heute noch sein kann.

Denn in unserem unmittelbaren Umfeld, in unserem tatsächlichen Wirkungskreis ereignet sich nicht jeden Tag eine neue Tragödie oder Katastrophe.

Da wird nicht stündlich eine große Sensation enthüllt oder ein Produkt vorgestellt, das Ihr Leben, ja, die ganze Welt revolutionieren und Sie endlich glücklich machen wird. Ist das nicht erfrischend? Sie erleben derzeit etwas, was vor einigen Jahrzehnten noch völlig normal war: Sie hören Geschichten und Berichte aus Ihrem engsten Umfeld, tauschen sich verbal aus, sehen nur das, was tatsächlich in Ihrem eigenen Lebensradius geschieht, und stutzen Ihre Erlebniswelt wieder auf ihre eigentliche Größe zurück. Keine Ausflüge ans andere Ende des Planeten oder hinaus in den Kosmos, keine YouTube-Follow-me-Arounds, keine Bilder von fernen Fronten, keine Stimmen aus dem digitalen Dazwischen.

Hier und jetzt

Sie sind jetzt offline und medienfrei und als SWITCH OFF-Abenteurer damit ganz automatisch im Hier und Jetzt. Und genau das liegt nicht nur im Trend, sondern auch im Kern eines kreativen Lebens. Wer im Hier und Jetzt angekommen ist, der kennt keine Angst. Denn Angst entsteht oft aus sorgenvollen Gedanken über unsere Zukunft. Und negative Erlebnisse aus der Vergangenheit, die wir noch nicht losgelassen haben, schmälern unsere Lebensfreude.

Um diese Freude wieder zu stärken und uns selbst motivierende Ausblicke auf das Morgen zu geben, haben wir in den letzten Tagen intensiv nach unseren Träumen geforscht und eine erfüllte Zukunft visualisiert. Wir haben ausgeschaltet und zuallererst nach dem gesucht, was unter all dem Stimmengewirr aus Fernsehen und Internet stumm auf uns und unsere Aufmerksamkeit gewartet hat. Haben ganz unmittelbar Raum geschaffen für Neues und uns bewusst gemacht, wie unser Leben sein kann, wenn wir es uns von den Massenmedien unserer Zeit zurückholen und zur Erfüllung unserer Bedürfnisse nutzen – auch wenn sich das hin und wieder wie eine große Herausforderung anfühlt. Und damit sind wir in bester Gesellschaft.

Uns eint dieselbe Sehnsucht

Wir kennen die sechs Grundbedürfnisse und wissen, dass sie jeder teilt. Jeder aus unserer Familie, unser Partner, unsere Kollegen. Wir sehnen uns alle nach denselben Gefühlen von Sicherheit und Beständigkeit, Anerkennung und Wertschätzung, Liebe und Verbundenheit, nach Wachstum und positiver Entwicklung, nach Spontaneität und Abenteuer und nach einem persönlichen Engagement für das Gute. Gerade Letzteres scheint heute so schwierig oder undurchsichtig geworden zu sein: Wer braucht unsere Hilfe am dringendsten? Welches der abertausend Probleme dieser Welt kann ich kleiner, unbedeutender Bürger denn schon lösen? Keines. Genauso wie wir oft dem Irrglauben unterliegen, nur große Träume seien es wert, geträumt zu werden, so haben wir auch oft die lähmende Befürchtung, dass wir ohnehin keinen positiven Einfluss auf die Probleme dieser Welt haben. Doch jetzt, im Hier und Heute und in Ihrer wieder auf ein normales Maß geschrumpften Welt können Sie sehr wohl einen Unterschied bewirken.

Ihr tatsächlicher Wirkungskreis

Ihre wundervolle Aufgabe für heute ist nämlich die, den Menschen in Ihrem unmittelbaren Umfeld ein Gefühl von Vertrauen, Sicherheit, menschlicher Wertschätzung und Verbundenheit zu geben. Machen Sie Komplimente. Lächeln Sie. Behandeln Sie die Verkäuferin in Ihrer Bäckerei so aufmerksam wie Ihre beste Freundin. Loben oder bestärken Sie Ihre Mitarbeiter oder Arbeitskollegen. Antworten Sie ruhig und wohlwollend auf alle Fragen, die Ihnen gestellt werden. Unterstützen Sie Menschen, die Ihre Hilfe benötigen – ganz egal, ob Sie Ihren Platz in der Straßenbahn anbieten, Ihren Kollegen eine Aufgabe abnehmen, die Ihnen leichter von der Hand geht, oder ob Sie Ihren Kindern ganz offen und mit herzlichem Verständnis bei ihren Schulaufgaben helfen. Seien Sie heute einmal der gute Samariter. Ein Mensch, den man gerne um sich hat – und der ein gutes Gefühl auslöst.

Sorgen Sie sich heute einmal nicht um all die globalen Probleme und darüber, dass Sie die Welt nicht retten können, sondern kümmern Sie sich ganz achtsam um jene Menschen, die Sie *tatsächlich* umgeben.

Oft sind wir in unserem medial bestimmten Leben so überfordert, dass wir die Menschen um uns herum gar nicht mehr wirklich wahrnehmen. Das Dauerrauschen ist so laut, dass wir nur noch schlecht zuhören können. Wir sind derart überreizt, dass uns ihre Nähe sogar stören kann. Und ihre Wünsche uns den letzten Nerv rauben. Wir sind froh, wenn wir es gerade noch schaffen, unsere eigenen wichtigsten Aufgaben zu lösen. Wir funktionieren. Wir reagieren. Und das meist impulsiv und emotionsgeladen. Doch nicht in unserem SWITCH OFF-Abenteuer und nicht heute. Heute müssen Sie nicht mehr funktionieren und blind reagieren, heute dürfen Sie lieben und lachen. Gefühlvoll, positiv, aufbauend und sonnig. In sich ruhend und gelassen. Sie mögen es lieber aufregend und lustig? Dann seien Sie der Abenteurer, der andere mitreißt: Schlagen Sie einen Ausflug vor. Planen Sie eine Überraschung für jemanden, der oft zu kurz kommt. Stillen Sie Ihre Lust auf Spontaneität und bringen Sie andere mit Ihrem Humor und Ihrem Charme zum Lachen.

Heute geht es darum, wieder zu realisieren, was und wer Sie tatsächlich umgibt und wie Sie in Ihrem Umfeld auf ganz einfache Art und Weise positive Kreise ziehen können. Seien Sie selbst der Mensch, den Sie gerne als Freund haben würden. Gestalten Sie Ihren Tag, Ihre Gespräche und Begegnungen ganz bewusst mit dem Gedanken, dass Sie das Gute und das Wohlwollende fördern wollen. Dass Sie jederzeit und überall einen sicheren Ort schaffen können, an dem Sie und Ihr Gegenüber sich gerne aufhalten. Egal, ob zu Hause, in der Stadt, im Supermarkt, im Park, im Kaffeehaus oder am Arbeitsplatz.

Die unretuschierte Realität

Bestimmt ist Ihnen in den vergangenen Tagen aufgefallen, wie oft Menschen über ihre Smartphones kommunizieren, um damit ein tatsächliches, reales Gespräch zu vermeiden. Wir kommunizieren virtuell, um nicht wirklich kommunizieren zu müssen. Es ist absurd, aber wahr.

Als SWITCH OFF-Abenteurer haben Sie sich aus diesem modernen Schneckenhaus herausgewagt und verstecken Ihr

Gesicht nicht länger hinter einem Computerbildschirm oder Ihre Gefühle hinter Ihrem Smartphone. Media-Detox, wie ich es definiere, bedeutet, sich nicht zu verstecken, sondern sich der Realität zu stellen.

Damit sind Sie und ich frühe Aussteiger auf Zeit. Pioniere, wenn Sie so wollen. Wir gönnen uns die unkommentierte, unretuschierte Wirklichkeit. Das ursprüngliche Menschsein für zwei Wochen. Zwei Wochen, in denen wir wieder erkennen, wo wir Positives beitragen können. Und dann ist es leicht, sein Bedürfnis nach Engagement zu stillen und zu wissen: »Ich hinterlasse etwas Gutes. Es ist ein Gewinn für die Welt, dass es mich gibt.«

Dazu müssen wir nicht radikaler in der Kommunikation werden, sondern radikaler in der Ehrlichkeit mit uns selbst. Sind unsere Überzeugungen und Vorstellungen positiv, oder tragen sie zur Verschlechterung unserer eigenen Lebensqualität oder gar der der Gesellschaft bei? Erwarten wir radikal das Beste von uns selbst? Streben wir nach der höchsten Version von uns und unserem Leben?

Es ist an der Zeit, dass wir damit aufhören, uns zu fragen, ob wir alles bekommen, was wir wollen. Es ist an der Zeit, dass wir uns fragen, ob wir alles geben, was wir können.

Man muss nicht reich und vermögend sein, um anderen zu helfen und einen Beitrag zu leisten. Auch wenn uns die Medien viel zu selten positive Beispiele zeigen, ist es doch so, dass der Wunsch, für jemanden bedeutsam zu sein, täglich Menschen anspornt, Gutes zu tun. Und in unserem eigenen Wirkungskreis können wir das alle. Ganz ohne Millionen auf dem Konto und Privatstiftung. Nur indem wir präsent sind, unsere ungeteilte, aufbauende Aufmerksamkeit schenken und Sicherheit und Zuneigung vermitteln. Damit schaffen wir ein neues Bewusstsein: bei anderen und bei uns selbst.

Ich wünsche Ihnen einen Tag voller Menschlichkeit, sanfter Geduld, mit einem langen Atem und einem großen Herzen für die, die einsam, angstvoll und gestresst im Netz gefangen sind und persönliche Anerkennung nur noch in den sozialen Medien suchen.

Mittagstipp

Verabreden Sie sich mit Ihrem Liebsten, Ihrer treuesten Kollegin oder Ihrem besten Freund zum Mittagessen und führen Sie ein Gespräch, das wirklich in die Tiefe geht. Sprechen Sie aus, was Sie an Ihrem Gegenüber beeindruckt, was Sie bewundern. Verschenken Sie Komplimente, zeigen Sie echte Anerkennung und genießen Sie, wie gut Ihnen und Ihrem Gegenüber das tun wird und wie stark Sie sich dabei fühlen.

Fragen Sie sich:
- Wie wirkt es sich auf mein Selbstbild aus, wenn ich anderen offen und großzügig begegne?
- Wie würde sich mein Leben verändern, wenn ich jeden Tag versuchen würde, ein besserer Mensch zu sein?
- Baut es mich selbst auf, Gutes zu tun?
- Möchte ich mich mehr engagieren in den 37 Stunden, die mir in einem fernsehfreien und medial entschlackten Leben zur Verfügung stehen?
- Gibt es Vereine, die ich unterstützen möchte?
- Ein Ehrenamt, das ich gerne annehmen möchte?
- Möchte ich meine Talente mehr für das Wohl meines Umfelds nutzen?

UND: Wie könnte ich das machen?

_____

_____

_____

_____

_____

_____

_____

_____

_____

_____

5 kreative Ideen, wie ich meinen Wirkungskreis positiv erweitern kann:

1. _____

2. _____

3. _____

4. _____

5. _____

Wenn Sie über den Wirkungskreis Ihres eigenen Umfelds hinaustreten möchten, fragen Sie sich:

- Welches aktuelle Thema oder gesellschaftliche Problem stößt in mir auf besondere Resonanz?
- Wie kann ich mich in diesem Themenfeld engagieren, und wo finde ich die passenden Ansprechpartner?
- Wie weit möchte ich gehen?
- Wann kann ich beginnen?
- Was kann ich heute schon tun, um diesen Wirkungskreis für mich zu erschließen?
- Was diese Woche? Was bis zum Ende des Monats? Was bis zum Ende des Jahres?

Worte zum Nachdenken

Die Welt und ihre Systeme können und werden dich nicht retten. Nur ein Mensch vermag das.

Abends: Zwei weise Stimmen befragen

Willkommen zu Hause! Wie war Ihr Tag?

- Waren Sie selbst die glücklichste Person, die Sie kennen?
- Haben Sie andere zum Lächeln gebracht?
- Jemandem geholfen?
- Freude verbreitet?

Ja? Dann haben Sie heute etwas hinterlassen. Herzlichen Glückwunsch! Sie haben damit bereits einen positiven Beitrag zu einer lebenswerten Welt geleistet. Für sich und für andere. Denn alles, was Sie für jemand anderen tun, das tun Sie auch für sich. Und Sie tun es nicht nur für die Person, die Sie heute sind, sondern auch für das Kind, das Sie einmal waren, und ebenso für den alten Menschen, der Sie einmal sein werden und der auf diesen heutigen Tag zurückschaut. Genau diese zwei Stimmen sind neben Ihrer inneren Stimme die wichtigsten überhaupt, wenn es darum geht, herauszufinden, wo Ihre kreativen Potenziale und Quellen der Lebensfreude schlummern. Sie möchten es herausfinden? Befragen Sie diese beiden Personen!

Nehmen Sie sich eine Stunde Zeit, machen Sie es sich an Ihrem Kreativplatz gemütlich und nehmen Sie einen Stift zur Hand. Sie werden nun hier im Buch oder in Ihrem SWITCH OFF-Journal zwei Briefe an sich selbst schreiben, ohne viel nachzugrübeln, ohne auf Ihren Ausdruck, die Rechtschreibung oder die Kritik Ihres früheren Deutschlehrers zu achten.

▶ *Übung: Nach vorn schauen*

Den ersten Brief schreiben Sie als Ihr achtjähriges Ich an Ihr heutiges Ich:

1. Wie verbringt Ihr achtjähriges Ich seinen Tag?
2. Was macht es gerne?
3. Was hält es von Ihrem heutigen Leben?
4. Findet es den Weg gut, den Sie eingeschlagen haben?
5. Was gefällt dem Achtjährigen, wofür bewundert es Sie?
6. Was findet es öde und nervig?
7. Was hat es Ihnen zu sagen, das ihm besonders am Herzen liegt?
8. Woran will es Sie erinnern, damit Ihre Kreativität und Lebensfreude neu aufflammen?

Brief von meinem achtjährigen Ich an mich

Liebe/Lieber _____,

_____

_____

_____

_____

_____

_____

_____

_____

_____

_____

_____

_____

_____

_____

_____

_____

Wenn dieser Platz nicht ausreicht, schreiben Sie auf einem Blatt Papier oder in Ihrem SWITCH OFF-Journal so lange weiter, bis Sie das Gefühl haben, alles von Ihrem achtjährigen Ich erfahren zu haben. Lassen Sie es ausreden. Diese Worte sind ganz besonders kostbar, unterdrücken Sie sie nicht. Auch bei Ihrem nächsten Brief:

▶ *Übung: Zurückschauen*
Verabschieden Sie sich bei Ihrem Achtjährigen und bedanken Sie sich bei ihm für seine Offenheit. Legen Sie das Buch kurz beiseite, trinken Sie einen Schluck Tee und unternehmen Sie dann die zweite Zeitreise: Schreiben Sie nun einen Brief von Ihrem 80-jährigen Ich an Ihr heutiges Ich.

1. Wie geht es Ihnen, und wo leben Sie?
2. Was haben Sie alles erlebt?
3. Was hat Ihnen besondere Freude gemacht?
4. Worüber waren Sie in Ihrem Leben traurig?
5. Was bereuen Sie?
6. Was gefällt Ihrem 80-jährigen Ich an Ihrem heutigen Leben und Ihren Entscheidungen?
7. Was weniger?
8. Welche Interessen sollte Ihr Ich im Heute unbedingt weiterverfolgen?
9. Wozu will Ihr 80-jähriges Ich Sie ermuntern?
10. Welchen Tipp hat es für Sie, um Ihre Kreativität und Lebensfreude zu aktivieren und Ihr SWITCH OFF-Thema »Liebe & Lebensfreude«, »Abenteuer & Aufbruch« oder »Ruhe & Regeneration« noch konkreter in Ihr Leben einzuweben?

Brief von meinem 80-jährigen Ich an mich

Liebe/Lieber _____,

_____

_____

_____

_____

_____

_____

_____

_____

_____

_____

_____

_____

_____

_____

_____

_____

_____

_____

Lassen Sie auch diese weise Stimme ganz aussprechen. Notieren Sie alles. Jeden Gedanken und jede Ermahnung. Jedes liebe Wort und jede Skurrilität. Sie sind wertvoll.

Wenn die Stimme versiegt, verabschieden Sie sich und danken Sie erneut für dieses »Gespräch«.

Vergleichen Sie nun die beiden Briefe und fassen Sie zusammen:

Wenn ich auf mein vergangenes und zukünftiges Ich höre, sind meine sehnlichsten Bedürfnisse und Herzensanliegen:

_____

_____

_____

_____

_____

_____

_____

_____

_____

Sie haben ein paar wirklich spannende und bewegende Themen aus Ihrer reichen und weisen inneren Tiefe bergen können? Exzellent!
Sie haben als SWITCH OFF-Abenteurer nun jede Woche 37 Stunden mehr Zeit, diese Bedürfnisse zu leben oder alles in die Wege zu leiten, damit diese Herzenswünsche Raum in Ihrem Leben einnehmen können.

- Können Sie einen kleinen Wunsch schon heute verwirklichen?
- Einen anderen diese Woche?
- Diesen Monat?
- Dieses Jahr?

Fantastisch! Sie sind frei, es zu tun!

Versüßen Sie sich den Abend noch mit einer Visualisierung am Visionboard oder einem abenteuerlichen, herzerwärmenden oder entspannenden Erlebnis aus Ihrer 37-Stunden-Liste. Schlafen Sie gut!

Worte des Tages:

Die unerfüllten Kindheitswünsche von heute sind die Innovationstreiber von morgen.

Gute Nacht!

Tag 7, Samstag: Ein Date mit der Kunst

Guten Morgen, Abenteurer!
Halbzeit! Es ist unglaublich – die Hälfte des Weges liegt bereits hinter Ihnen. Und heute, an diesem herrlich freien Tag, gehört Ihre SWITCH OFF-Zeit ganz der Musik, der Kunst, der Literatur, dem süßen Leben und: dem Feiern! Der Tag heute bietet alles zugleich: Begegnungen mit interessanten Menschen, Abenteuer und Überraschung und Ruhe und Inspiration. Sie haben es in der Hand, wo und wie Sie gemäß Ihrem SWITCH OFF-Typ den Schwerpunkt legen.

Die Stadt ruft

Brechen Sie nach einem entspannten Start in den Samstag ohne Ihr Smartphone, aber mitsamt diesem Buch in die Stadt auf und besuchen Sie einen Musikladen. Ja genau, ein CD-Geschäft oder einen Plattenladen, so wie es sie früher überall gab, und fragen Sie den Verkäufer nach den interessantesten Neuerscheinungen und Empfehlungen. Verlassen Sie hier das bekannte Terrain und lassen Sie sich ganz neue Interpreten zeigen. Nicht selten sind solche Musikläden wahre Schatzkammern: Die Besitzer brennen für eine bestimmte Musikrichtung, kennen Hunderte Bands und haben Empfehlungen in petto, die Sie überraschen und ganz gewiss auch begeistern können.

Und gönnen Sie sich als smarter Beobachter folgendes Hörerlebnis: Bitten Sie um eine Platte aus den 1970er- oder 1980er-Jahren, zum Beispiel eine CD der jungen Whitney Houston. Setzen Sie die Kopfhörer auf und beobachten Sie, was passiert. Was hören Sie, und was fühlen Sie? Spüren Sie, welche Energie in dieser Musik lag. Wie viel Zeit sich diese Songs noch genommen haben. Da gab es noch keine Ohrwurm auslösenden Zeilen gleich im Intro. Kein schnelles Hasten bis zum ersten Refrain, um Sie so schnell zu fesseln, dass Sie keinesfalls weiterschalten. Kein Wiederholen signalartiger Tonfolgen, die sich auch als Klingelton vermarkten lassen. Keine undurchdringbare Dichte an Tönen, die keinen Platz mehr für Gedanken lässt, weil Komposition und Arrangement den gesamten Raum für sich beanspruchen, um unsere so flüchtig gewordene Aufmerksamkeit so lange wie möglich zu binden. Wenn Sie diese Musik hören, wird klar: Unsere Ungeduld und unsere Rastlosigkeit haben nicht nur unseren Arbeitsalltag, unsere Beziehungen und unsere Familien verändert, sondern auch unsere Kunst, unsere Musik – unsere Inseln der Inspiration.

Menschen. Musik. Bücher
Nutzen Sie diesen Ausflug nicht nur als SWITCH OFF-Typ A »Liebe & Lebensfreude« dazu, um wieder einmal ein lockeres Gespräch mit einem Verkäufer zu führen. Denn das sollten wir SWITCH OFF-Abenteurer alle üben: echten Menschen zu begegnen. Vielleicht entwickelt sich ein richtig gutes Gespräch über die Musik, das Leben oder die Stadt selbst. Menschen, die sich der Kunst verschrieben haben, sind oft sehr interessante Persönlichkeiten, die sich gerne austauschen und neue Meinungen hören. Das ist weit erfüllender, als auf die »Wer dies hier kaufte, kaufte auch …«-Empfehlungen ganz unten im Onlineshop zu klicken.

Lassen Sie sich ganz persönlich eine Auswahl an seltenen Perlen zurechtlegen, setzen Sie die Kopfhörer auf und tauchen Sie mitten im Musikladen in eine andere Welt ein. Entscheiden Sie sich vielleicht sogar für die eine oder andere Platte oder CD und genießen Sie sie mit der Freude eines Käufers, der gerade ein reales Erlebnis hatte. Vielleicht bekommen Sie vom Verkäufer sogar einen Konzerttipp für heute Abend. Was ist los in der Stadt? Wer erobert heute die Bühnen oder verzaubert ein kleines und feines Publikum?

Sie können ganz genauso auch in den Buchladen gehen und dort das Gleiche tun: Flanieren Sie zuerst selbst durch die Reihen und stöbern Sie nach interessanten Titeln und Covern. Nehmen Sie ein, zwei Bücher heraus und lassen Sie sich auch dann von der Buchhändlerin oder dem Buchhändler beraten. Nennen Sie Ihre Lieblingstitel und lassen Sie sich Ähnliches empfehlen – oder Sie fragen nach den neuen Geheimtipps oder dem persönlichen Favoriten Ihres Gegenübers. Wenn ein Buch dabei ist, das Sie anspricht, gönnen Sie es sich und spazieren Sie zum nächsten Café.

Im Café: Kreativität ist menschlich. Genialität und Versagen auch

Es ist Wochenende. Die Stadt ist voller Menschen, die auf der Suche sind: nach neuen Stiefeln, nach einem Geschenk oder nach diesem diffusen Wunsch nach mehr, der gerade in Einkaufsstraßen in der Luft liegt. Sie haben Ihre Beute, also Ihre CD oder Ihr Buch, bereits bei sich und genießen als SWITCH OFF-Abenteurer nun die innere Ruhe und Gelassenheit – denn Sie suchen nach nichts weiter. Setzen Sie sich im Kaffeehaus an einen Tisch, an dem Sie das Treiben zwar beobachten können, es Sie aber nicht vereinnahmt. Packen Sie Ihr Buch aus und beginnen Sie zu lesen oder blättern Sie im Booklet Ihrer CD – ja, das gibt es noch: ein Booklet, in dem alle Songtexte stehen und auf Sie wirken.

Legen Sie das Buch oder Booklet zwischendurch zur Seite und denken Sie noch einmal über unsere Definition von Kreativität und Kunst nach. Über das We-are-Creators-Prinzip und das Ziel »Kreation statt Information« zu leben. Welche CD oder welches Buch haben Sie heute gekauft oder zumindest interessiert genauer angesehen oder angehört? War der Text oder war die Musik das, was man an den Universitäten und Kunsthochschulen als Kunst bezeichnen würde? War es hochtrabend, elitär und anspruchsvoll? Oder war es etwas, das Sie auf einfache, eher emotionale Art berührt hat? Das den Inspirationshungrigen in Ihnen angesprochen hat und nicht den Kritiker. Waren Sie unreflektierter Konsument, oder haben Sie gezielt nach etwas gesucht, das Ihr Inneres ausdrückt? Etwas, womit Sie sich identifizieren können? Lassen Sie sich von den Büchern und der Musik motivieren: dazu, sich ihrer eigenen Kreativität bewusst zu werden, selbstverständlich auch und gerade dann, wenn sie sich nicht in Wort oder Ton äußert, sondern in Dingen wie in einem tollen, selbst gekochten Abendessen, einem lustigen Spiel oder einem Märchen, das Sie ganz spontan für Ihre Kinder erfinden. Einem selbst zusammengebauten Schrank. Oder einer Bewerbungsmappe, die Sie als die Person zeigt, die Sie sind. All das ist gelebte, alltägliche Kreativität. All das sind kleine Akte der Lebensfreude. Und es ist egal, ob sie genial oder trivial sind. Sie sind. Sie geschehen. Wir haben Raum für sie gemacht und uns für sie geöffnet. Und das zählt. Erinnern Sie sich immer: Kreativität ist menschlich – mit allem, was das bedeutet.

Und in diesem Sinne gehen Sie heute Abend aus: um sich mit Kreativität, Lebensfreude, Tanz, Musik, Kunst und Kultur zu verabreden! Nehmen Sie die Tageszeitung zur Hand, aber schlagen Sie bitte nur die Veranstaltungsseite auf – blenden Sie dabei alle anderen Bilder und Überschriften heute noch aus. Oder nehmen Sie einfach einen Veranstaltungskalender zur Hand, der im Café ausliegt, und suchen Sie ein Event für heute Abend, das Sie besuchen möchten.

Pick a party!
Haben Sie als SWITCH OFF-Typ A »Liebe & Lebensfreude«
Lust auf einen romantischen Abend im Theater oder in der Latin-Tango-Bar? Auf einen Kinoabend oder ein Kabarett mit Freunden? Auf eine Fotoausstellung mit Ihrer Lieblingskolle-

gin? Oder auf ein spontanes Date mit Ihrem Mann oder Ihrer Frau?

Als SWITCH OFF-Typ B »Abenteuer & Aufbruch« zieht es Sie vielleicht auf die Tanzflächen der besten Clubs der Stadt? Zu einer Poetry-Slam-Schlacht oder einer hippen Themenparty?

Als SWITCH OFF-Typ C »Ruhe & Regeneration« sehnen Sie sich vielleicht nach einem Konzertabend im Klang der Klassik? Einer Benefizgala? Einer Vernissage? Einer Lesung?

Was Sie auch wählen – Sie haben es sich verdient und Sie werden es genießen! Belohnen Sie sich heute Abend mit einem Event, das Sie garantiert belebt und inspiriert.

Egal, welcher Typ Sie sind, und egal, ob ganz alleine, mit Ihrem wichtigsten Menschen oder einer Clique – sehen Sie diese Nacht als Krönung Ihrer ersten erfolgreichen sieben Tage als SWITCH OFF-Abenteurer.

Sie haben Ihre Wunsch-Begleitung ausgewählt? Dann verabreden Sie sich ganz altmodisch per Telefon, buchen Sie mit einem Anruf die Tickets und machen Sie sich auf den Weg nach Hause.

Sie finden niemanden, der Sie spontan begleitet? Macht nichts. Als SWITCH OFF-Abenteurer wagen Sie sich auch allein auf eine Veranstaltung. Das ist es, was ein Auslandsreisender auf Solopfaden immer tun muss, und genau das macht den Reiz einer Reise aus. Kosten Sie heute einmal dieses Gefühl. Vielleicht kommen Sie am Ende gar auf den Geschmack? Autorin und Schreibcoach Julia Cameron nennt das Alleine-Ausgehen »Künstlerdate« und empfiehlt jedem, der kreativ leben möchte, ein Künstlerdate pro Woche zu absolvieren. Eine der ersten SWITCH OFF-Abenteurerinnen schwärmte an diesem Abend ganz alleine aus und erlebte dabei nicht nur die Party des Jahres, sondern fand so drei neue Freundinnen.

Wissen Sie, in welchem Moment der konkrete Impuls

SWITCH OFF zu realisieren geboren wurde? Auf einem Unplugged-Konzert, zu dem ich »normalerweise« nie hingehen würde und das meine Hör- und Musikgewohnheiten so sehr veränderte, dass ich plötzlich den Mut hatte, für den ich sonst vielleicht nicht offen gewesen wäre.

Umgeben Sie sich mit Kreativität, und die Kreativität wird ihren Weg in Ihr Bewusstsein und in Ihre innere Ideenschmiede finden. Atmen Sie neue Luft ein, und sie wird Ihr Leben positiv verändern.

Vor dem Ausgehen: So präsentiere ich mich

In den letzten Tagen hatten Sie sehr viel Zeit für sich: um Altes loszuwerden, neue Träume zu wagen und die Welt aus einer stillen Position zu beobachten. Wenn Sie heute Abend ausgehen und dabei vielleicht Ihre Freunde wiedersehen, werden Sie der oder die Einzige sein, die nicht ständig den Status des Smartphones abfragt, und vielleicht werden Sie über Ihr aktuelles Abenteuer sprechen. SWITCH OFF ist in gewisser Weise etwas sehr Intimes und Kostbares. Es bringt Erfahrungen und Einsichten mit sich, die vielleicht erst reifen möchten, bevor sie mit Freunden und Bekannten geteilt werden – und dort vielleicht auf laute Gegenstimmen stoßen. Nehmen Sie sich Zeit, sich für den heutigen Ausgehabend vorzubereiten. Ziehen Sie das Outfit an, das Sie beim Ausmisten Ihres Kleiderschrankes als Ihren aktuellen Favoriten ausgewählt haben, und entscheiden Sie bei den Vorbereitungen für sich: Was möchte ich aus den vergangenen sieben Tagen erzählen? Was möchte ich noch für mich behalten?

Gerade die verborgenen Wünsche und Sehnsüchte, die Sie aus Ihrem Inneren hervorgeholt und mit dem Visionboard neu aufgeladen haben, brauchen noch Ihren Schutz, um sich richtig entfalten zu können. Träume entspringen unserem inneren Kind, und das ist sehr schnell verletzt, nimmt Kritik und Zweifel schwer auf und zieht sich zurück, wenn Sie nicht dafür sorgen, dass es unentdeckt und in Sicherheit wachsen kann.

Konzentrieren Sie sich beim Erzählen daher eher auf all die Dinge, die sichtbar an der Oberfläche passiert sind: Ihre Entrümpelungsaktion, Ihre Erlebnisse auf dem Arbeitsweg, vielleicht die Reaktionen Ihrer Familie, Ihres Teams oder Ihres Chefs auf Ihr SWITCH OFF-Abenteuer. Reden Sie über das Alltägliche, feiern Sie und seien Sie auch heute Abend ein guter Zuhörer. So schützen Sie Ihre Träume, und die Menschen um Sie herum fühlen sich wohl, verstanden und beachtet in Ihrer Nähe. Wenn Sie Ihr Partner oder Ihre Partnerin begleitet, überlassen Sie ihm oder ihr bewusst den Vorrang. Den Babysitter für Ihre Kinder sollten Sie ja bereits am Getting-Ready-Tag gebucht haben.

Durchhalte-Tipp fürs Wochenende

Wenn Sie noch auf den Beginn Ihres Events oder Ihrer Verabredung warten müssen und es gerade am Wochenende schwierig für Sie ist, nicht zu zappen und zu googeln, dann setzen Sie sich an Ihren Kreativplatz und schmökern Sie in Ihrem Buch oder in der neuen Musik, die Sie heute gefunden haben, blättern Sie zurück zum Getting-Ready-Tag und lesen Sie sich all jene Gründe durch, die Sie zum Abschalten motiviert haben, oder verwirklichen Sie einen der elf geplanten Akte der Lebensfreude. Denken Sie daran: Ihre Bereitschaft zum Ausschalten ist bereits der größte Erfolg. Sie sind großartig und Sie finden genau jetzt die Ruhe und den Raum für Rückzug und Reflexion, den Sie sich am Anfang dieses Media-Detox so sehr gewünscht haben! Nutzen Sie sie aus!

Haben Sie einen wundervollen, inspirierenden und strahlenden Abend und sehen Sie es wie Vincent van Gogh:

»Ich sterbe lieber aus Leidenschaft als aus Langeweile.«

Tag 8, Sonntag: Feel the Energy

Bleiben Sie doch noch ein bisschen liegen, ...
lassen Sie die Welt noch draußen und kuscheln Sie sich mit Ihrem Buch in die weichen Kissen und lächeln Sie diesem wundervollen Sonntag entgegen. Spüren Sie die herrlich freie Energie: Nichts wartet im digitalen Dazwischen auf Sie. Keine Kommentare zu Ihren Partybildern von gestern in Social Media, die Sie sofort zählen und liken müssen. Keine Sonntagszeitung mit Berichten und Analysen. Kein Frühstücksfernsehen.

Sie können tief durchatmen, Ihren Tee oder Kaffee vorbereiten, vielleicht Eier kochen, einen Saft pressen oder im Sommer draußen oder am weit geöffneten Fenster frühstücken.

Nach Ihrer Nacht in der Stadt gehen wir es heute ruhig an und blättern zuerst einmal ein bisschen in den letzten sieben Tagen dieses Buches:

- Welche Notizen haben Sie gemacht?
- Wozu hatten Sie viel zu sagen?
- Wie verlief Ihre erste SWITCH OFF-Woche?
- Hatten Sie eine gute Zeit?

Blicken Sie zurück.
Was hat Ihnen besonders gefallen?
Nennen Sie Ihre fünf persönlichen Highlights der Woche:

1. _____
2. _____
3. _____
4. _____
5. _____

Haben Sie Erlebnisse und Tipps unbeachtet gelassen?
Haben Sie Fragen übersprungen?

_____

_____

_____

Diese Übungen habe ich übersprungen und möchte ich
vielleicht später nachholen:

_____

_____

_____

Was war schwierig umzusetzen, und wo gab es Widerstände?

_____

_____

_____

In der nächsten Woche warten sechs weitere Tage auf Sie, um all das, was schwierig war, mit neuer Motivation anzugehen. Gerade in der Begegnung mit jenen Themen und Aufgaben, die wir vermeiden möchten, liegt oft das verborgen, was uns wirklich weiterbringt. Je größer die Widerstände, die wir überwinden, desto größer kann auch der Gewinn sein, der damit für uns verbunden ist. Es lohnt sich, dabeizubleiben und dem inneren Schweinehund zu zeigen, wo es langgeht. Und vieles haben Sie bereits meisterlich gelöst.

Was ist mir besonders leichtgefallen, und was war
überraschend einfach?

_____

_____

_____

Welchen persönlichen Gewinn nehme ich aus der ersten
Woche mit?

_____

_____

_____

Wie möchte ich diesen in Zukunft für mich nutzen oder
ausbauen?

_____

_____

_____

Nehmen Sie die Motivation und die Fortschritte mit in die neue
Woche und in den heutigen Tag.

11 Akte der Lebensfreude. 1 freier Tag, sie umzusetzen!
Lesen Sie nochmals die elf Ideen von Tag 2, um Ihre Lebensfreude und Kreativität anzukurbeln. Ist etwas dabei, das Sie
heute an Ihrem freien Tag umsetzen möchten? Nehmen Sie sich
Zeit dafür.

Endorphine, ich komme!
Heute werden Sie sich und Ihrem Körper etwas Gutes tun –
und das bedeutet für jeden SWITCH OFF-Typ etwas anderes.

Uns allen gemeinsam ist, dass unser Körpergefühl und unsere Zufriedenheit mit uns selbst wesentlich zum Glücklichsein beitragen.

Wir alle kennen den Endorphinschub beim Joggen, das Freiheitsgefühl beim Skifahren über weite Pisten oder die Leichtigkeit, vom Wasser getragen zu werden. Die Kunst des Yoga ist längst auch in der westlichen Welt etabliert. Faszientrainings sind die neuen Gebete der Fitnessgurus. Laufen, Biken, Wandern, Segeln, Schwimmen, Tennis, Golf, Fußball, Hockey, Kampfsport, Squash, Reiten, Pilates, Bogenschießen, Rafting, Baseball oder Cricket – wer Lust hat, kann sein ganzes Leben dafür aufwenden, in einer Sportart ein Meister zu werden. Für uns als SWITCH OFF-Abenteurer zählen jedoch nicht die Erfolge, sondern das Gefühl, sein eigener Cheerleader zu sein.

Für Sportskanonen

Wenn Sie ein sportliches Leben führen, ist die Aufgabe des heutigen Tages für Sie folgende: Probieren Sie etwas Neues aus. Etwas, das Sie schon immer einmal versuchen wollten, aber nie gemacht haben. Gehen Sie Schlittschuhlaufen in der Eishalle. Werfen Sie sich beim Canyoning in die Schluchten. Steigen Sie zum ersten Mal zum Aquacycling ins Becken. Was es auch ist, das Sie anzieht, wofür Ihnen jedoch bisher immer der Antrieb oder die Zeit gefehlt hat – heute erleben Sie es. Und Sie werden sich großartig fühlen! Nur tappen Sie bitte nicht in die Falle: »Ich kann das offline nicht buchen.« Alles ist möglich.

Rufen Sie einen Freund an, der Ihnen weiterhelfen kann. Steigen Sie ins Auto und fahren Sie zur Rafting-Schule, zum Schwimmbad, zum Outdoor-Park oder Reiterhof, den Sie vom Vorbeifahren kennen, und klären Sie alles Weitere ganz einfach vor Ort von Mensch zu Mensch. Haben Sie irgendwo noch ein Telefonbuch? Eines mit richtigen Seiten und echter Druckerschwärze? Bingo! Dann wird alles noch leichter.

Sie sind ein Abenteurer. Sein Sie spontan. Stürzen Sie sich in ein ungeplantes Erlebnis, das Sie überraschen darf! Wo Sie nicht mit online recherchierten Fakten bewaffnet genau jene Fixpunkte ansteuern, die ohnehin jeder abklappert. Gehen Sie Ihren eigenen Weg, lassen Sie sich von den Menschen vor Ort beraten und machen Sie etwas aus Ihrem heutigen Tag, das Sie weder vorab im Netz virtuell vorbereiten noch im Anschluss dort medial inszenieren. Es geht im realen Leben – und das wartet heute unter freiem Himmel! Fühlen Sie die Energie!

Zwei Ausnahmen
Sie sind Mitglied in einem Online-Fitnessclub oder -programm? Fitness und Musik sind die zwei großen Ausnahmen bei SWITCH OFF. Klicken Sie sich zu Ihrem Sportprogramm, aber halten Sie die Spur: Facebook, Instagram & Co. pausieren auch heute!

Für Genießer und Ruhesuchende
Haben Sie innerlich aufgestöhnt, als Sie die Aufgabe des Tages gelesen haben? Sport! Halleluja, muss das sein? Sie haben recht – es *muss* nicht sein. Es ist eine Einladung, der Sie nachkommen können oder auch nicht. Sie haben immer die Wahl, einfach einen Spaziergang zu machen, sich ein schönes Plätzchen an der Sonne zu suchen und in diesem Buch weiterzulesen.

Aber Hand aufs Herz: Es gab doch diese eine Phase in Ihrem Leben, als Sie durchstarten und gesund leben wollten und eine Zeit lang regelmäßig Sport gemacht haben. Wie war das? Oder gab es in Kindertagen eine Sportart, die Ihnen so richtig Spaß gemacht hat? Sie sind mit SWITCH OFF einen großen Schritt in Richtung mehr Lebensqualität gegangen, also wäre es ratsam, sich heute aufzuraffen und zu schauen, ob die Yoga-Matte noch zu finden ist, ob das Bike noch funktionstauglich ist oder sich die Fußballschuhe noch gut anfühlen. Sie können auch den Hometrainer aus der Garage holen oder die Hanteln auspacken. Und selbst wenn es nur fünf Sonnengrüße im Garten, ein paar wenige Kilometer auf dem Fahrrad oder ein bisschen Trippeln in der Einfahrt ist – holen Sie sich heute unter freiem Himmel wieder eine Idee dessen, was Sie früher einmal motiviert hat. Fangen Sie nicht gleich wieder damit an, sich grandiose Vorsätze zu machen, sich mit viel zu hohen Erwartungen den Atem zu rauben oder ständig nur zu denken: »Ich muss abnehmen. Ich muss Muskeln aufbauen. Ich muss ab sofort und für den Rest meines Lebens jeden Tag eine Stunde Sport machen.«

Sie müssen gar nichts

Es ist nicht die Rede davon, dass Sie vom Couch-Potato zum Marathon-Helden mutieren müssen. Niemand wird Sie heute filmen, die dramatischen Szenen Ihres blutharten Trainings noch dramatischer schneiden, mit archaischer Musik unterlegen – damit am Ende jeder auf der Leinwand verfolgen kann, wie Sie mit blendend weißen Zähnen und einem Körper für Götter auf dem roten Teppich in den Sport-Olymp spazieren. Es sind die Medien, die Filme und Werbespots, die Ihnen diese Bilder des Underdogs, der im Schweiße seines Angesichts in nur wenigen Szenen zum Supermodel wird, in den Kopf gesetzt haben. Vergessen Sie das. Heute geht es einzig und allein darum, dass Sie wieder einmal das süße Gefühl genießen, dass Sie etwas für sich getan haben, dass Sie es geschafft haben, sich aufzuraffen und Ihren Körper ein bisschen herauszufordern. Spüren Sie, dass da ganz viel Kraft und Leben in Ihnen schlummert. Tun Sie es einfach! Jetzt. Zögern Sie nicht. Sie werden stolz auf sich sein!

Das Wetter? Völlig egal.

Loslassen statt losrennen

Wenn Sie sich gar nicht zum Sport motivieren wollen, setzen Sie doch das Entrümpeln fort! Ihr Media-Detox ist zum Loslassen da. Egal, ob als Abenteurer, der Freiraum schaffen muss, als Ruhesuchender, der Inseln der Freiheit braucht, oder als Herzensmensch, der innen wie außen Raum für Begegnung gewinnen will.

Beseelter Tagesausklang: Body Love

Zu gerne würde ich wissen, wie Sie Ihren Tag verbracht haben. Waren Sie ein echter Abenteurer, haben Sie etwas völlig Neues erlebt oder eine alte Sportbegeisterung neu aktiviert? Großartig. Unseren Körper und seine Energie zu spüren, sein Herzklopfen und seinen Atem, ist etwas irrsinnig Belebendes – und es beflügelt unseren Geist ebenso wie die bewusst genossene Ruhe. Unser Körper ist bekanntlich der Tempel, in dem unsere Kreativität und Lebensfreude ihren Ausdruck finden. Und bei diesem Tempel wollen wir uns nach einem aktiven und genauso nach einem regenerativen Tag bedanken: mit einer langen Dusche, einem feinen Bad und jener liebevollen Aufmerksamkeit, die Sie sich schon am vergangenen Sonntag nach Ihrem Natur-Rendezvous geschenkt haben. Tun Sie es mit der Intention, sich auf eine neue Woche vorzubereiten. Die Schuppen der alten Woche abzuwaschen und damit alles, was Sie diese Woche belastet hat. Machen Sie aus Ihrem Body-Love-Abend eine kleine Zeremonie. Verwenden Sie Ihre besten Pflegeprodukte, Ihre gehaltvollsten Cremes und achten Sie auf jedes Detail beim Rasieren, beim Augenbrauenzupfen oder Föhnen. So als würden Sie sich für ein schönes Konzert oder ein erstes Date zurechtmachen. Sie geben sich selbst damit ein Zeichen, dass Sie sich auf die neue Woche freuen, dass Sie bereit für sie sind und dass Sie sie bewusst erleben werden.

Spirituell aufgeschlossene SWITCH OFF-Abenteurer lade ich ein, heute auch eine Kerze an einem besonderen Ort in der Wohnung zu entzünden mit der Intention des Dankes für die vergangene und der Bitte um Unterstützung für die kommende Woche. Vielleicht zu meditieren, Mantren zu singen, ein Gebet zu sprechen, sich noch einmal bewusst mit der Kraft der Natur zu verbinden. All das, was Sie zentriert und Ihnen eine solide Neuausrichtung für die anbrechende Woche bietet.

Auch eine Auseinandersetzung mit Ihrem Visionboard und Ihrer geplanten Zukunft wird Sie beflügeln.

Ein neues Sonntagsritual

Dieses Ritual, ob körperbezogen oder spirituell, kann auch über die SWITCH OFF-Zeit hinaus zu einem neuen Fixpunkt in Ihrer Woche werden – und Sie möglicherweise vor dem Montagsblues bewahren. Denn wie viele Sonntagabende verbringen wir damit, uns mit *Tatort*-Schauen oder Surfen von der Tatsache abzulenken, dass in wenigen Stunden wieder beruflicher oder familiärer Termin- und Leistungsdruck unser Leben dominieren. Anstatt sich der Angst vor Überforderung zu stellen, fliehen wir in die Scheinwelt: Je spannender und emotional mitreißender der Film ist, umso effektiver bringt er unsere innere Stimme zum Verstummen. Wir öffnen aber dieser Überforderung damit eigentlich erst Tür und Tor. Oft schlafen wir schlecht in der Nacht auf den Montag, weil unser Puls einfach nicht zur Ruhe kommen will. Weil wir in Gedanken schon die drohenden Diskussionen und Probleme durchleben. Jahrelang habe ich in Sonntagabend-Panik gelebt: Wie soll ich eine neue Arbeitswoche mit so viel Stress und diesem irren Tempo überstehen? Oft fühlte es sich an, als würde ich jeden Sonntagabend an derselben Klippe stehen, an der immer neue, wilde Wasser unter mir peitschten, in die ich am Montagmorgen springen musste. Alle körperlichen Symptome inklusive.

Bis ich den Zusammenhang erkannte und meine eigenen Sonntagsrituale gestaltete. Dieses bewusste Vorbereiten auf die neue Woche hat die Klippe von Mal zu Mal kleiner werden lassen. Ja, der Sonntagabend kann ohne Fernsehen und Video-Streaming eine Zeit des Kraftschöpfens sein. Auch Social Media ist für mich an Sonntagabenden tabu. Denn was tun wir auf Facebook und Co.? Wir sehen uns Bilder und Videos all derjenigen an, die wieder einmal mehr erlebt haben als wir. Die in cooleren Clubs getanzt, in besseren Hotels entspannt und in angesagteren Restaurants gegessen haben. Dieses belastende Vergleichen und Bewerten bleibt Ihnen heute als SWITCH OFF-Abenteurer – und wenn Sie möchten von nun an jeden Sonntagabend – erspart.

Der Trick, Ihren Sonntag zu transformieren, kann ganz einfach sein

Sehen Sie ihn nicht länger als den letzten, verhängten und faulen Tag der bereits vergangenen Woche, an dem keine Energie mehr da ist, sondern als den *ersten* Tag der neuen Woche!

Das verändert den Blickwinkel und das Gefühl dieses Tages und macht bewusst, dass diese Stunden jede Woche eine Möglichkeit bieten, sich auszurichten und der neuen Woche und damit unserem Leben eine klare Schwungrichtung zu geben. Unternehmen Sie tagsüber etwas Belebendes. Belohnen und verwöhnen Sie sich abends. Sie sehen sich selbst im bestmöglichen Licht. Werfen Sie einen Blick auf Ihre Ziele am Visionboard und reaktivieren Sie das Vertrauen, sie auch zu erreichen. Mit einem weiteren Schritt diese Woche. Machen Sie, wenn Sie sehr unter Druck stehen, vielleicht eine kleine To-do-Liste für die Arbeitswoche, damit Sie ruhiger schlafen und nicht sonntags schon mit den Montagsgedanken beginnen. Und freuen Sie sich heute auf die kommenden sechs Tage. Vor Ihnen liegt Ihre zweite SWITCH OFF-Abenteuerwoche, und sie wird voller neuer Einblicke und motivierender Gedanken sein. Es gilt einmal mehr, Ihrem SWITCH OFF-Versprechen treu zu bleiben und weitere sechs Tage etwas anders, etwas ruhiger, etwas fokussierter, etwas gelassener und vor allem etwas freier als die meisten anderen zu leben.

Das Versprechen für die neue Woche auffrischen

Gehen Sie zurück und lesen Sie Ihr SWITCH OFF-Versprechen noch einmal durch. Wenn Sie es noch nicht abgeschrieben und an Ihrem Kreativplatz oder Visionboard aufgehängt haben, dann könnten Sie das heute nachholen. Das verstärkt Ihre Entscheidung für ein konsequentes Media-Detox.

Gönnen Sie es sich, heute früh zu Bett zu gehen und gut auszuschlafen. Ich warte morgen wieder auf Sie!

Zitat des Tages

»Gib der Seele einen Sonntag
und dem Sonntag eine Seele.«
Peter Rosegger

Tag 9, Montag: Verlorene Gefährten

Good morning, Manic Monday!

Willkommen in einer neuen Woche. Starten Sie beruhigt: Die Erde dreht sich trotz der rasanten Geschwindigkeit unseres modernen Lebens immer noch im selben Tempo um die Sonne. Nach Ihrem SWITCH OFF-Wochenende und der medienfreien Ruhe Ihrer Feierabende und Arbeitswege wirkt das Tempo unserer Gesellschaft vielleicht noch bedrohlicher und unmenschlicher auf Sie. Je mehr Sie sich aus dem Rad im Rad hinausbewegen, umso mehr können Sie jedoch auch eine neue Perspektive einnehmen und dieses Treiben als etwas erleben, das jeder selbst gewählt hat. Mit jedem Googeln und Posten, Kommentieren und Teilen treiben die Menschen ihr eigenes Lebenstempo im digitalen Dazwischen an. Scrollen durch Hunderte Bilder, lesen Dutzende Schlagzeilen in wenigen Minuten, zwingen sich selbst und ihre Sinne durch einen wirren Dschungel an Informationen und Bewertungen.

Konsequent, kreativ und produktiv

Sie hingegen sind in der Phase der Kreation angekommen. Erinnern Sie sich? SWITCH OFF ist Kreation statt Information. Rufen Sie sich das heute am ersten Arbeitstag der Woche wieder klar in Erinnerung. Was Sie mit SWITCH OFF erleben, ja auf gewisse Weise üben, mit voller Konsequenz Prioritäten zu setzen. Sich nicht mehr ablenken zu lassen und der Sache, die Sie verfolgen, wirklich Ihr ganzes Interesse zu schenken. Sie werden damit ganz von selbst produktiver und konzentrierter.

Beobachten Sie:

- Steht Ihnen scheinbar mehr Zeit zur Verfügung, Ihre Aufgaben zu erledigen?
- Läuft Ihr Arbeitstag insgesamt ruhiger ab?

- Gestalten Sie Ihre Pausen aktiver?
- Sind sie dadurch erholsamer geworden, was Sie wiederum leichter arbeiten lässt?

Wenn ja, haben Sie sehr schnell in den SWITCH OFF-Arbeitsrhythmus gefunden. Hervorragend!

Vermissen Sie die diversen Kanäle überhaupt? Wenn nein, dann ergeht es Ihnen wie vielen SWITCH OFF-Abenteurern. Sie genießen es, nicht mehr so verbunden und damit so gebunden zu sein. Denn verbunden zu sein bedeutet immer auch, kontrolliert und beobachtet zu werden. Und das belastet und hemmt, selbst wenn nur die besten Freunde mit den besten Absichten fragen: »Warum hast du so lange nicht auf meine Nachricht geantwortet?«

Gute alte Zeit

Oft frage ich mich als Millenial und Kind des Jahrgangs 1984, wie es meine Eltern und Großeltern überhaupt geschafft haben, sich mit jemandem zu treffen, einen Kauf zu tätigen oder einen Ausflug zu machen, ohne dafür nicht ständig online, vernetzt und uneingeschränkt erreichbar zu sein. Ja, ja, die »gute alte Zeit«. Ich bin weit davon entfernt, zu glauben, dass früher alles besser war. In Wahrheit denke ich sogar ganz im Gegenteil, dass wir heute in der besten und vielversprechendsten aller Zeiten leben, dass die modernen Technologien unser Dasein auch zum Guten verändern und dass unser wachsendes Bewusstsein uns zu ganz neuen, besseren Lebens- und Gesellschaftsmodellen führen kann und hoffentlich auch führen wird. Aber trotzdem erinnere ich mich gerne zurück an meine Kindheit und frühe Jugend, als das Telefon noch echte Tasten hatte und man sich in das Internet erst mühsam mit einem mystisch tönenden Modem einwählen musste. An die sonnigen, langsamen Tage, die hinter mir liegen und deren Glanz ich aber auch heute noch gerne spüre.

»Youth is wasted on the young«
ist wohl einer der treffendsten Sätze, die dazu jemals formuliert wurden. In jedem Leben gibt es eine verklärte Zeit. Sei es die Kindheit, die Jugend, die wilden 30er, die erfolgreichen 40er, das Leben in den »besten Jahren«. Welcher Abschnitt es auch war, im Glanz der Erinnerung scheint er besonders golden. Gerne graben wir daher nach alten, vielleicht fast vergessenen Schätzen. Freuen Sie sich heute Abend auf ein Date mit der Vergangenheit und begegnen Sie Ihrem Manic Monday als souveräner, produktiver und achtsamer SWITCH OFF-Abenteurer. Sie sind ganz bei sich, bei Ihren Kollegen und Ihrer Arbeit – das ist bereits die halbe Miete!

Tipp: Gesunde Mittagspause
Gestern haben Sie Ihren Körper aktiviert und verwöhnt. Wie wäre es damit, heute mal eine vitale Pause einzulegen? Immer mehr Supermärkte bieten frisch gepresste Säfte, reiche Smoothies und Green Juices an. Wahre Power-Booster, die Sie kraftvoller durch den Nachmittag bringen werden. Probieren Sie es aus!

Abends: Erinnerst du dich an mich?
Sie sind schon ein großer Meister darin, ganz ohne Tablet- und Smartphone-Schutz zur Arbeit und zurück zu kommen? Gratulation!

Mit etwas Feinem zum Trinken und zum Knabbern treffen wir uns zum SWITCH OFF-Abendprogramm an Ihrem Kreativplatz. Schönes wartet auf uns: Wir wollen in guten Erinnerungen schwelgen; in einem alten Fotoalbum, einem Tagebuch oder einer Sammelkiste, in der Sie all die Kleinigkeiten aufbewahren, die Sie an besondere Erlebnisse erinnern. Genießen Sie es, heute den Film Ihres eigenen Lebens zu sehen – als bewegendes »Best of« mit einer edlen Selektion der wertvollsten Augenblicke.

Erinnern Sie sich an die glücklichen Zeiten, selbst dann, wenn Beziehungen zerbrochen und Kinder weggezogen sind oder die geliebten Orte heute weit entfernt sind. Lassen Sie alle Schatten, die das Leben auf diese Erinnerungen gelegt hat, vorbeiziehen und betrachten Sie einmal nur die lichtvollen Stunden.

Begeben Sie sich dabei auf die Suche nach dem, was Sie damals animiert und angetrieben hat.

**Als SWITCH OFF-Typ A »Liebe & Abenteuer«
suchen Sie folgende Menschen:**
- Wer hat diese Augenblicke treu begleitet?
- Wer hat mit mir von Herzen gelacht?
- Wer war früher für mich da, wenn alles drunter und drüber ging?
- Wer war mein Anker?
- Wer mein Vorbild?

**Als SWITCH OFF-Typ B »Abenteuer & Aufbruch«
interessiert Sie:**
- Wer war ein starker Impulsgeber und Initiator in meinem Leben?
- Wer war immer für meine Ideen und spontanen Aktionen zu haben?
- Wer von meinen früheren Freundinnen und Freunden hat heute ein besonders spannendes Leben aufgebaut?
- Wer inspirierte mich?
- Wer war mir immer schon voraus – genau auf der Ebene, die ich auch erobern wollte?

**Als SWITCH OFF-Typ C »Ruhe & Regeneration«
fragen Sie sich:**
- Wer war besonders geerdet, und wen schien nichts aus der Ruhe zu bringen?
- Wer war mein Fels in der Brandung?
- Wer hatte schon immer diese glückliche Gelassenheit an sich, die mir so gutgetan hat?
- Wer schien die Weisheiten des Lebens verstanden zu haben?
- Wer von diesen Menschen lebt heute so, wie ich gerne leben würde: ausgeglichen, stetig, achtsam?

Wo ist die alte Freundin oder der alte Freund geblieben, den oder die Sie aus den Augen verloren haben – und der oder die Sie heute darin unterstützen könnte, Ihren Typ ideal zu unterstützen, Ihre Visionen und Träume zu erreichen oder Ihr noch gut gehütetes Geheimnis über neue Pläne zu teilen?

Die Menschen hinter den Emojis
In jedem Leben kommen und gehen Menschen. Viele Freunde »verlieren« wir an ihre neuen Lebenspartner oder an ihre Kinder. An einen Job im Ausland oder an einen Umzug in eine neue Stadt. Die meisten Menschen verlieren wir allerdings, weil wir schlicht zu wenig Zeit für sie haben.

Als SWITCH OFF-Abenteurer kommt diese Zeit wieder zurück. Sie können Kontakte neu aufleben lassen, ein langes Telefonat führen, so wie Sie es getan haben, bevor sich Ihr Austausch in Postings, Kommentaren und Kürzeln verlor.

Rufen Sie noch heute diese Freundin oder diesen Freund an oder schreiben Sie ihr oder ihm einen Brief. Ja, genau: einen echten Brief auf Papier, mit Kuvert und Briefmarke. Beides ist ein ganz besonderes Zeichen und garantiert eine gelungene Überraschung.

Spontanes Date

Diese einst so wichtige Person wohnt in der Nähe? Umso besser! Dann seien Sie spontan und laden Sie sie zu einem Glas Wein in der Stadt ein! Treffen Sie sich heute oder vereinbaren Sie ein Wiedersehen für kommenden Freitag. Verbinden Sie sich wieder mit der Stimmung von damals und finden Sie heraus, was Sie heute noch gemeinsam haben. Es kann sehr inspirierend sein, sich vielleicht wieder zu engeren Freunden zu machen. Erzählen Sie Ihre Lebensgeschichte und hören Sie Ihrem Gegenüber aufmerksam zu.

Dies zeigt Ihnen sehr deutlich den Unterschied zwischen dem Menschen, der Sie damals waren, und dem, der Sie heute sind.

- Haben Sie sich stark verändert?
- Haben Sie noch dieselben Interessen?
- Sind Ihre Träume von damals in Erfüllung gegangen?
- Oder haben Sie eine ganz andere Richtung eingeschlagen?

Ihr Date mit der Vergangenheit ist ein Blick in den Spiegel, in dem Ihnen Ihr früheres Selbst entgegenblickt. Sie erkennen oftmals am besten im Gespräch mit ehemaligen Weggefährten, was Sie alles erreicht und geschafft haben, welche Hindernisse Ihnen das Leben in den Weg gestellt hat und wie Sie damit umgegangen sind. Es wird Ihnen dabei helfen, sich selbst im Hier und Jetzt noch klarer zu definieren, eventuelle Ideen und positive Gewohnheiten von damals wieder aufzunehmen und den Weg wertzuschätzen, den Sie in Ihrem Leben bereits gegangen sind. – Oder auch ein für alle Mal mit der Vergangenheit und Ihren alten Freunden abzuschließen.

Vergessene Begleiter

Sie haben keine Lust auf ein Treffen mit alten Freunden oder leben inzwischen in einem anderen Land? Dann gehört der

Abend jenen vergessenen Begleitern, die stumm auf Sie warten: Ist da eine Gitarre im Keller, die darauf hofft, wieder einmal ausgepackt zu werden? Ein Gesangbuch, das ganz unten im Regal im Dornröschenschlaf liegt? Haben Sie ein Klavier oder Saxofon, das zum Wohnaccessoire geworden ist? Dann gehören Sie wahrscheinlich zu den SWITCH OFF-Abenteurern, die »Eine Band gründen oder wenigstens das alte Instrument wieder entstauben« als Ziel dieser 14 Tage ausgewählt hatten. Spielen oder singen Sie Ihre Lieblingssongs. Vielleicht haben Sie eine Nähmaschine und Schnittmuster hinten in Ihrem Abstellraum? Ungenutztes Strickzeug? Eine Werkbank, auf der schon lange nichts Neues entstanden ist? Eine Staffelei mit einem unvollendeten Werk? Ein 10.000-Teile-Puzzle, das Sie hochmotiviert gekauft, aber nie fertiggestellt haben? Oder einen alten Notizblock mit begonnenen Gedichten und Aphorismen? Eine Sammlung, die Sie einst leidenschaftlich gepflegt haben?

Jetzt ist der Tag gekommen, Ihre vergessenen Begleiter wieder hervorzuholen. Seien Sie aktiv, doch bewerten Sie das Ergebnis nicht. Seien Sie kreativ, schauen Sie, was übrig ist von dem Talent, das Sie einmal gepflegt haben. Entfernen Sie den Rost und lassen Sie die Energie wieder fließen. Ich garantiere Ihnen, Sie werden sich gut dabei fühlen! Viel Freude!

Genießen Sie den Abend mit Ihrem verlorenen Gefährten oder mit vergessenen Begleitern.

Wir lesen uns morgen!

Worte zum Nachdenken
Auf dem Weg, auf dem wir unserem Herzen folgen, können uns nur Menschen begleiten und inspirieren, die dasselbe tun.

Tag 10, Dienstag: Spotlight an:
Die Kraft der Gedanken

Aufwachen!

Guten Morgen, SWITCH OFF-Abenteurer. Ich bin sicher, Sie strahlen mehr und mehr das erhabene Gefühl der Gelassenheit aus, das Ihnen die Ruhe und das Leben im Jetzt schenken.

Heute heißt es »Spotlight an«, und das soll die Überschrift für einen Tag sein, an dem Sie als Beobachter die Lupe in die Hand nehmen und so genau und so gründlich wie noch nie hinschauen: Heute beobachten Sie Ihre eigenen Gedanken. Heute nehmen Sie die Position des aufmerksamen Zuhörers in Ihrem eigenen Kopf ein. Ihre Gedanken sind die Schauspieler in Ihrem ganz persönlichen täglichen inneren Theaterstück. Haben Sie es sich erst einmal in der ersten Reihe bequem gemacht, werden Sie schnell feststellen, dass auf der Bühne ununterbrochener Betrieb herrscht. Keine Sekunde Stille. Andauernd bieten die Schauspieler etwas, das unsere Aufmerksamkeit verlangt – und überbieten sich gegenseitig. Es ist sagenhaft.

Ein Schauspiel der ersten Stunde

Je weiter unser Schlaf zurückliegt und der Tag uns einnimmt, umso schneller springen die Schauspieler von einer Szene zur nächsten. Ein wildes Gerangel findet auf unserer Gedankenbühne statt. Und je mehr Impulse von außen kommen – Stress, Telefonate, E-Mails, Kollegen, Abgabetermine –, umso wüster und aufgebrachter wird das Theater in unserem Kopf. Es wird immer hektischer, immer lauter, das Stimmengewirr nimmt zu. Die Aufregung auch. Denn unsere Gedanken lieben das Drama und lieben Probleme. Wir wissen, dass die Massenmedien das zu ihrem Vorteil nutzen. Doch leider ist es nicht so einfach, das

Theater in unseren Köpfen auszuschalten, wie es das mit unseren Smartphones, Radios und Fernsehgeräten ist. Hier müssen wir härtere Bandagen anlegen, damit auch im Kopf jene Ruhe eintritt, die wir in unserem 14-Tage-Abenteuer suchen.

Wenn Sie sich für Persönlichkeitsentwicklung interessieren, stoßen Sie in der Literatur dazu bald auf das Konzept des denkenden Ichs, das auch »Ego« genannt wird und das als Gegenpol zum ruhenden Seinskern verstanden werden kann. Das Ego ist die Verkörperung des Gedankenstroms, der permanent in uns fließt, unsere Ruhe und Meditationen stört und je nach Qualität der Gedanken auch unser Gefühlsleben und unsere Entscheidungen negativ beeinflusst. Diesen stetigen Gedankenstrom zu durchbrechen, das »Ego zu transzendieren« ist das Ziel dieser Lehren und gerade auch der fernöstlichen Traditionen. Es stimmt, unsere Gedanken sind omnipräsent und scheinen oft außerhalb unserer Kontrolle zu liegen oder sich nicht von uns aufhalten zu lassen, wenn wir beispielsweise nachts wach im Bett liegen und keine Ruhe finden und uns die Zukunftsszenarien auf unserer inneren Gedankenbühne Angst machen. Spätestens dann wird uns auch sehr klar, dass unsere Gedanken Einfluss auf unser Wohlbefinden und unsere Stimmung haben. Aber Gedanken sind nötig, wenn wir etwas entscheiden wollen. Wenn wir uns an etwas erinnern. Wenn wir Pläne schmieden. Und genau deshalb ist dieses Thema so interessant für uns SWITCH OFF-Abenteurer. Wir wollen sie proaktiv für uns nutzen. Denn wir brechen auf in die 14 medienfreien Tage, um uns zu verändern, zu erweitern und zu entspannen. Sie haben viele kreative Ideen und Träume für mehr Lebensfreude aus sich herausgelockt und auf Ihrem Visionboard zum Ausdruck gebracht. Sie haben Pläne aufgestellt und sich Ziele gesetzt. Ob Sie diese erreichen werden, hängt jedoch nicht nur mit der dafür verfügbaren Zeit, den eventuell nötigen finanziellen Ressourcen, Ihren Fähigkeiten und der berühmten Portion

Glück ab, sondern vor allem auch von Ihrer inneren Einstellung. Von Ihren Gedanken. Denn die Kraft der Gedanken ist eine der stärksten Mächte, die wir in uns mobilisieren können. Wir sind nicht nur Creators, wir selbst und unsere Lebensumstände sind Schöpfungen unserer eigenen Gedankenwelten. Unserer Hoffnungen und Limitierungen, unserer Überzeugungen und Glaubenssätze. Diese übernehmen und festigen wir von Kindesbeinen an von unseren Eltern und Geschwistern, Lehrern und Freunden, Mentoren und – natürlich – den meinungsbildenden Medien. Glaubenssätze sind dabei Überzeugungen wie »Geld verdirbt den Charakter«, aber auch »Ohne Moos nix los«. »Zuerst die Arbeit, dann das Vergnügen« genauso wie »Ein gesunder Geist lebt in einem gesunden Körper«. Manche von diesen Glaubenssätzen unterstützen uns, andere wiederum blockieren – bewusst oder unbewusst – unseren Weg zum Ziel. Warum? Weil wir nicht gegen unsere inneren Überzeugungen handeln wollen und immer versuchen, unser Leben so auszurichten, dass unsere Glaubenssätze wahr bleiben. Das heißt: Wenn Sie glauben »Zuerst die Arbeit, dann das Vergnügen«, könnte es bei einem vollen Arbeitspensum schwierig werden, sich entsprechend Zeit für sich selbst, die Gesundheit oder die Muße zu nehmen. Und wenn Sie überzeugt sind: »Ohne Moos nix los« oder »Geld verdirbt den Charakter«, dann werden Sie Ihr neues Business entweder nicht starten, weil Sie denken, dass Ihnen das nötige Kleingeld dafür fehlt, oder weil der Erfolg dieser Unternehmung Sie reich machen könnte – und das ist zu verhindern, denn zum selbstsüchtigen Außenseiter möchten Sie auf keinen Fall werden. Daher machen wir uns heute auf die Suche nach den Glaubenssätzen und Überzeugungen, die in Ihnen täglich aktiv sind und die Ihr Potenzial schmälern oder stärken, damit wir die hinderlichen verabschieden und die förderlichen ausbauen können – und damit Kreativität und Lebensfreude einmal mehr die Türen weit öffnen!

65.000 Gedanken täglich

Wir alle leben nach dem Descart'schen Motto: »Ich denke, also bin ich.« Was wir denken, das sind wir, das sind unsere Beziehung, unsere Karriere, unser Scheitern und unser Gelingen. Wir haben unseren Gedanken in den letzten Jahrhunderten immer mehr und mehr Macht verliehen und ein System aufgebaut, das diese Identifikation mit den eigenen Gedanken unterstützt und von Kindesbeinen an fördert – unsere innewohnende Kreativität und natürliche Leichtigkeit im Leben jedoch sehr oft lähmt. Denn Gedanken sind meist althergebracht. Nur Inspiration ist neu. Als Erwachsene denken wir rund 65.000 Gedanken täglich. Und 95 Prozent dieser Gedanken haben wir schon am Tag zuvor und am Tag davor und am Tag davor gedacht – und morgen werden wir sie wieder denken. Ergo: Auf unserer Bühne spielt sich immer und immer wieder dasselbe Stück ab. Mit kleinen Intermezzi aus mutigen Wagnissen oder Angstbekundungen einiger weniger neuer Schauspieler. Wenn das nicht nach einer Neubesetzung verlangt!

▶ Übung: Spotlight an!

Also: Rücken Sie Ihren Theaterstuhl zurecht und Spotlight an!

- Welche Gedanken spielen in Ihrem inneren Theaterstück die Hauptrolle?
- Sind diese Gedanken positiv und aufgeschlossen oder negativ und hemmend?
- Wie fühlen Sie sich dabei, wenn diese Gedanken im Spotlight sind?

Notieren Sie, welche speziellen Gedanken und Überzeugungen immer wiederkehren. Vor allem jene,

- die Ihre Träume auf dem Visionboard boykottieren könnten,
- die Sie unnötig oder zusätzlich unter Druck setzen
- und die Ihren Selbstwert und Ihr Selbstvertrauen schmälern.

Diese negativen Gedanken kommen wieder und wieder:

_____

_____

_____

_____

_____

Speziell in Bezug auf meine Ziele kann ich beobachten, dass:

_____

_____

_____

_____

Die negativen und limitierenden Glaubenssätze,
die ich heute aufspüren konnte, sind:

_____

_____

_____

_____

Diese Gedanken haben mir gutgetan und
mich optimistisch gestimmt:

_____

_____

_____

_____

Abends: Diese ersten Erkenntnisse nehme ich aus dem heutigen Beobachten mit

_____

_____

_____

_____

_____

Meine Spotlight-Bilanz – kreuzen Sie an:

☐ Gedanklich stehe ich meinen Plänen und Vorhaben positiv und optimistisch gegenüber.

☐ Ich habe Muster erkannt, die mich eventuell blockieren könnten, und möchte diese lösen, damit ich meine Ziele erreiche.

☐ Ich erkenne bei vielen negativen Glaubenssätzen sogleich auch ihren Ursprung und erinnere mich, wo, wann und warum ich begonnen habe, so zu denken und zu fühlen.

☐ Es gab vorwiegend nur negative Gedanken und Überzeugungen, die mich schwächen und klein halten. Da liegt noch einiges vor mir!

☐ Meine negativen Gedanken gegenüber meinen Vorhaben sind so stark, dass ich nach meinem SWITCH OFF-Abenteuer gerade dieses Thema der mentalen Selbstsabotage in den Fokus rücken will. Ich möchte die Kraft meiner Gedanken positiv für mich nutzen!

Master your thoughts. Master your life

Unsere Gedanken lenken und stoppen zu können ist ein immenser Schritt zu mehr Lebensqualität und einem bewussteren, kreativeren Dasein. Als SWITCH OFF-Abenteurer ist unser Media-Detox auch ein Entschlacken von den gedanklichen Einflüssen aus Fernsehen und Social Media – und damit ein Rückbesinnen auf uns selbst, unsere eigentlichen gedanklichen

Freiheiten und die Möglichkeit, uns ungestört neu auszurichten. Wir holen uns die Macht über unser Gedankentheater zurück und schreiben das Drehbuch neu. Ganz so, wie wir es für unser persönliches Lebensglück brauchen. Um das Drehbuch neu zu überarbeiten, ist es in Schritt eins notwendig, die aufgespürten negativen Glaubenssätze zu erkennen, wie Szenen eines Theaterplots, die Sie löschen möchten. Und diese in Schritt zwei durch neue zu ersetzen.

Affirmationen als Hilfestellung

Eine Affirmation ist in der Psychologie, im Mentaltraining und in verschiedenen spirituellen Praktiken ein erfolgserprobtes Mittel, um den inneren Fokus neu auszurichten und eine gewünschte, positive Geisteshaltung aufzubauen. Wir können sie sehr einfach in den Alltag integrieren und ihren Einfluss auf unser Tun und Denken stärken. Affirmationen begegnen uns besonders in der Werbung und Massenkommunikation in vielen Slogans, die durch ihre Wiederholung und prominente Platzierung auf uns wirken, ja, zu geflügelten Worten werden: »Weil Sie es sich wert sind« und Hunderte weiterer solcher Phrasen nisten sich unauslöschlich in unseren Gehirnen ein. Sie prägen – zum Vorteil der Absender – unsere Meinung von einem Produkt, einer Partei oder einem Menschen ein Leben lang. Es lohnt sich also auch für uns selbst, das Gedankentheater in unserem Kopf mit Leitsprüchen, die uns unterstützen, bewusst positiv zu steuern – um damit letztlich die Bühne frei zu machen für die Erlebnisse, nach denen wir uns wirklich sehnen.

Ein Beispiel: Mein sehnlichster Herzenswunsch war es schon seit Kindertagen, Autorin zu werden. Doch ich wählte – nicht zuletzt wegen meiner Glaubenssätze – zuerst eine Management-Ausbildung und gründete dann ein Text- und Kommunikationsunternehmen. Es war toll: Ich schrieb und schrieb und schrieb. Aber immer mit leisen Zweifeln und vielen inneren

Blockaden – und mir fehlte der Mut, mich an meinem wahren Traum zu versuchen. Eines Tages habe ich das Potenzial der positiven Affirmationen für mich entdeckt und konnte blockierende Glaubenssätze wie »Autoren sind einsam«, »Autoren kämpfen immer ums Überleben« oder »Autoren sind intellektuelle Überflieger« erkennen und durch neue Affirmationen wie »Autoren stehen mitten im Leben«, »Autoren sind erfolgreich« und »Autoren haben viele Freunde« ersetzen und neu in mir verankern – und siehe da! Heute lesen Sie mein veröffentlichtes Buch und ich lebe weder einsam noch am Hungertuch nagend noch in einem Elfenbeinturm einer geistigen Elite. Es hat geklappt! Welche inneren Überzeugungen möchten Sie heute neu ausrichten, um an Ihr Ziel zu kommen?

▶ Übung: Let's face it!

Bevor Sie neue Affirmationen aufbauen, schauen Sie sich Ihre aktuelle, vielleicht insgeheime Geisteshaltung an. Vervollständigen Sie ganz impulsiv die folgenden Sätze und erkennen Sie schnell, in welchen Bereichen Überarbeitungsbedarf im Drehbuch besteht. Seien Sie ganz ehrlich – und los geht's!

Entspannte Menschen sind _____.
Glückliche Menschen sind _____.
Besonders produktive Menschen sind _____.
Menschen, die ihren Traum leben sind _____.
Meine eigenen Ideen sind _____.
Meine Familie würde sie _____ nennen.
Mein Lebenspartner würde sie _____ nennen.
Jeder, der das anders sieht, ist _____.
Ein Abenteuer ist etwas für _____.
Wenn ich vollends glücklich bin, stört das _____
_____.
Daher _____.

Ich würde vermutlich krank werden oder alles verlieren, wenn

_____ .

Doch insgeheim wünsche ich mir, _____

_____ .

Wenn es nicht verrückt wäre, würde ich _____

_____ .

Wenn ich mir selbst mehr vertrauen oder mich niemand kritisieren würde, dann _____

_____ .

Ich habe es endlich verdient, dass _____

_____ .

Eines ist klar, ich muss _____

_____ .

Ja, ich werde mich großartig fühlen, wenn _____

_____ .

Wenn es Affirmationen gibt, die Sie deutlich blockieren oder gar schockieren, nehmen Sie sich Zeit, Ihre Herkunft zu hinterfragen, sie ganz bewusst neu zu formulieren und die Sätze so zu vervollständigen, dass Sie sich als SWITCH OFF-Abenteurer von ihnen voll und ganz unterstützt fühlen!

Haben Sie eigene Ideen für positive, motivierende Affirmationen, die Ihr Leben einfacher und reicher machen könnten und die Ihnen helfen, Ihre Wünsche als SWITCH OFF-Typ konkreter zu realisieren? Mehr Liebe und Lebensfreude zu finden, für das Abenteuer und den Aufbruch bereit zu sein oder der Ruhe und Regeneration in Ihrem Leben den richtigen Raum zu geben? Notieren Sie sie!

Meine persönlichen Affirmationen:

_____

_____

_____

_____

_____

Übertragen Sie jene Affirmationen, die Sie besonders ansprechen, auf Ihr Visionboard oder notieren Sie sie auf einem Blatt Papier, das Sie immer in Ihrer Geldbörse mit sich herumtragen – und glauben Sie an Ihr persönliches Glück! Das ist einer der wichtigsten Schritte auf dem Weg dorthin!

Süße Träume wünsche ich Ihnen. Sie sind ein großartiger SWITCH OFF-Abenteurer!

Tag 11, Mittwoch: Meditation hat viele Gesichter!

Ein neuer Morgen. Ein neuer Mensch

Guten Morgen, SWITCH OFF-Abenteurer! Schon zehn Tage verbinden uns miteinander. Zehn Tage, die Ihr Leben vielleicht bereits in einen neuen Fokus gestellt haben.

Media-Detox ist heute wichtig und wird es morgen noch mehr sein. Denn die digitale Stressfalle holt uns immer wieder ein. Mit einem Wimpernschlag und einem Klick befinden wir uns plötzlich wieder im Rad im Rad. In vier Tagen sind auch Sie wieder online und zurück in der medialen Welt. Deshalb ist es sinnvoll, sich vorab für diese Rückkehr ins Paralleluniversum zu rüsten. Denn sind Sie erst einmal zwei Wochen derart bewusst mit Ihrem Medienkonsum umgegangen, wird es danach nicht wieder so sein, wie es vorher war. Sie werden die Informationen, Reize und den Social-Media-Zirkus anders wahrnehmen – und werden mit jedem erneuten SWITCH OFF-Abenteuer, das Sie sich in Zukunft noch gönnen, ein bisschen kritischer, aufmerksamer und achtsamer.

Ein neues Bewusstsein schaffen

Achtsamkeit ist nicht nur ein Trend, sondern ein Wert, der für uns und die Welt heute mehr denn je von Bedeutung ist. Es wird viel darüber gesprochen und geschrieben. Für mich ist Achtsamkeit jedoch vor allem eines: ein waches, offenes Bewusstsein dafür, wer wir sind, was wir tun und was dieses Sein und Tun für Konsequenzen auf uns, die anderen und die Umwelt hat. Dass es nötig und wichtig ist, dieses Bewusstsein zu entwickeln, sehen wir überall: Die Natur braucht unseren achtsamen Umgang mit ihr und ihren Ressourcen. Die nachkommenden Generationen brauchen unsere weise Voraussicht. Das überforderte Individuum braucht menschliche und verständnisvolle Umgangsformen.

Wenn Sie also heute als SWITCH OFF-Abenteurer medial frei und ungebunden durch Ihren Alltag gehen, beobachten Sie, welche Entscheidungen Sie im Sinne der Achtsamkeit und mit einem Bewusstsein für Ihr Wohlbefinden, für das Wohl des »großen Ganzen« und Ihren persönlichen Wirkungskreis treffen. Für die einen bedeutet das, zu realisieren, welchen schädlichen Beitrag sie selbst zur Umweltbelastung leisten. Für die anderen ist es ein kritischer Blick auf die eigene Ernährung und das eigene Konsumverhalten. Für wieder andere ist es ein Bewusstwerden darüber, wie achtlos oft wichtige oder dringende Entscheidungen getroffen werden oder wie einseitig oder lieblos unsere Kommunikation oder Beziehung ist.

All dies zu beobachten heißt, sich zu vergegenwärtigen, inwiefern wir selbst täglich und aktiv dazu beitragen, dass gewisse Themen und Probleme in der sonst anonymen und fernen Gesellschaft so sind, wie sie sind. Worin unser Part liegt – der negative wie der positive. Und das unterstreicht eine ganz essenzielle SWITCH OFF-Erkenntnis: Alles gestalte ich mit. Mit meinem Handeln, aber auch mit meinem Nicht-Handeln. Mit meiner aktiven Stimme und genauso mit meinem Schweigen. Mit meinem Eingestehen und mit meinem Verleugnen.

Alles führt zu mir und hat mit mir zu tun

Wenn jedoch alles schließlich in unseren Händen liegt und nicht nur von einer scheinbar weit entfernten Macht verursacht und geduldet wird, dann kann das ganz schön schwer auf uns lasten. Wohin mit der Verantwortung, die unbequem ist und die kaum jemand haben will? Ganz einfach: Stellen wir uns ihr. Tag für Tag. Thema für Thema.

Unter uns SWITCH OFF-Abenteurern gesprochen: Sie müssen nicht gleich die ganze Welt retten – und das auch nicht mehr heute. Ich werde das auch nicht tun können. Aber indem wir mit SWITCH OFF unserer inneren Stimme wieder mehr

Gehör schenken, unseren Wirkungskreis erkennen und unser kreatives Dasein aktivieren, kommen wir dem Kern der Dinge wieder näher – und öffnen uns somit einem neuen Bewusstsein ganz von selbst. Mit allen schönen Nebenwirkungen, denn ein achtsameres Leben ist zwar ein verantwortungsvolleres, aber immer auch ein liebevolleres, kreativeres und freudvolleres.

Ein neuer Abend. Ein neuer Weg

Ein garantierter Weg zu mehr Bewusstheit, innerer Ruhe und Gelassenheit ist seit Menschengedenken: die Meditation. Stöhnen Sie bei diesem Wort auf? Oder freuen Sie sich schon den ganzen Tag auf dieses besondere Vergnügen? Ganz egal. Für alle Vorlieben habe ich etwas Schönes vorbereitet!

Jeder Kulturkreis und jede Epoche hat verschiedene Formen der Meditation hervorgebracht. Als spirituelle Praxis in den Religionen dieser Welt fest verankert, hat sie sich über die einzelnen Glaubensrichtung hinaus etabliert – und ist heute für Menschen aller Überzeugungen ein wesentlicher Teil eines bewussten, schöpferischen und sicher verankerten Daseins.

Allen alten Traditionen und neuen Praktiken gemeinsam ist die bewusste Begegnung mit der Stille. Ein Streben danach, in der Ruhe und in der kontemplativen Achtsamkeit in sich und im Hier und Heute anzukommen. Dort, wo die Gedanken uns nicht länger fesseln und festhalten, sondern wir uns frei und zugleich mit unseren Kraftquellen verbunden fühlen.

Beruhigende und bewusstseinserweiternde Übungen schulen uns wie kaum eine andere Technik darin, Stress abzubauen, mental zur Ruhe zu kommen, gelassener und weiser entscheiden zu können, liebevoller zu werden, mehr Weitblick zu gewinnen, unsere wahren Bedürfnisse zu erkennen und den Mut und die Inspiration zu finden, ihnen auch zu folgen. Das sind allesamt Zutaten für ein gelungenes Leben. Ob privat oder beruflich. Nutzen wir sie!

Am Getting-Ready-Tag habe ich Sie eingeladen, die Webseite www.switchoff.at/meditationen zu besuchen, um dort aus den von mir ganz exklusiv für Sie kreierten geführten Meditationen zu wählen. Der Augenblick ist gekommen, an dem diese Meditationen zum Einsatz kommen!

▶ Übung: Tauchen Sie unter

Wählen Sie die SWITCH OFF-Meditation, die Sie am meisten anspricht, und finden Sie den richtigen Platz für Ihre Meditation. Es sollte ein ruhiger Ort in Ihrem Zuhause sein, an den Sie sich für circa fünfzehn bis zwanzig Minuten ungestört zurückziehen können. Schalten Sie Ihr Telefon lautlos oder in den Flugmodus, schließen Sie die Tür hinter sich, schaffen Sie die Atmosphäre, die Sie sich zum Meditieren wünschen, und machen Sie es sich auf einem Sessel, einem Meditationskissen oder auf einer weichen Unterlage bequem. Finden Sie die perfekte Position für die nächsten zwanzig Minuten. Starten Sie nun Ihre SWITCH OFF-Meditation.

Worte zur Stille

Zur Inspiration ein paar Zeilen, die auf dem Heimweg aus meinen Schweigetagen entstanden sind:

Wie die Stille sich zeigte
Sanft erhebt sich die Stille
aus dem aufgepeitschten Meer
der Wünsche und Begierden –
und zeigt sich als wahrer König.

Zwischen den Bergen und Wäldern,
zwischen dem Tiefen und Dichten,
zwischen dem Hohen und Weiten hallt sie,
als das ewig Gleiche, das ewig Satte.

Nie dürstet es sie, nie wird sie erschöpft.
Ein Atem ist sie, die Stille, gespeist von sich selbst,
voll von sich selbst, ohne ein Selbst.

Die Stille, sie wandelt sich
in ihrem beständigen Ewigsein.
Wird vom Reinen zum Durchwirkten.
Vom Klaren zum Liebenden.
Vom Halt zum Ansporn.

Sie atmet sich ein und atmet sich aus.
Wird greifbar im Loslassen.
Wird Gewissheit im Nichtwissen.
Wird Größe, wird Anmut, wird Kraft –

und macht auch mich zur Stille,
bis ich selbst ganz Atem bin.
Atem, der fühlt, Atem, der weiß.
Der gibt und nimmt,
der kommt, bleibt und hofft –

auf diesen einen Augenblick,
der die Perle der Unendlichkeit
einen Hauch lang
mitten in meine Hände legt.

Lieber keine Meditation?

Wir alle tauchen gerne einmal für ein paar Stunden unter und ziehen uns von der Welt zurück. Doch nicht für jeden passiert das auf einem Meditationskissen. Und wie immer in Ihrem SWITCH OFF-Abenteuer liegt es auch heute ganz bei Ihnen, für welche Form des In-sich-Gehens Sie sich entscheiden.

Liebe und Lebensfreude strömen aus der eigenen Mitte

Als SWITCH OFF-Typ A »Liebe & Lebensfreude« kann die Meditation, das bewusste Hier-Sein, genauso ein gemeinsamer Kuschelabend auf der Couch und bei ruhigem Kerzenschein sein. Das Schreiben eines Briefes bei ruhiger Musik an einen Menschen, der Ihnen viel bedeutet. Das Vorbereiten eines selbstgemachten Geschenks. Schlicht etwas, das Ihre Verbundenheit ausdrückt. In das Sie für eine Stunde voll und ganz eintauchen können – und in das Sie in Gedanken all Ihre Liebe und all Ihre Lebensfreude hineinlegen. Sie werden Sie noch leichter und freigebiger teilen können, wenn Sie dabei aus Ihrer eigenen Mitte schöpfen und die Kunst des In-sich-Ruhens in Ihre neuen Rituale aufnehmen.

Abenteuer und Aufbruch beginnen im inneren Zentrum

Als SWITCH OFF-Typ B »Abenteuer & Aufbruch« ist der Weg zum klaren, tieferen Bewusstsein vielleicht eine intime Begegnung mit der Natur. Eine nächtliche Wanderung, die Sie ganz in Stille und alleine unternehmen. Ein intensives Rendezvous mit Ihrem Visionboard und der Kraft des Manifestierens mit Ihren Glaubenssätzen und Affirmationen. Unternehmen Sie diese Reise nach innen, indem Sie sich voll und ganz in die Emotionen und Glücksgefühle rund um Ihre Ziele vertiefen und Ihnen damit heute schon näherkommen. Oder schauen Sie wie die Jäger und Sammler früherer Zeiten in aller Stille ins Feuer. Denn: Kraft zu schöpfen und sein Zentrum zu kennen ist der erste Schritt eines erfolgreichen Aufbruchs.

Ruhe und Regeneration fließen aus dem stillen Kraftpool

Als SWITCH OFF-Typ C »Ruhe und Regeneration« kann das Bewusstwerden und Meditieren seinen Ausdruck genauso in einem schönen Bad mit duftenden Essenzen finden. In einem Spaziergang, bei dem Sie ganz bewusst auf das Sprechen und auf ablenkende Musik verzichten. In einer Massage. Genießen Sie einfach alles mit folgendem Gedanken: »Ich lasse im Ausatmen alles los, was mich von meinem eigenen inneren Ruhepol und Kraftquell trennt. Und nehme im Einatmen alles auf, was mich stärkt, nährt und lebendig macht.« Es wird passieren.

Bewusster nehmen. Bewusster genießen

Sind Ihnen diese Einladungen immer noch zu spirituell, habe ich eine weitere Idee für Sie: Kochen. Achtsamkeit hat sehr viel, wenn nicht alles, damit zu tun, uns bewusst darüber zu sein, was wir nehmen, was wir geben und in welcher Balance beides zueinander steht. Beim Einkaufen, Kochen und Essen können wir diese drei Ebenen ganz konkret erleben. Probieren Sie also heute vielleicht ein ganz neues Rezept aus. Kaufen Sie bewusst hochwertige Zutaten, die einen möglichst geringen Footprint hinterlassen, und nehmen Sie sich viel Zeit für das Kochen und Genießen. Machen Sie aus der Zubereitung einen Akt der Kreativität und aus dem Essen einen Akt der Lebensfreude. Decken Sie den Tisch ganz anders. Sorgen Sie für eine schöne Stimmung. Kauen Sie in aller Ruhe. Trinken Sie langsam und bewusst. Und spüren Sie, dass die Kraft der Ruhe auch und gerade im achtsamen Tun und Genießen liegt. Ich wünsche guten Appetit!

Worte des Tages
In der Tiefe liegt Klarheit.
In der Klarheit liegt Stärke.

Tag 12, Donnerstag: Meine 12 Schritte

Hallo und herzlich willkommen an Tag 12!
Erinnern Sie sich an das Eingeständnis, dass wir abhängig sind von Internet und Smartphone? In der Definition von Ärzten und Wissenschaftlern also suchtkrank? Wie wäre es, wenn wir uns heute diesem Gedanken stellen und zunächst eines erkennen: Wir sind nicht allein. Ich lade Sie also ein zu einem Treffen der Anonymen Mediensüchtigen. Wären wir uns vor einigen Jahren dort begegnet, dann wäre ich wohl aufgestanden und hätte gesagt:»Hallo, ich bin Monika. Ich bin eine Mediensüchtige. Ich verbringe jeden Tag bis zu zehn Stunden am Bildschirm. Beantworte als Unternehmerin bis zu hundert E-Mails täglich und kann das rote Symbol einer neu eingetroffenen E-Mail nie länger als fünfzehn Sekunden ertragen, ohne nachzusehen. Ich kreiere laufend neuen, digitalen Content und brauche das Netz mehr als meine Kollegen, um in den Projekten zum Ziel zu kommen. Ich wache nachts manchmal auf und sorge mich um die Nachrichten, die vielleicht eingegangen sind – und kann oft erst wieder schlafen, wenn ich aufgestanden bin, meine Mails kontrolliert habe und eine Zeit lang im Schein des Smartphones in der Dunkelheit des Wohnzimmers gesessen habe. Ich sende meinen Freunden um ein Vielfaches öfter eine Umarmung per WhatsApp, als ich sie tatsächlich zum Kaffee treffe. Ich bin oft einsam, habe immer öfter Angst vor Fremden und der Welt und den gesundheitlichen und gedanklichen Veränderungen, die ich an mir selbst beobachte. Ich google ausnahmslos alles. Die Suchmaschinen wussten von meiner Verlobung schon lange, bevor es meine Eltern erfahren haben. Seitdem ich auch auf Social Media zu finden bin, bin ich gestresster als je zuvor und weiß oft abends nicht, wo ich all meine Zeit und meine Energie verloren habe. Ich vermute, dass meine nicht gegebenen Likes meinen Ge-

schäftsbeziehungen und Freundschaften schaden, und erlebe, dass Menschen mich stärker nach meinen Postings als nach meinem wahren Charakter beurteilen. Wenn ich alleine bin, greife ich zum Smartphone. Wenn ich Hilfe brauche, suche ich im Netz nach Tipps und Antworten. Am meisten suche ich jedoch nach Entlastung, nach einem Weg oder der Erlaubnis, einmal loszulassen, langsamer zu gehen, den Druck rauszunehmen. Ich wünsche mir ein ruhigeres Leben mit mehr Freiraum, mehr echten Begegnungen und tiefen Gesprächen. Ich wünsche mir das Gefühl der Geborgenheit zurück und suche nach einem Weg, mit all der Veränderung unserer Zeit klarzukommen. Ich will ernst genommen werden, ein sinnvolles Leben führen, kein Mitläufer, sondern ein selbstbestimmter Mensch sein, der seinen Plänen Taten folgen lässt. Der seine Träume realisiert und trotzdem Zeit hat, das Erreichte und das Glück einfach mal zu genießen.«

Bekanntermaßen haben die Anonymen Alkoholiker ein 12-Schritte-Programm verfasst, das Suchtkranken den Weg aus der Abhängigkeit zeigen soll. Übertragen auf mediale und digitale Abhängigkeit schlage ich diese 12 Schritte vor:

1. Ich gebe zu, dass ich abhängig bin von Internet und Smartphone und den Druck verspüre, »always on« zu sein.

2. Mir ist bewusst, dass ich körperlich und seelisch profitiere, wenn ich einen maßvollen Umgang mit den Medien finde.

3. Ich gebe mir selbst das Versprechen, nicht länger in der digitalen Stressfalle zu leben.

4. Ich mache mir selbst bewusst, was zu meiner Medienabhängigkeit geführt hat und welche Veränderungen ich vornehmen kann, um sie zu überwinden.

5. Ich erkenne meine schlechten Gewohnheiten in puncto Medienkonsum vor mir und anderen an und stehe für sie ein.

6. Ich bin entschlossen, diese destruktiven Gewohnheiten zukünftig nicht zu wiederholen und aus ihnen zu lernen.

7. Ich mache mich auf die Suche nach meinen wahren Wünschen und Zielen und kann sie durch meine veränderte Lebensweise auch wirklich erreichen.

8. Ich mache mir bewusst, welche mir nahestehenden Menschen ich durch meinen Medienkonsum vernachlässigt habe, und entschuldige mich bei ihnen.

9. Ich setze mir das Ziel, künftig achtsamer mit mir, meiner Gesundheit und mit meinen Mitmenschen umzugehen.

10. Um nicht wieder in die digitale Stressfalle zu stürzen, mache ich es mir zur Aufgabe, regelmäßig in mich zu gehen, meine Lebensweise zu überprüfen und zu hinterfragen.

11. Ich bin mir meiner Verantwortung für mich selbst und für andere bewusst und übernehme sie in meinem Leben im digitalen Zeitalter voll und ganz.

12. Ich möchte die Erkenntnisse zu einem gesunden Medienkonsum jeden Tag aufs Neue beherzigen und sie an andere weitergeben, die mit ähnlichen Problemen zu kämpfen haben.

Wie Sie sehen, haben Sie während des bisherigen Offline-Abenteuers bereits an einigen Schritten gearbeitet. Weitere können nun folgen. Ich selbst habe die Erfahrung gemacht, dass eigene, individuelle Formulierungen und Gedanken oft wirksamer sind als allgemeine Leitfäden. Daher habe ich, als ich mich aus der Stressfalle befreite, noch persönlichere 12 Schritte kreiert – und heute lade ich Sie ein, als SWITCH OFF-Abenteurer Ihre ganz individuellen und für Sie wirkungsvollen 12 Schritte zu finden.

Lesen Sie, noch bevor Sie zur Arbeit aufbrechen, meine 12 Schritte, damit Sie sie tagsüber wirken lassen können – und so erkennen, welche sich für Sie stimmig anfühlen und welche Sie heute Abend gerne ersetzen und nach Ihren eigenen Wünschen formulieren möchten.

Diese 12 Schritte sind für uns SWITCH OFF-Abenteurer lediglich Wegweiser, keine zwingenden Routen. Inspirationen, keine Dogmen. Wir verstehen sie als Erinnerungen an das, was uns wirklich wichtig ist und woran wir uns in der digitalen Welt und in unserem medial geprägten Leben orientieren wollen.

Meine persönlichen 12 Schritte habe ich in Form von Affirmationen gestaltet:

1. Offline wie online motivieren Klarheit, Ehrlichkeit und Mitgefühl alles, was ich denke, sage, teile und tue.

2. Ich bin gerne, wer ich bin, und achte alle und alles, was zu dieser Entwicklung beigetragen hat.

3. Auch wenn ich die Zukunft der digitalisierten Welt nicht erahnen kann, freue ich mich auf die Chancen, die sie bieten wird.

4. In meinen Beziehungen und in der digitalen Kommunikation lege ich falsche Verpflichtungen und unnötigen Druck ab.

5. Wenn mir alles zu schnell und hektisch wird, finde ich Halt in meinem Atem und in Momenten, in denen ich bewusst abschalte.

6. Ich will nicht Teil des Problems, sondern Teil der Inspiration und Lösung sein und glaube an die Macht des positiven Beitrags in der medial geprägten Welt.

7. Ich erkenne nicht immer, was hinter menschlichen Entscheidungen und globalen Situationen liegt und welche Stimmen recht haben, daher beobachte ich, bevor ich bewerte. Online wie offline.

8. Nichts gibt mir mehr als die Ruhe.

9. Ich bin gerne alleine und widme diese heilige Zeit nicht dem unreflektierten Medienkonsum, sondern meiner aktiven Lebensfreude und Kreativität.

10. Ich bestimme in meinem Leben. Achtsam und bewusst.

11. Ich überprüfe meine täglichen Rituale und Gewohnheiten in puncto Medienkonsum immer wieder und gestalte sie zu meinem Vorteil.

12. Um auch in der Schnelllebigkeit unserer Zeit stabil zu sein, besinne ich mich auf meinen Ursprung und vertraue der inneren Stimme, die ich in medienfreien Tagen und Stunden besonders klar zu Wort kommen lasse.

▶ *Übung: Abends: Inspiration zur Gestaltung Ihrer 12 Schritte*
Wenn Sie nach einem Anhaltspunkt für die Formulierung Ihrer 12 Schritte suchen, kann ich Ihnen als Impuls gerne folgende Überthemen für die zwölf noch leeren Zeilen auf Ihrem Papier geben:

1. Stabile Werte
2. Friedliche Vergangenheit
3. Lohnende Zukunft
4. Ehrliche Beziehung
5. Stützende Rückbindung
6. Proaktive Gedanken
7. Liebevolle Wahrnehmung
8. Willkommene Ruhe
9. Glückliches Alleinsein
10. Persönliche Grenzen
11. Neue Rituale
12. Innere Anker

Sehen wir uns diese 12 Themen genauer an:
1. Stabile Werte
Im Stimmengewitter und Meinungsgewirr der Medien und durch die Veränderung einst klarer Systeme ist es heute oft eine Herausforderung, zu entscheiden, was wir glauben, wem wir glauben und worauf wir unsere Haltung aufbauen können. Werte wie Toleranz, Akzeptanz, Geduld, Mitgefühl, Freiheit,

Freundlichkeit oder Friedlichkeit sind nicht an Mode oder Zeiten gebunden und heute in der digitalen Zeit und in unserer unpersönlichen, oft von Ablehnung und Hass geprägten (digitalen) Kommunikation wichtiger denn je. Zudem bilden sie einen Kern, der die menschliche Ethik über alle Regionen hinweg zusammenfasst. Dieser Kern wohnt uns allen inne. Mit dem Ausschalten und in den verschiedenen Übungen Ihres SWITCH OFF-Abenteuers haben Sie die Ablenkungen minimiert, Ihre innere Stimme befreit und können sie nun ungehindert sprechen lassen. Finden Sie die Werte, die Sie suchen, in sich und legen Sie die Prioritäten so, wie Sie Ihr Leben im digitalen Zeitalter am meisten stützen und bereichern können.

- Wie definiere, priorisiere und lebe ich meine stabilen Werte?

2. Friedliche Vergangenheit

Im Reinen sein. Mit sich, mit anderen, mit der Vergangenheit. Immer wenn wir »im Reinen sind«, sind wir in einem Zustand ohne Druck, ohne Reue, ohne Vorwurf und haben es nicht nötig, uns durch neue Mauern zu schützen. Wir haben mit unserer Vergangenheit Frieden geschlossen. Es stimmt: Das ist schwierig, und wir vermeiden es oft jahrelang, uns mit Verletzungen oder schmerzhaften Ereignissen aus der Vergangenheit auszusöhnen. So verharren wir im Schatten dieser Erlebnisse. Das schwächt unsere Fähigkeit, loszulassen, in die innere Balance zu finden und uns stabil zu verankern. Denn sobald die Ruhe zu tief und der Blick nach innen zu klar wird, sehen wir, was sich an unbewältigten Emotionen in uns angestaut hat. Ins Reine zu kommen muss jedoch nicht immer ein großer Akt, ein fundamentales Drama sein. Es kann ein Besuch am Grab sein. Ein paar erklärende oder schlichtende Zeilen, die Sie versenden, verbrennen oder in einen Fluss werfen können. Ein Telefonat. Eine E-Mail. Eine stille Geste. Sie entscheiden.

- Wie finde ich Frieden mit der Vergangenheit?

3. Lohnende Zukunft

Wenn wir mit der Vergangenheit im Reinen sind und in eine Zukunft gehen können, die uns motiviert und anzieht, dann sind wir im Hier und Heute stabil. Daher lohnt es sich, eine Zukunft zu schaffen – am Visionboard, in den Gedanken und schließlich im täglichen Tun –, die sich nicht an den lähmenden Horror- und Untergangsszenarien vieler Medienberichte ausrichtet, sondern an dem Kompass, der in unserem Herzen die Richtung weist. An unseren reizvollsten Träumen und höchsten Zielen. Eine Zukunft, in der wir die größte und gesündeste Form unserer Persönlichkeit frei ausleben können – und beruflich wie privat Lust haben, weiterzugehen. Jeden Tag.

Erinnern wir uns: Depression ist das Leben in einer unglücklichen Vergangenheit. Angst das Leben in einer bedrohlichen Zukunft. Lösen wir beides auf. Immer und immer wieder.

- Wie gestalte ich meine lohnende Zukunft?

4. Ehrliche Beziehung

Wem vertrauen wir? Wer vertraut uns? Wer ist wirklich unser Freund und wer nur jemand, der sich uns gegenüber zur Freundlichkeit verpflichtet fühlt? Menschliche Nähe, echte Verbindung und ehrliche Beziehung ist das, was wir im digitalen Paralleluniversum zunehmend vermissen. Es geht nicht um die Anzahl der Freunde und Likes, sondern um die Qualität des Zusammenseins. Um das Aufrichtige. Und das meint beides: ehrlich lieben und ehrlich gehen lassen. Nicht mehr aus falschen Gründen festhalten an Bindungen, die uns schaden, sondern jene zu pflegen, die uns guttun. Und dazu gehört auch die Bindung zu uns selbst. Die radikale Selbstliebe. Eine Aufgabe, die sich uns jeden Tag neu stellt.

- Wo brauche ich mehr Ehrlichkeit und wo mehr Engagement in meinen Beziehungen?

5. Stützende Rückbindung

Neben der Bindung zu anderen und uns selbst gibt es die Rückbindung an eine höhere Kraft, an Quellen der Inspiration, an das Göttliche, an das Universum – je nachdem, woran wir glauben. Diese Rückbindung aufzubauen ist etwas Höchstpersönliches und höchst Sensibles. Die Gedanken, die wir uns gestern rund um die Mediation und ihre verschiedenen Gesichter gemacht haben, greifen auch hier. Wohin Sie Ihre Sehnsucht oder Ihre Suche nach Rückbindung auch führt, ich wünsche Ihnen, dort einen sicheren Ort zu finden, an den Sie immer – egal, ob in den Stürmen des echten oder des digitalen Lebens – zurückkehren können.

• Wo und wie finde ich eine stützende Rückbindung?

6. Proaktive Gedanken

Gedanken formen uns und die Welt. Als SWITCH OFF-Abenteurer haben wir viel darüber gelesen und nachgedacht und unsere Gedanken und Überzeugungen in vielerlei Hinsicht hinterfragt und neu justiert. Nach dem We-are-Creators-Prinzip leben wir aktiv und rücksichtsvoll – und versuchen, nicht starr und problemorientiert zu denken, sondern Hindernisse zu erkennen und proaktiv und lösungsorientiert damit umzugehen.

• Wo kann ich mit proaktiven Gedanken einen positiven Weg für mich und andere öffnen?

7. Liebevolle Wahrnehmung

Wir haben gesagt: Media-Detox ist ein Judgement-Detox. Eine Pause vom konstanten Bewerten und Bewertetwerden, zu dem uns die Welt von Social Media zwingt. Das wertfreie Beobachten ist der erste Schritt zur liebevollen Wahrnehmung. Üben wir uns im Ersten – und das Zweite wird umso leichter gelingen.

• Wo kann meine Wahrnehmung wertfreier und liebevoller werden?

8. Willkommene Ruhe

Unser Nicht-aushalten-Können der Stille drängt uns zurück in die laute, wirre Welt der Massenmedien. Wenn wir die Ruhe genießen und die Stille schätzen und richtig zu nutzen lernen, ist es einfacher, sich aus der digitalen Stressfalle zu befreien und die Digital-Real-Life-Balance zu halten.

• Wie kann ich Ruhe und Stille öfter willkommen heißen und mich in ihr wohlfühlen?

9. Glückliches Alleinsein

Die Angst vor der Ruhe gleicht unserer Angst vor dem Alleinsein. Gerade wenn wir alleine zu Hause sind oder an der Bushaltestelle oder in einem Café warten, suchen wir in den Stimmen des Radios oder Fernsehens und in der Welt unserer Smartphones Halt in Form von Unterhaltung. Doch: Je lieber wir alleine sind, desto freier sind wir. Desto selbstbestimmter und unabhängiger. Und umso entspannter lebt es sich offline und online.

• Wie kann ich das glückliche Alleinsein trainieren?

10. Persönliche Grenzen

Wenn wir vor der realen Welt ins digitale Paralleluniversum fliehen, sind wir nur vermeintlich besser abgegrenzt und unantastbarer. Unsere persönlichen Grenzen zu kennen und zu wahren ist in beiden Welten ein essenzieller Schlüssel zum erfolgreichen, kreativen und erfüllten Leben. Diese persönlichen Grenzen betreffen unsere Bereitschaft, uns zu öffnen, uns mitzuteilen, zuzuhören und Informationen aufzunehmen, Aufmerksamkeit und damit Energie zu schenken, unsere Erreichbarkeit und vieles mehr.

• Wo ziehe ich meine persönlichen Grenzen, und wie kann ich sie schützen?

11. Neue Rituale

Wie wir jeden unserer Tage leben, so leben wir unser Leben. Wenn wir einen Marathon laufen wollen, sollten wir jeden Tag joggen. Wenn wir Musiker werden möchten, ein Instrument üben. Wenn wir gute Partner sein wollen, uns selbst lieben. Daher ist es entscheidend, sich immer wieder zu fragen: Sind meine Gewohnheiten noch förderlich für meine Ziele? Ist mein Alltag richtig und für mich aufbauend gestaltet? Brauche ich neue Rituale, um neue Visionen Wirklichkeit werden zu lassen?

- Welche alten Rituale kann ich ablegen, welche neuen aufnehmen?

12. Innere Anker

Viele Ideen für wirksame SWITCH OFF-Anker mit ganz konkreten Tipps für Ihren Alltag in der vernetzten und digitalisierten Welt warten in *Teil 3: Back online: Sichere Anker gegen die Informationsflut* auf Sie! Fragen Sie sich jedoch hier:

- Was sind sichere Anker in meinem Leben und in meinem Inneren, die mich immer wieder darin unterstützen, nicht in die digitale Stressfalle zu stürzen oder schnell wieder aus ihr herauszufinden?

▶ *Übung: Ich kreiere meine eigenen 12 Schritte*

Formulieren Sie nun Ihre persönlichen 12 Schritte für Ihren Ausweg aus der digitalen Stressfalle für ein Leben mit mehr Kreativität und Lebensfreude!

1. _____

_____

_____

2. _____

_____

_____

3. _____
_____
_____

4. _____
_____
_____

5. _____
_____
_____

6. _____
_____
_____

7. _____
_____
_____

8. _____
_____
_____

9. _____
_____
_____

10. _____
_____
_____

11. _____
_____
_____

12. _____
_____
_____

Herzliche Gratulation! Sie haben es getan. Sie haben Ihre ganz persönlichen 12 Schritte kreiert. Ich applaudiere!

Tag 13, Freitag: One less stranger

Hallo furchtloserer Abenteurer!

Ich habe eine neue Herausforderung für Sie: Die wohl größte Herausforderung Ihres SWITCH OFF-Abenteuers steht bevor! »One less stranger« ist eine radikale Übung in einer Welt und Zeit, die dem Fremden so angstbeladen gegenübersteht.

Ja, Sie ahnen richtig: Ihre Aufgabe für heute ist es, einen fremden Menschen zu einem bekannten Menschen zu machen. Egal, ob auf Ihrem Weg zur Arbeit, im Job, in Ihrer Pause oder am Feierabend. Dabei gibt es unterschiedliche Strategien für unterschiedliche Temperamente, auf die wir später im Detail zu sprechen kommen.

Eine Freundschaftseinladung in den diversen Social-Media-Kanälen zu versenden oder anzunehmen ist heute meist nicht einmal mehr einen Gedanken wert. Oder wie viele Ihrer digitalen »Freunde« haben Sie bewusst gewählt? Wie viele davon sind Ihnen eigentlich vollkommen fremd? Warum stört es Sie online nicht, sich mit all Ihren Selfies und privaten Gedanken so offen zu präsentieren?

**Können Sie diese Offenheit
auch ins reale Leben übertragen?**

Selbst zum Fremden werden

Die Suche nach neuer Inspiration ist es, die uns reisen lässt. Nach Geschichten, die wir erzählen können. Neben all den Naturwundern und Spektakeln der fernen Orte sind es vor allem die Menschen, die auf unseren Reisen einen bleibenden Eindruck hinterlassen.

Jeder, der bereits einmal alleine verreist ist, weiß, wie schnell man in der Fremde Menschen trifft, die einem ein gutes Gefühl schenken und das entgegenbringen, was wir Gastfreundschaft nennen.

Zurück zu Hause vergessen wir oft rasch, dass die Fremden, die uns hier bei uns begegnen, ebenfalls Menschen sind, mit denen wir uns über alles Mögliche austauschen können. Dazu müssen wir uns gar nicht mit dem Rucksack im australischen Busch begegnen. Je weiter weg von zu Hause wir uns befinden, desto leichter scheint es uns jedoch zu fallen, uns dem Fremden zu öffnen. Woran das liegt? Es ist unsere innere Haltung. Die gemeinsame Reise. Das Lächeln, das wir sogleich aufsetzen, um unsere guten Absichten zu signalisieren. Der Respekt und die Toleranz, mit denen wir uns in den Bergen oder in der Wüste begegnen. Und die Tatsache, dass wir uns dort keine Feinde machen sollten. Warum vergessen wir das alles aber, wenn wir in unserer vertrauten Umgebung sind?

Heute lade ich Sie ein, mit derselben Geisteshaltung durch Ihre Stadt zu gehen, wie Sie es in der Fremde tun würden: neugierig, offen und wohlwollend. Sprechen Sie einen fremden Menschen an und machen Sie sich mit ihm bekannt.

Das ist total gruselig!

Sie denken jetzt vielleicht: »Oh mein Gott, das ist ja total unheimlich. Was werden die Leute von mir denken? Wer will denn schon von einem Fremden angequatscht werden? Ich werde mich total unwohl fühlen! Das mache ich nicht. Basta!«

Wenn Sie ein eher zurückhaltender Charakter sind – und das sind wir beim Ansprechen von fremden Menschen fast alle –, kann es tatsächlich der Fall sein, dass es eine schier unüberbrückbare Hürde darstellt, uns einem Unbekannten zu nähern. Unsere Herzen und Gedanken sind voll von wüsten Geschichten, Entführungsdramen, Serienkillern und Psychopathen. Und woher kommen diese Geschichten?

Menschen, die sich gegenseitig misstrauen und sich unter Fremden wie schutzlose Lämmer fühlen, sind sehr leicht im vermeintlich sicheren Stall zu halten. Aber nicht Sie.

Sie sind ein SWITCH OFF-Abenteurer und daher ein Realist. Deshalb wissen Sie:

1. Das Gegenüber ist genauso beeinflusst von gesellschaftlichen Normen und den Massenmedien und wird vermutlich auch Ihnen gegenüber ebenso sehr vorsichtig und zurückhaltend sein.

2. Ihre Instinkte werden Sie führen und gewiss auch frühzeitig warnen – und Sie werden reagieren und im Fall des Falles jederzeit einen eleganten Abgang machen können.

3. Sie werden die unbekannte Person nicht gleich zu sich nach Hause einladen, ihr Ihre Kontodaten übermitteln und den Familienstammbaum vorlegen. Also immer ruhig bleiben. Ein bisschen Small Talk im öffentlichen Raum reicht völlig aus.

4. Wenn Sie schüchtern sind, empfehle ich Ihnen, viele Fragen zu stellen und das Interesse des Gesprächs ganz auf Ihr Gegenüber zu lenken. Zeigen Sie sich offen für diese Person und ihr Leben, fragen Sie nach, damit gewinnt man fast immer.

5. Wenn Sie sich vom Gegenüber überrollt fühlen, gehen Sie mental zurück zu sich selbst. Konzentrieren Sie sich auf Ihren Atem. Spüren Sie Ihre Fußsohlen und den Boden, auf dem Sie stehen. Schweigen Sie mehr. Halten Sie Ihre Antworten kürzer. Und verabschieden Sie sich, wenn es sich nicht mehr lohnt weiterzuplaudern.

6. Im Ausland, im Urlaub und im Berufsleben schaffen Sie es ja schließlich auch.

Das klingt gut? Hervorragend. Also wählen Sie ein Outfit, in dem Sie sich wohl und sicher fühlen, und hinaus in einen neuen Tag, der Ihnen vielleicht einen neuen Freund bringen wird!

Ein paar Hilfestellungen gefällig?

✓ Sprechen Sie jemanden an, den Sie rein optisch sympathisch finden und der auf Sie eine positive Ausstrahlung hat, die Ihnen ein Gefühl von Vertrautheit vermittelt.

✓ Hören Sie auf Ihr Gefühl und lösen Sie sich aus Situationen, die sich seltsam anfühlen, mit ganz einfachen Sätzen wie: »Es war schön, Sie kennenzulernen. Ich muss jetzt wieder weiter. Alles Gute!«

✓ Vielleicht üben Sie sich erst darin, heute einmal den Postboten freundlich anzusprechen und ihn zu fragen, wie lange er seinen Beruf denn schon ausübt, welche Region er betreut, und versuchen, über Small Talk mit ihm in ein nettes, unverfängliches Gespräch zu kommen.

✓ Dasselbe gilt für einen Kollegen, den Sie nur flüchtig kennen, bei einer gemeinsamen Fahrt mit dem Aufzug. Oder einem Gegenüber im Zugabteil.

✓ Mit einem Buch in der Hand ist es leichter, in einem schönen Café zu entscheiden, ob und wen Sie vielleicht ansprechen.

✓ Auf der Straße könnten Sie nach dem Weg zu einem Restaurant fragen und versuchen, darüber ein Gespräch anzuknüpfen.

✓ Allein in eine Bar oder auf eine Party zu gehen ist ein Garant dafür, mit Menschen ins Gespräch zu kommen. Ich selbst bin dabei auf zwei wundervoll ausgeglichene Shiatsu-Therapeuten gestoßen, die mich schließlich zu einem gemütlichen Abend am See mit ihren Freunden eingeladen haben.

✓ Was wird Ihre Geschichte sein?

Keep it casual

Ganz egal, wo und wie Sie jemanden ansprechen: ein Lächeln ist der erste Schritt, ein positiver erster Kommentar der zweite. Bleiben Sie stets bei einfachen, leicht verdaulichen Inhalten. Sprechen Sie über das Wetter, das Lokal oder die Stadt, in der

Sie sich befinden. Stellen Sie Fragen und geben Sie unverfängliche Antworten.

Solche Fragen können sein:

- Leben Sie schon lange in der Stadt?
- Was machen Sie beruflich?
- Was haben Sie vorher gemacht?
- Wo sind Sie aufgewachsen?
- Was machen Sie hier?
- Wo haben Sie diese tolle Jacke her?
- Wo gibt es hier den besten Kaffee?
- Haben Sie auch Zeit für einen kurzen Espresso?

Bleiben Sie locker. Es ist schließlich kein Vorstellungsgespräch, und Sie können im Grunde rein gar nichts falsch machen. Denn ganz gleich, ob Small-Talk-König oder schüchternes Mauerblümchen: Wir sind alle nur Menschen. Erleben Sie das wieder einmal ganz bewusst – und vielleicht wird der oder die Fremde durch Ihre Geschichte ebenfalls zu einem kühnen SWITCH OFF-Abenteurer und erlebt bald dasselbe wie Sie heute. Ihr 14-Tage-offline-Abenteuer ist übrigens wie geschaffen für ein interessantes Gespräch! Wie Sie auf das Thema zu sprechen kommen? Mit der Top-Small-Talk-Frage »Welches Buch lesen Sie gerade?« und der dazu passenden Rückfrage Ihres Gegenübers.

Abends: Verlorene Gefährten

Sie haben an Tag 9 vielleicht ein Treffen mit einer alten Freundin oder einem früheren Kollegen für heute Abend vereinbart? Dann wünsche ich Ihnen einen wundervollen Abend!

Denken Sie daran

»Reden ist Silber. Zuhören ist Gold.«

Es ist erwiesen: Je mehr wir in einem Gespräch selbst zu Wort gekommen sind, desto bereichernder empfinden wir es. Gönnen Sie Ihrem Gegenüber dieses schöne Gefühl.

▶ Übung: Mein sicherer Ort

Sie haben kein Date? Dann verreisen Sie doch! An einen sicheren Ort. In der heutigen Übung »One less stranger« haben Sie vielleicht am eigenen Leib gespürt, wie unsicher wir uns oft in unserer eigentlich sehr sicheren Umgebung fühlen. Nachrichten aus aller Welt, Terror, Gewalt und alles, was Hollywood und YouTube dazu ergänzen, prägen nicht nur unsere Medien, sondern auch unser Weltbild. Wie wir im ersten Teil dieses Buches immer wieder gesehen haben, führt das Leben als Medienkonsument in der digitalisierten Weg für Millionen in einen Zustand der Angst. Was uns neben echter sozialer Nähe, positiven Zukunftsprognosen, guten Nachrichten und aufbauenden Inhalten auch abhandengekommen ist, ist ein Ort, an dem wir uns wirklich sicher fühlen. Sicher vor Überwachung, Angriffen auf unsere Daten aus dem sogenannten Darknet oder anderen Gefahren, denen sich der gläserne Mensch heute ausgesetzt fühlt. Offline wie online scheinen wir gefährdet und bedroht zu sein. Umso mehr sehnen wir uns nach Sicherheit und Schutz. Doch so wie unsere Angst am Ende unser wahrer Feind und Sicherheit selten im außen, sondern in erster Linie in uns selbst zu finden ist, etabliert die Psychoanalytikerin und Gründerin der Psychodynamischen Imaginativen Traumatherapie Luise Reddemann das Konzept des sicheren Ortes.

Wie die Therapieform bereits verrät, handelt sich um eine imaginative Technik, in der wir durch das Erzeugen innerer Bilder und Stimmungen den ersehnten Zustand erreichen. Nach der Kreation Ihres Visionboardes kennen Sie dieses grundlegende Prinzip bereits – und können dies nun nicht nur für Ihre Zielerreichung und Lebensgestaltung einsetzen, sondern auch, um sich einen inneren sicheren Ort zu schaffen. Es soll ein Ort sein, an den Sie sich in Ihren Gedanken immer und in jeder Situation zurückziehen können. Ein Ort in Ihrer Vorstellung, der Gefühle von Geborgenheit, Sicherheit und Schutz auslösen kann. Haben Sie Lust, sich einen solchen Ort zu erschaffen? Großartig!

Machen Sie es sich an Ihrem Kreativplatz oder an einem anderen ruhigen Platz bequem und kreieren Sie in Ihrem Inneren einen sicheren Ort in all seinen Farben, mit all seinen Details:

- Welcher Weg führt Sie zu diesem sicheren Ort?
- Wie sieht es aus, wenn Sie dort ankommen?
- Welches Gefühl heißt Sie dort willkommen?
- Wie ist die Stimmung? Wie das Licht?
- Sind auch andere, vertraute Personen anwesend?
- Was befindet sich an diesem Ort?
- Wie riecht es? Welche Geräusche nehmen Sie wahr?
- Wo können Sie sich dort niederlassen oder entspannt aufhalten?
- Welcher Weg führt wieder zurück ins Hier und Jetzt?

Als SWITCH OFF-Typ A »Liebe & Lebensfreude« kann es schön sein, Ihre liebsten Menschen in den sicheren Ort mitzunehmen.

Als SWITCH OFF-Typ B »Aufbruch & Abenteuer« können Sie diesen sicheren Ort beispielsweise auf einer abgeschiedenen Insel oder in einem idealen Ort außerhalb all Ihrer Routinen entstehen lassen.

Als SWITCH OFF-Typ C »Ruhe & Regeneration« möchten Sie diesen sicheren Ort vielleicht als wahre Oase gestalten. Mit sanften Klängen und Düften. Viel Freiraum und den kuschligsten Kissen, auf denen Sie sich je ausgeruht haben.

Visualisieren Sie diesen inneren sicheren Ort so umfassend und konkret wie möglich. Schreiben Sie nieder, wie er aussieht, und fühlen Sie ihn. Atmen Sie ihn. Und festigen Sie seine Kraft, indem Sie ihn gedanklich immer wieder aufsuchen. Beim Musikhören. In der Straßenbahn. Wenn es im Büro hektisch wird. Und vor allem, wenn die digitale Stressfalle droht zuzuschnappen und Sie einzuschließen.

Ich wünsche Ihnen wunderschöne Bilder und ein echtes Wohlgefühl! Bis morgen – Ihrem letzten SWITCH OFF-Tag!

Zum Nachdenken

Die Angst ist überall. Die Sicherheit immer in mir.

Tag 14, Samstag: SWITCH OFF-Party

Halleluja! Halleluja!

Sie sind ein Rockstar! Der letzte Tag Ihres SWITCH OFF-Abenteuers ist angebrochen – und das ist ein grandioser Grund, es sich so richtig gut gehen zu lassen! Und Ihre SWITCH OFF-Erfahrungen mit Ihren Freunden zu teilen. Heute feiern Sie die Party, zu der Sie Ihre Freunde und Lieben am Getting-Ready-Tag eingeladen haben – und es wird eine tolle Feier werden.

Kennen Sie das?

Nervt es Sie genauso wie mich? Sie sitzen mit Ihrer Freundin oder mit Ihrem Kollegen beim Feierabend-Drink. Das Gespräch ist gut, Sie haben viel auszutauschen. Und dennoch: Ständig werden Sie unterbrochen. Von einem YouTube-Video, das Sie sofort ansehen müssen, oder einer SMS, die ins Gespräch platzt – und wieder hängen Sie vor dem Bildschirm. Gemeinsam. Mitten im Lokal. Mitten im Gespräch. Und wenn Ihre Begleitung aufs WC verschwindet, zücken auch Sie sofort wieder das Handy und sehen nach, was los ist im digitalen Paralleluniversum, anstatt das Ambiente zu genießen und ganz einfach im Moment zu sein. Zweifellos: Tablets und Smartphones haben nicht nur unsere Wohn- und Schlafzimmer erobert, sondern dominieren auch unsere persönlichen Begegnungen.

Als nun erfahrener SWITCH OFF-Abenteurer ist Ihnen all das in den vergangenen zwei Wochen aus einer ganz neuen Perspektive klar geworden – und heute möchte ich Sie einladen, Ihre Freunde einzuladen: zum Ausschalten. »Disconnect to connect« – und das bei Ihrer allerersten SWITCH OFF-Party!

Intensiver und lebendiger

Ob mit Nussflips und Eistee, Würstel und Weißbier oder mit einem feinen Dinner – das Drumherum steht Ihnen völlig frei. Es gibt nur eine Regel: Handys aus. Oder besser: Alle Handys werden gleich an der Garderobe mit abgelegt und erst beim Nachhausegehen wieder in die Hand genommen. Abgemacht? Ich garantiere Ihnen, es wird Spaß machen, und der Abend wird intensiver, lebendiger und aufregender werden.

Feiern Sie sich und feiern Sie Ihre 14 medienfreien Tage. Sie haben es geschafft! Meine allerherzlichste Gratulation!

Machen Sie einen kleinen Party-Einkauf und bereiten Sie sich vor:

Ideen für Ihre SWITCH OFF-Party

✓ Lassen Sie Ihr WLAN ausgeschaltet, den Fernseher und das Radio auch.

✓ Legen Sie eine schöne CD ein oder starten Sie eine Ihrer offline verfügbaren Playlists.

✓ Richten Sie eine No-Pictures-Zone ein, in der nicht fotografiert und aus der dementsprechend auch nichts gepostet wird.

✓ Stellen Sie eine schöne Smartphone-Box auf, in der jeder, gerne schon bei der Ankunft, sein Handy für den Abend lautlos »parken« kann.

✓ Suchen Sie ein paar Gesellschaftsspiele, die Ihnen und Ihren Freunden Spaß machen könnten.

✓ Bereiten Sie das Essen, die Snacks oder Getränke vielleicht gar nicht alleine vor, sondern binden Sie Ihre Gäste ein. Frei nach: Kreation vor Konsum.

✓ Welche Ideen haben Sie, vielleicht auch Ihrem speziellen SWITCH OFF-Typ entsprechend?

Genießen Sie den letzten SWITCH OFF-Abend in vollen Zügen, denn morgen sind Sie zurück in der Medienwelt. Ich empfehle Ihnen, es langsam anzugehen. Schenken Sie mir daher auch morgen noch einmal Ihre Frühstückszeit und lassen Sie uns gemeinsam zurückblicken auf Ihr ganz persönliches 14-Tage-SWITCH OFF-Abenteuer!

Ich freue mich schon sehr darauf!

Der Morgen danach:
14 Tage offline! Das habe ich gewonnen

Das Fieber steigt!

Ich gratuliere Ihnen von ganzem Herzen. Sie gehören zu den Menschen, die zu ihrem Wort stehen. Die nicht nur Lust auf Neues haben, sondern die den Schritt ins Unbekannte auch wirklich wagen. Und die damit ein Vorbild für viele sein können. Sie sind mit dem heutigen Tag ganz offiziell ein erfahrener SWITCH OFF-Abenteurer und haben nun Ihre ganz persönliche Geschichte erlebt.

Hand aufs Herz: Haben Sie heute gleich nach dem Aufwachen das WLAN und die mobilen Daten reaktiviert, oder ist in Ihnen in den letzten Tagen eine gewisse Gelassenheit entstanden, die Sie geduldiger und ruhiger gemacht hat? Haben Sie überhaupt Lust, die vielleicht deinstallierten Apps wieder am Smartphone zu aktivieren, oder gönnen Sie es sich, viele Online-Verpflichtungen und -Verführungen erst einmal auf Ihren PC oder Laptop umzuleiten?

Wie ist es Ihnen in den letzten zwei Wochen ergangen?

Waren Sie unerschütterlich standhaft, oder haben Sie hier und dort ein kleines Schlupfloch ins Internet oder in die Welt des Fernsehens genutzt? Ob tapferer Held oder SWITCH OFF-Genießer, was zählt, ist, dass Sie eine neue Sichtweise eingenommen haben. Dass Sie offen waren, über den eigenen Bildschirmrand zu blicken und etwas Unkonventionelles zu tun. Und das haben Sie geschafft!

- Ist es Ihnen wie vielen SWITCH OFF-Abenteurern ergangen, und haben Sie nach wenigen Tagen ganz von selbst einen veränderten Blick auf die Dinge, die Welt und sich selbst entwickelt?

- Wie haben sich Ihre Gedanken verändert?
- Wie waren Ihre Träume in der Nacht?
- Haben Sie sich fast automatisch für neue Ideen geöffnet?
- Wie hat Ihr Umfeld reagiert?
- Wie hat Ihre Umwelt ausgesehen, ohne den Zwang, sofort ein Foto zu schießen, es zu posten und auf die Reaktionen zu warten?

Meine Erfolgsbilanz

Werfen wir einen abschließenden Blick auf Ihr SWITCH OFF-Abenteuer. Tun Sie das gerne wie immer hier in diesem Buch oder online auf unserem SWITCH OFF-Community-Portal – und sehen Sie, was schön, was schwierig und was einzigartig für Sie war. Teilen Sie, wenn Sie möchten, Ihre SWITCH OFF-Erfahrung und motivieren Sie andere mit Ihrer Geschichte: www.switchoff.at/erfolgsbilanz. Ich bin sehr gespannt darauf!

14 Tage medienfrei

Die Zeit ohne Medien kam mir kurz vor.

☐ Ja   ☐ Nein

Die freie Zeit hat sich gut angefühlt.

☐ Ja   ☐ Nein

Ich konnte meine für diese 14 Tage gesetzten Ziele erreichen:

☐ Ja   ☐ Nein

    Wenn nein, warum nicht? _____

Ich habe mich in meinem SWITCH OFF-Typ verwirklichen können.

☐ Ja   ☐ Nein

Ich habe »Liebe & Lebensfreude« empfunden und mich wieder mehr mit den Menschen um mich herum verbinden können.

☐ Ja   ☐ Nein

Ich habe »Abenteuer & Aufbruch« für mich wirklich zum Programm gemacht und bin schon die ersten Schritte in die neue Richtung gegangen.

☐ Ja ☐ Nein

Ich konnte »Ruhe & Regeneration« finden und fühle mich vitaler und motivierter.

☐ Ja ☐ Nein

Ich habe auch die Übungen für die anderen SWITCH OFF-Typen ausprobiert.

☐ Ja ☐ Nein

Nach meinem SWITCH OFF-Abenteuer fühle ich mich insgesamt:

☐ ruhiger
☐ sicherer
☐ auf jeden Fall verändert und auf gewisse Weise erholt
☐ mehr bei mir selbst und in meiner Mitte
☐ klarer in meinen Gedanken und Wünschen
☐ irgendwie gereinigt und befreit
☐ in der Macht bestärkt, mein Leben zu ändern und selbst zu bestimmen
☐ frei, meinen Medienkonsum nun zu meinem eigenen Vorteil zu verändern und bewusster zu entscheiden, was ich konsumiere
☐ etwas nervös bei dem Gedanken, nun wieder online zu sein und alle Medien wieder in mein Leben zu lassen
☐ positiv gegenüber der Zukunft und der Welt

Ich bin überrascht, dass:

☐ es einfacher war als gedacht.
☐ es wirklich so schwierig war für mich, 14 Tage durchzuhalten.
☐ die Medien offensichtlich sehr viel Macht über mich haben.

- ☐ es mich sehr rasch verändert, wenn ich mich nicht dauernd in allen Social-Media-Kanälen und mit den Stars im Fernsehen vergleiche.
- ☐ mein Partner und meine Familie so offen waren.
- ☐ mich leider gar keiner unterstützt hat.
- ☐ meine Träume in der Nacht sehr intensiv geworden sind.
- ☐ meine Wahrnehmung sich schnell geschärft hat und mir plötzlich ganz andere Dinge aufgefallen sind.
- ☐ ich mich in meinem aktuellen Lebensweg bestätigt fühle.
- ☐ Veränderung offenbar leichter ist als gedacht.
- ☐ es Zeit ist für Neues und ich genau weiß, was das sein soll und was als Nächstes zu tun ist.
- ☐ die Medien wirklich eine Lebensblockade für mich darstellen, die ich nicht mehr so machtvoll sein lassen möchte.
- ☐ ich jetzt einige Änderungen in meinem Leben angehen werde, nämlich _____

_____

_____

_____

- ☐ ich produktiver und konzentrierter bei der Arbeit war.
- ☐ ich die Freizeit viel aktiver gestaltet habe und ich daher auch erholter und motivierter war als sonst.
- ☐ ich die TV-Programme eigentlich gar nicht wirklich vermisst habe.
- ☐ ich froh war, nicht dauernd darüber nachdenken zu müssen, was ich als Nächstes poste.
- ☐ ich es richtig genossen habe, offline zu sein. Es war fast wie Urlaub.
- ☐ ich mich plötzlich viel freier und unbeobachteter gefühlt habe.
- ☐ ich ein Projekt gestartet beziehungsweise fortgesetzt oder finalisiert habe! Ich bin stolz auf mich!
- ☐ ich mich entspannter und freier fühle.

Ganz klar ist für mich, dass:

☐ mein Media-Detox mir gutgetan hat, auch wenn es nicht immer leicht war.

☐ ich nun etwas achtsamer in meinem Medienkonsum sein werde.

☐ ich nicht mehr so viel wertvolle Lebenszeit vergeuden will.

☐ die Medien in meinem Leben einen Kreislauf aufgebaut haben, den ich gerne durchbrechen würde.

☐ ich mich daher von gewissen Medien und Formaten ganz verabschieden werde.

☐ ich auch weiterhin mehr Zeit für die Menschen um mich herum, für meine Hobbys und die Natur haben möchte.

☐ ich alle Übungen nachhole, die ich nicht geschafft habe und die mich interessiert hätten.

☐ ich gewissen Menschen in meinem Umfeld ebenfalls ein SWITCH OFF-Abenteuer empfehlen werde.

☐ ich früher oder später wieder ein SWITCH OFF-Abenteuer erleben will.

Zusammenfassend: Eindeutig beobachtet habe ich:

_____

_____

_____

_____

_____

_____

_____

_____

_____

Und das schließe ich für mich daraus:

_____

_____

_____

_____

_____

_____

_____

_____

_____

Folgende Änderungen im Alltag
möchte ich in Angriff nehmen:

_____

_____

_____

_____

_____

_____

_____

Diese Projekte stehen für mich nun weit oben auf der
Prioritätenliste meines Lebens:

_____

_____

_____

_____

Es wird konkret!

Erkenntnis, Lust und Neugier sind der erste Schritt, wenn wir etwas erreichen oder verändern wollen. Planung, Konsequenz und Vertrauen der nächste. Als erfolgreicher SWITCH OFF-Abenteurer haben Sie bewiesen, dass Sie mit faulen Gewohnheiten und lästigen Ausreden brechen können. Machen Sie weiter so!

Ein paar einfache Tricks sind entscheidend, wenn es darum geht, auch am Ziel anzukommen. Kleine Zwischenziele machen den Weg lebendiger und freudvoller. Planen Sie sie ganz realistisch ein und überfordern Sie sich dabei nicht. Lieber langsam ins Ziel kommen, als bereits in Stunde null aus Frust an der Überforderung aufgeben. Kleine Schritte sind sichere Schritte. Und jeder Schritt ist ein Erfolg!

Also: Was können Sie bereits diese Woche tun, um Ihre Vorsätze und Pläne zu verwirklichen?

_____

_____

_____

_____

_____

Was bis zum Ende dieses Monats?

_____

_____

_____

_____

_____

Was bis zum Ende des Jahres?

_____

_____

_____

_____

_____

Immer wenn Sie in den kommenden Wochen und Monaten zweifeln oder zurückfallen in den alten Trott – und das tun wir alle irgendwann und irgendwie –, dann nehmen Sie doch einfach die Briefe Ihres acht- und Ihres 80-jährigen Ichs heraus und erinnern Sie sich selbst an diese Stimmen Ihrer Seele.

SWITCH OFF homemade

Sie sind inspiriert und haben Lust, heute oder in Zukunft Ihr ganz persönliches neues SWITCH OFF-Abenteuer zu erleben? Sie können jederzeit wieder offline gehen und von den Medien entschlacken – seinen Sie kreativ, offen und Ihr eigener Abenteuer-Regisseur!

Machen Sie sich doch auch jene Übungen aus den vergangenen 14 Tagen zur Gewohnheit, die Ihnen ganz besonders gutgetan haben. Niemand zwingt Sie, zum alten Medienkonsum zurückzukehren. Ihre Freizeitgestaltung liegt ganz allein in Ihrer Hand. Das ist der schönste und größte Luxus unserer Zeit! Schöpfen Sie ihn voll aus!

Bis bald back online und bei Ihrem nächsten
#switchoffabenteuer!

Teil 3

Back online:
SWITCH OFF-Anker
gegen die Informationsflut

Abenteuerlich, entspannend, ideenreich und voll schöner Begegnungen. Jedes SWITCH OFF-Abenteuer ist individuell und einzigartig – eines jedoch haben wir alle gemeinsam: Nach zwei Wochen sind wir auch in der Freizeit wieder »online« und vor den Fernsehbildschirmen. Wir verbinden uns wieder mit der digitalen Welt, die sich inzwischen weitergedreht hat. Treten wieder ein ins Paralleluniversum von Social Media, versenden private E-Mails, Bilder und Emojis und öffnen wieder alle Tore zum digitalen Dazwischen. Mitunter fühlt es sich überwältigend an, wieder in die mediale Flut einzutauchen, darum reagiert jeder anders: Manche SWITCH OFF-Abenteurer entscheiden sich dazu, das Fernsehen einzuschränken, gewisse Social-Apps gar nicht mehr auf dem Smartphone zu installieren und ihre Interaktionen auf die Zeit am Laptop zu beschränken. Andere reduzieren ihre Online-Aktivitäten auf gewisse Stunden am Tag. Und wieder andere sind glücklich, zurück zu sein, stürzen sich mitten hinein und baden in Likes und neuen Postings.

Egal, welcher Charakter Sie sind, ob Sie voll motiviert in die Fluten springen oder erst mal am seichten Ufer bleiben, ich rate Ihnen: Gönnen Sie es sich, dabei ein paar Schwimmflügel zu tragen. Warum? Vierzehn Tage offline zu sein und medienfrei zu leben ist etwas, das sehr viel in Bewegung setzen kann, das nachdenklich macht, den Horizont und vor allem die Wahrnehmung verändert – und das hinterlässt Spuren. Auch die Schätze, die Sie beim Abtauchen in die Ruhe in sich geborgen haben, wollen geschützt werden.

Sie spüren das und wissen nun aus eigener Erfahrung, dass es ganz an Ihnen liegt, ob die digitale Stressfalle (wieder) zuschnappt und Ihre Kreativität und Lebensfreude auffrisst – oder nicht.

Mit jedem An- und Abschalten entscheiden Sie darüber, wie Sie die nächsten zwanzig Minuten, den heutigen Tag, den gemeinsamen Abend, das Wochenende, den Urlaub und Ihr Leben im digitalen Zeitalter gestalten.

Back online ist es immer Ihre Entscheidung, ob Sie
a) jeden Tag gestresst in der reißenden Informationsflut rudern,
b) sich in der Freizeit erschöpft vor den Fernseher fallen lassen oder ins digitale Paralleluniversum abtauchen
c) oder ob Sie einen gezielten, bewussten und maßvollen Medienkonsum in Ihrem Leben etablieren. Einen Konsum, der Spaß macht, inspiriert, das Beste aus Ihnen herausholt und Sie in Ihrer Lebens-, Karriere- und Familiengestaltung ideal und per Mausklick unterstützt.

Wenn Sie sich für Lebensweise C entscheiden, verspreche ich Ihnen: Sie schaffen es, den goldenen Weg für sich zu finden – und zu leben, bevor es Ihr Smartphone für Sie tut.

Denn wie überall, so macht auch hier die Dosis das Gift. Zurück online zu sein heißt, nicht nur mit den medialen Reizen, sondern auch mit seinen alten Mustern und Gewohnheiten konfrontiert zu werden. Diese Strömungen und Wellen sind vielleicht stärker, als Sie glauben – und vertreiben Sie vielleicht rascher aus dem gerade erst entdeckten Neuland, als Ihnen lieb ist. Daher statten wir Ihr Boot nun mit ganz neuen SWITCH OFF-Ankern aus!

Die SWITCH OFF-Tipps sind praktische Tools, erfolgserprobte Tricks und technische Kniffe, die Ihnen helfen, mehr Stabilität und Ruhe zu finden und das Abgrenzen zurück in der vernetzten Welt leichter zu machen.

Gerade was die technischen Mittel betrifft, hat IT-Philosoph Tristan Harris interessante Gedanken für uns. Er sagt: Smartphone-Sucht ist ein Designfehler der IT-Branche, den wir mit den richtigen Programmierungen ganz einfach entschärfen können. Er kennt die Methoden der Medienmacher, um die Nutzer süchtig zu machen – und will dem als »Gewissen des Silicon Valley« ein Ende bereiten, wie die Tageszeitung *Der Standard* berichtet. Er fordert zum Beispiel, dass wir einstellen können, wie lange wir eine App oder eine Plattform nutzen wollen, und dass wir eine Nachricht erhalten, wenn diese Zeit für den heutigen Tag abgelaufen ist. Auch dass wir mit einem »Pause-Modus« dafür sorgen können, dass keine neuen Benachrichtigungen aus anderen Programmen ankommen, solange wir uns aktiv in einer Anwendung aufhalten – und vieles mehr. Noch sind seine Ideen nicht umgesetzt, aber wir können vieles selbst in die Hand nehmen.

SWITCH OFF-Tipps fürs Smartphone

Die Welt liegt in unserer Hand. Mehr denn je
Beginnen wir mit dem Naheliegendsten: mit Smartphone-Einstellungen, die Ihnen helfen, die Intensität Ihrer Kommunikation und Ihrer Mediennutzung zu kontrollieren:

- ✓ **Lautlos als Luxus:** Sie sollten die Lautlos-Taste zu Ihrem besten Freund machen. Immer wenn Sie sich länger, also aufs

Medienzeitalter gerechnet: mehr als 15 Minuten, ungestört auf etwas konzentrieren möchten oder privat ganz präsent sein wollen, kippen Sie den Schalter und gönnen Sie sich den Luxus »Lautlos«. Nichts wird geschehen, wenn Sie später zurückrufen oder die Nachricht erst in einer Stunde oder zwei beantworten. Im Gegenteil. Sie durchbrechen auch für Ihr Gegenüber die Pflicht, sofort zu antworten.

✓ **Nicht-stören-Funktion:** Ob manuell oder zu ganz bestimmten Uhrzeiten können Sie alle Anrufe und Nachrichten, die nicht von den Favoriten aus Ihrer Kontaktliste stammen, mit der Nicht-stören-Funktion auf stumm schalten. Um keine akuten Anrufe zu verpassen, können wiederholte Anrufe desselben Kontaktes, der binnen drei Minuten mehr als einmal durchklingelt, von der Stummschaltung ausgenommen werden.

✓ **Night-Shift**: Ich liebe diese Funktion! Sie steuert die Anzeige und Helligkeit des Bildschirms in ausgewählten Zeiten und reduziert das blaue Blenden.

✓ **Frei sein im Flugmodus:** Der König in Sachen Privatsphäre. Kein WhatsApp, keine E-Mail, kein Anruf, keine SMS. Nichts stört Sie mehr, wenn Handynetz und WLAN im Flugmodus unterbrochen sind. Genießen Sie eine Zeit über den Wolken – ganz egal, wo Sie gerade sind.

✓ **Messaging incognito:** Ein großer Graben, der die digitale Stressfalle vertieft, ist die vermeidliche Verpflichtung zur Kommunikation und zur sofortigen Reaktion, die zum Beispiel die Lesebestätigungen auf WhatsApp in uns auslösen können. Unter »WhatsApp > Account > Datenschutz« können Sie dieses Gefühl ganz einfach ausschalten: Stellen Sie die Option »Zuletzt online« auf »Niemand« um und verstecken Sie damit, wann Sie das letzte Mal in der App aktiv waren, und schalten Sie die Lesebestätigungen aus.

Dasselbe können Sie unter »Einstellungen > Nachrichten«

auch für die Lesebestätigungen Ihrer SMS anpassen und sich damit mehr Freiraum schaffen.

✓ **Der Junkie-Ordner:** Aus dem Auge aus dem Sinn. Verschieben Sie alle Programme, die süchtig machen, in einen gemeinsamen Junkie-Ordner. Sie sehen die bunten Icons nicht mehr und tippen diese nicht mehr im Autopilot-Modus an. Somit liegt ein weiterer bewusster Schritt zwischen Ihnen und dem hemmungs- und meist sinnlosen Surfen in diesen uferlosen Weiten.

SWITCH OFF-Tipps fürs Büro

Produktiver und konzentrierter im Workflow

✓ **Der digitale Postbote:** Stellen Sie in den Einstellungen Ihres E-Mail-Programms das Abfragen von neuen Nachrichten auf »manuell« um. Damit werden Sie nie mehr automatisch unterbrochen, sondern bestimmen per Mausklick, wann Sie sich auf Ihre E-Mails konzentrieren wollen. Wenn es Sie nervös macht, damit nicht mehr sofort reagieren zu können, und Sie Angst haben, vielleicht zu lange das Abfragen zu vergessen, dann versuchen Sie zunächst, das automatische Abruf-Intervall zu steigern: Wählen Sie ein Zeitintervall aus, das genügend Raum zum fokussierten Schaffen lässt. Lassen Sie den virtuellen Postboten zuerst nur alle zwanzig, dann vielleicht schon nur noch alle dreißig Minuten mit einer neuen E-Mail bei Ihnen anklingeln. Und sehen Sie, wie weit Sie sich steigern können.

✓ **Ja, aber!** Sollte Ihre Stimme auf diesen ersten Tipp mit dieser Antwort reagiert haben, dann wahrscheinlich, weil es Ihnen unmöglich erscheint, Ihre Kollegen, Kunden und Businesspartner immer mindestens zwanzig Minuten auf eine Antwort warten zu lassen. Oft geht es schließlich ja nur darum, etwas zu bestätigen, einen Termin zu verschieben oder eine knappe Info einzuholen. Wenn das Ihr Einwand ist, dann verstehe ich das nur zu gut. Auch in meinem Alltag herrschte das Dogma der Unverzüglichkeit. Doch als ich begann, mir meine individuelle Zeit zum Antworten herauszunehmen, brach absolut nichts zusammen. Schon gar nicht mein Geschäftserfolg. Wenn wir unsere eigene Reaktionszeit verlangsamen, entschleunigen wir damit auch die des Gegenübers. Und in ganz dringenden Fällen lohnt sich der Griff zum Telefon, um vielleicht in zwei oder drei Minuten alles zu klären, was ansonsten über den gesamten Tag in bis zu zwanzig ein- und ausgehenden Nachrichten »besprochen« worden wäre. Außerdem können Sie sicher sein, dass *Sie* angerufen werden, wenn an der anderen Seite die höchste Dringlichkeitsstufe erreicht wird – und man nicht länger auf Ihren Input warten kann oder will. Entspannen Sie also. Mit dem reduzierten Reagieren senden Sie nämlich nicht ein Zeichen der Unerreichbarkeit, sondern des Beschäftigtseins und auch der Souveränität.

✓ **Lifeguard Autoresponder:** Wenn es Ihnen dennoch Bauchschmerzen bereitet, Ihre Kontakte warten zu lassen, dann lassen Sie sich von einem Autoresponder helfen. Als Abwesenheitsnotiz bereits allseits beliebt, eignet sich die automatische Antwort beispielsweise auch, um sich in Spitzenzeiten mit einem »Herzlichen Dank für Ihre Anfrage. Sehr gerne beantworte ich Ihr Anliegen bis … um … Uhr« für den Augenblick zu entschuldigen, oder dafür, fix festgelegte Zeiten der sicheren Erreichbarkeit zu kommunizieren – und das ganz ohne gestört zu werden.

✓ **Bewerten Sie nichts über.** In der Frage, wie erreichbar wir sein müssen und wie unerreichbar wir sein dürfen, bitte ich Sie, Ihren Blick zu relativieren und sich selbst und Ihre Bedürfnisse über irgendwelche alten oder neuen Konventionen zu stellen. Kein Kunde und kein Vorgesetzter würde es vorziehen, Sie an eine Erschöpfungsdepression zu verlieren, anstatt individuellere und produktivere Reaktionszeiten und Kommunikationsweisen Ihrerseits anzunehmen.

✓ **Effektive E-Mails:**

- Ein weiterer wirkungsvoller Weg, die E-Mail-Flut einzudämmen, ist die Effektivität jeder Nachricht. Täglich versendeten wir 2016 weltweit rund 215 Milliarden E-Mails. Wie viele davon könnten vermieden werden? Stören Sie sich nicht an »lästigen« Nachrichten anderer, sondern beginnen Sie bei sich:

- **Substanz statt digitale Sofortness:** Antworten Sie nicht sofort, sondern mit Ruhe, Substanz und Klarheit. Nehmen Sie sich Zeit für Ihre Antworten und überlegen Sie bei einer Anfrage, was Ihr Gegenüber wirklich wissen muss, um nicht gezwungen zu sein, mehrfach nachzufragen. Versuchen Sie so vollständig und einfach nachvollziehbar zu sein, senden Sie gegebenenfalls Links und Dokumente zur weiteren Information mit.

- **Fragen bündeln:** Wenn beim Bearbeiten bestimmter Aufgaben eine Frage auftaucht, ist es sehr wahrscheinlich, dass dies nicht die letzte bleibt. Sammeln Sie Ihre Fragen des gesamtes Vormittags, eines ganzen Tages oder gar mehrerer Tage und fassen Sie alle gut strukturiert und vielleicht sogar nummeriert in einer einzigen E-Mail zusammen. Die Antwort, die Sie erhalten, wird in den meisten Fällen ähnlich effizient sein. Freuen Sie sich darauf!

- **Sagen Sie es in der ersten Zeile:** Wenn es nur eine knappe Frage ist, stellen Sie diese im Betreff und lassen Sie die restliche E-Mail einfach leer.

- **Vorlagen schaffen Freiraum:** Wenn es Ihr Berufsfeld zulässt, ist es eine wundervoll effektive Möglichkeit, immer wieder auftretende Kommunikationssituationen mit einer Vorlage zu beantworten. Ganz einfach können solche E-Mails auch als E-Mail-Signatur gespeichert und rasch und unkompliziert ausgewählt werden.

- **Die oft vergessene Alternative: das Gespräch.** Mit einem Anruf könnten sehr viele unserer Nachrichten gänzlich eliminiert werden. Wenn Sie nicht (mehr) der Typ sind, der einfach zum Hörer greift, dann vereinbaren Sie per Mail einen Telefontermin, damit stellen Sie sicher, dass:
  - Ihr gewünschter Kontakt erreichbar sein wird,
  - Zeit hat und
  - sich im besten Fall bereits anhand Ihrer per E-Mail zugesandten Fragen auf Ihr Gespräch vorbereitet hat.

So entsteht eine effektive Kommunikation, die Sie letztlich nicht aus dem Always-on ins gefürchtete berufliche Off katapultiert, sondern die den Workflow für alle optimiert.

✓ **Feng-Shui im Posteingang:** Überforderung kommt oft von fehlender Übersicht. Druck von Durcheinander. Und beides beginnt bei vielen Menschen bereits beim allerersten Öffnen der Inbox. Jeden Morgen. Wie ein reißender Wasserfall fluten die Nachrichten den Posteingang. Neue Aufträge, Antworten, Werbung für Potenzmittel, Newsletter, die wir längst abbestellen wollten, Privates, alles ergießt sich in einem unkontrollierten Strom über uns – und begräbt uns gefühltermaßen bereits bevor wir richtig in den produktiven Tag starten konnten. Das ist der Beginn einer sogenannten E-Mail-Allergie. Was Sie dagegen tun können?

✓ **Drehen Sie den Newsletter-Hahn zu:** Melden Sie sich von jedem, ausnahmslos jedem Newsletter ab, auf den Sie sich nicht aktiv freuen. Wenn es gar keinen Newsletter gibt, auf den Sie sich freuen, dann ist die Anzahl Ihrer eintreffenden Newsletter in Zukunft ganz einfach: null.

✓ **Gleich und Gleich gesellt sich gern:** Legen Sie Ordner für Privates, alle Projekte, die Sie bearbeiten, alle Kunden, die Sie betreuen, und für Finanzen, Einkäufe, Versicherungen, Weiterbildungen und alle weiteren Interessensgebiete an, die für Sie eine Rolle spielen – und legen Sie jede bearbeitete oder gelesene E-Mail, die Sie aufbewahren möchten, in diesem Ordner ab. Das entschlackt den Posteingang – und damit vielleicht auch Ihren gefühlten Workload – radikal! In meinem Fall erlaube ich jedem Projekt nur eine einzige E-Mail in meiner Inbox, damit es als To-do präsent ist. Auch dieses Buch war in seinen zwei Jahren der Entstehung mit nur einer einzigen E-Mail präsent: Einer E-Mail an mich selbst, in der ich mich unter dem Betreff »SWITCH OFF« und dem simplen Text »:) do it!« zum Dranbleiben aufforderte. Diese eine E-Mail hat ganz offensichtlich ausgereicht, um das auch zu tun und das Buch zu vollenden, das Sie gerade lesen. Alle anderen eingehenden E-Mails, die ein laufendes Projekt betreffen, lege ich in einem entsprechend angelegten Ordner ab, den ich in Sekundenschnelle finde. Das gilt auch für den Postausgang. Dort bleibt nur jenes liegen, das noch unbeantwortet *und* wichtig ist. So befinden sich auch in stressigen Zeiten maximal rund zwölf E-Mails in der Inbox und im Postausgang. Damit fühlt sich alles viel offener, überschaubarer und machbarer an. Herrlich!

✓ **Multitasking ist ein Mythos:** Vergessen Sie für Ihren fokussierten Workflow all das Gerede über Multitasking und Effizienz durch Gleichzeitigkeit. Hirnforscher haben hinreichend belegt, dass niemand – auch Sie und ich nicht – seine Produktivität durch Multitasking steigern kann. Im Gegenteil: Wollen wir mehrere Aufgaben wie Telefonieren, E-Mails abrufen oder schreiben, einen Artikel recherchieren und Facebook checken gleichzeitig erledigen, bezahlen wir das mit einem erheblichen Konzentrations- und Leistungsverlust. Lösen wir uns also vom Druckmacher Multitasking, und verabschieden wir den Glauben daran, dass wir alles gleichzeitig schaffen (müssen).

✓ **Tappen Sie nicht in die Tabs-Falle.** Ähnlich zum Multitasking verhält es sich auch hier: Je mehr Tabs, Fenster und Dokumente auf unserem Rechner parallel geöffnet sind, desto unkonzentrierter fühlen wir uns. Das Stresslevel steigt, und wir erzeugen das Gefühl, der Arbeit nicht Herr zu werden. Schließen Sie also immer alle Tabs und Fenster, die Sie gerade nicht oder nicht mehr brauchen, und minimieren Sie die geöffneten Ordner, die allesamt suggerieren, ebenfalls jetzt und noch heute erledigt werden zu müssen.

✓ **Adieu Karrierekiller Instagram & Co.!** Social Media mag uns auch beruflich oft sinnvoll und schnell vernetzen, im Alltag und als konstant geöffnete Inseln der Ablenkung ist es jedoch eine massive Bremse für unsere Karriere. Denn hier greift beides: Social Media ist immer (mindestens) ein weiteres geöffnetes Tab oder Fenster, das unsere Aufmerksamkeit dem Wesentlichen entzieht – und es verlangt Multitasking nicht nur auf der intellektuellen, sondern auch auf der emotionalen Ebene, indem wir bei der Arbeit mit den Urlaubs- und Freizeitinfos, Beziehungsupdates und Stimmungen unserer Kontakte konfrontiert werden. Ein Info-Cocktail, den wir uns sicher erst zur Happy Hour nach Büroschluss wieder einschenken lassen sollten, um nüchtern, fokussiert und damit kurz- und langfristig erfolgreich im Job zu bleiben.

SWITCH OFF-Tipps für zu Hause

Home real home

✓ **Von Bildschirm zu Bildschirm:** Kaum verlassen wir unseren Arbeitsplatz, binden wir uns an einen weiteren Bildschirm. In Bus, Straßenbahn oder U-Bahn ans Smartphone. Zu Hause an den Fernseher und ans Tablet. Wir sind neugierig, was es in den sozialen Medien Neues gibt, schalten für unsere gewohnte TV-Feierabend-Routine ein und lassen uns im Radio die Geschehnisse des Tages zusammenfassen. Es ist oft schön, dabei zu sein, manchmal wirklich interessant und immer wieder unterhaltsam, doch erinnern Sie sich an die Erkenntnisse aus Teil 1 dieses Buches, bleiben Sie bewusst und fragen Sie sich beim Anschalten zu Feierabend, ob Sie wirklich neue und zusätzliche Informationen aufnehmen sollten oder ob Sie lieber zuerst den Tag verarbeiten möchten. Neuer Input verlangt uns immer neue Energien ab. Wollen Sie diese investieren? Oder möchten Sie in Wahrheit entspannen und sich Raum zum Durchatmen geben? Indem Sie eine halbe Stunde einfach nur aus dem Zugfenster in die Landschaft schauen. Musik hören und die müden Augen schließen. Einen Spaziergang machen oder noch eine Freundin treffen.

✓ **Privates Plaudern:** Sind Sie nach Feierabend privat online, öffnen sich die nächsten Kommunikationskanäle. Mit Ihrer Mutter, mit der Freundin, die gerade beim Vorstellungsgespräch war und berichten will, mit einem Freund, den Sie lange nicht gesehen haben. Und das parallel per Telefon, auf WhatsApp, in den sozialen Medien und via E-Mail. Es ist verbindend, aber auch fordernd: Jedes Senden löst wieder ein Empfangen aus. Jedes Empfangen verlangt wieder Ihre Aufmerksamkeit und lenkt Sie davon ab, sich auf sich, Ihre Familie, Ihre Hobbys oder Ihre geschmiedeten Pläne zu besinnen. Gönnen Sie sich auch in Ihrer Freizeit die Freiheit, nicht immer sofort zu antworten. Es gibt keine Regel, die besagt, dass Sie jeden privaten Anruf zu jeder Zeit entgegennehmen müssen. Keine Pflicht, andauernd in Kommunikation zu stehen – schon gar nicht, um die Langeweile anderer zu vertreiben, während Ihre Inspiration und Ihre Muße eigentlich eine kleine, private Party mit Ihnen geplant haben!

✓ **Stellen Sie sich an die erste Stelle:** Das ist wohl das A & O in der privaten Kommunikation. Denn es gibt immer jemanden, der eine SMS sendet, immer einen, der fragt »Wie geht's dir?«, und jemanden, der ein Video mit Ihnen teilen will, das Sie unbedingt gesehen haben müssen! Wenn Sie sich auf das private Chit-Chat der digitalen Kommunikation einlassen, ist die Zeit vom Abendessen bis zum Schlafengehen sehr schnell im Nirvana der Netzwerke verschwunden. Und in der Realität haben Sie wieder kein Yoga gemacht, sich wieder nicht Ihrem Hobby gewidmet oder wieder nicht das neue Buch gelesen, das Sie sich neulich neugierig ausgesucht haben. Vor allem aber haben Sie wieder nicht das Projekt in Angriff genommen, das Sie so gerne starten würden – und gehen frustriert und enttäuscht von sich selbst zu Bett. Stellen Sie also Ihre Herzenswünsche vor das virtuelle Plaudern. Es wird sich garantiert auszahlen!

✓ **Echter Kontakt. Echte Gefühle.** Natürlich ist das kein Aufruf, Ihre Freunde zu ignorieren und sich immer mehr abzukapseln. Aber es reicht aus, wenn Sie eine abendliche Nachricht am nächsten Tag beantworten oder einen Anruf dann erledigen, wenn er Sie nicht noch zusätzlich unter Druck setzt oder blockiert. Anstatt viele virtuelle Worte zu verlieren, können Sie sich ja wieder mehr in der realen Welt verabreden. Mit Augenkontakt, einem frischen Drink und dem Gefühl, wirklich zusammen und wirklich lebendig zu sein. Das bringt allemal mehr kreativen Input und Lebensfreude, als in Jogginghose auf der Couch liegend Herzchen zu verschicken. Auch wenn uns das zwischendurch natürlich genauso einmal ein Lächeln schenkt.

✓ **Fernsehen. Freund und Feind.** Laut der Chronologie des Fernsehens in Wikipedia beginnt die Entstehung dieses Weltmediums 1843 mit einem Patent für ein Faxgerät, angemeldet vom schottischen Uhrenmacher Alexander Bain, das die Grundlage zur Bilderzeugung legte. 1935 wurden die ersten Fernsehstuben für die Öffentlichkeit eingerichtet, und in den 1950er-Jahren wurde das Fernsehen zum Massenmedium, das ab Ende der 1960er-Jahre in Farbe faszinierte. Im Vorspann haben wir uns intensiv mit dem Phänomen Fernsehen und unseren Gründen einzuschalten befasst. Nehmen wir als SWITCH OFF-Abenteurer vor allem eines mit: Egal, ob zur Information oder zur bloßen Unterhaltung – Fernsehen entfernt uns *immer* vom Hier und Jetzt und von uns selbst. Wir alleine entscheiden, ob wir den freien Abend aktiv gestalten, anstatt ihn uns zu vertreiben.

✓ **Den Flatscreen-Altar entkräften.** Bildschirme sind Magnete. Wenn wir uns ihrer Anziehungskraft entziehen möchten, kann es auch hilfreich sein, die Position und die Gestaltung unserer Fernsehwand zu analysieren. Meist sind die Geräte sehr prominent mitten im Wohnzimmer, in der Nähe des Esstisches, gegenüber dem Bett oder direkt über der Badewanne fixiert. Und mit ihnen unser Blick. Was auffällt, ist nicht nur die gigantische Größe der Flatscreens, sondern der altarartige Aufbau der Fernsehwand: Symmetrie gilt in der Gestaltungslehre als Mittel zur Bündelung und Konzentration von Energien und Aufmerksamkeit. Sie kennen das aus sakralen Bauten und zahlreichen architektonischen Meisterwerken, die eine außergewöhnliche Wirkkraft auf uns ausüben. Gestalten Sie Ihre Fernsehwand ähnlich, wirkt der Fernseher wie ein heiliges Zentrum an einer schön dekorierten Wand. Überdenken Sie das und fragen Sie sich, ob Sie den Bildschirmen wirklich (weiterhin) diese Präsenz geben wollen. Und wenn nein, welche Ideen Sie haben, das zu ändern. Erinnern Sie sich zum Beispiel an die TV-Kästen aus den 1970er- und 1980er-Jahren? Die Röhrenbildschirme waren in verschließbaren Kästen aufbewahrt – eine Gestaltungsidee, die sich heute ganz modern umsetzen lässt und die Ihnen die Option eröffnet, den Flatscreen einmal verschwinden zu lassen. Genauso wie eine Leinwand, die Sie nur dann ausziehen, wenn Sie tatsächlich und ganz bewusst anschalten wollen.

✓ **YouTube ist auch fernsehen.** Nicht nur an unseren Wänden, sondern auch in unseren Händen ist das Fernsehen ein Zeitkiller. Viele sagen heute: »Ich sehe kaum fern« und vergessen, dass ihre Stunden in den Streaming-Plattformen genau dasselbe sind. Seien Sie ehrlich zu sich – nur so finden Sie Ihre ideale Balance.

✓ **Musik ist auch Unterhaltung** – und lässt viel Freiraum für eigene Gedanken. Viele Menschen schalten ihren Fernseher ein, um sich zu Hause nicht alleine zu fühlen oder um eine unangenehme Stille zu übertönen. Wenn das der Grund ist, versuchen Sie es mit Musik. Mit gezielten Playlists, mit Lieblingskünstlern und mit neuen Bands, die wieder neue kreative Energien in Ihr Leben bringen. Auch das schafft Atmosphäre, regt jedoch die Gedanken an, anstatt sie mit bewegten Bildern zu betäuben. Ich sage gerne: Der Seele Halt. Der Sinne Flügel. Das ist Musik.

✓ **Bücher sind Fundgruben.** Möglichkeiten, die Leere zu füllen oder Langeweile zu vertreiben, gibt es auch zwischen zwei Buchdeckeln. Das Ganze wird umso spannender, wenn Sie in der nächsten Zeit nach Büchern suchen, die Ihre im SWITCH OFF-Abenteuer ans Tageslicht geholten Sehnsüchte noch ein Stück weiter führen. Auch nach solchen Büchern sollten Sie Ausschau halten, die Ihnen helfen, Ihre im Visionboard angelegten Ziele zu erreichen. Die Welt der Bücher ist voll von lohnenden Quellen, die alle für Sie übersprudeln werden! Und das während Sie hervorragend unterhalten, ganz entspannt und mit stetem Puls den Abend genießen. Bücher bündeln unsere Aufmerksamkeit, und Papier aktiviert unsere

Sinne – ziehen Sie dieses haptische und motorische Erlebnis dem Lesen am Tablet so oft vor, wie Sie nur können!

✓ **Gespräche sind das Salz in der Suppe.** Nicht immer müssen die Ablenkung, Unterhaltung und der Informationsgewinn, die wir in den Medien suchen, auch von den Medien kommen. Viele Paare und Freunde verlieren den Draht zueinander, da ihre Kommunikation verstummt. Reden Sie!

✓ **Offline-Zeit festlegen. Zusammen oder nur für sich.** Dass gute Gespräche Zeit zum Atmen brauchen, ist etwas, was sie mit gutem Wein gemeinsam haben. Wenn Sie alleine leben, können Sie Offline-Zeiten festlegen, in denen Sie reale Kontakte pflegen und Ihre persönlichen Wünsche erfüllen, anstatt ein einsamer Medienkonsument zu sein. Freundschaften blühen so häufig wieder ganz neu auf. Überraschende, interessante Begegnungen finden statt – und Sie kreieren dabei aktiv neue Lebensqualität. Auch als Paar oder als Familie können Offline-Zeiten ganz frischen Wind und neues Glück ins Haus bringen! Sei es, dass die Abende ab 19:00 oder 20:00 Uhr kreativ, entspannt und medienfrei gestaltet werden. Oder dass ein bestimmter Feierabend in der Woche ohne Fernsehen, Facebook, Online-Games & Co. genossen wird. Echte Highlights sind regelmäßige Offline-Wochenenden oder Real-Life-Sonntage. Die Intervalle und die Intensität liegen ganz bei Ihnen, die Lebensfreude dann auch!

✓ **Die Smartphone-Box.** Zugegeben, das Fernsehen auszuschalten und das Tablet beiseitezulegen ist einfacher, als die Finger vom Smartphone zu lassen. Um Ihre mit sich oder Ihren Lieben vereinbarte Offline-Zeit einzuhalten, kann es Wunder wirken, eine Smartphone-Box aufzustellen, in die Sie Ihr oder Ihre Geräte legen – und aus der Sie sie erst wieder herausholen, wenn die medienfreie Freizeit voll und ganz ausgekostet wurde.

✓ **Das Festnetz.** Die geplanten Offline-Zeiten in der Freizeit lösen bei Ihnen ebenfalls ein unbehagliches Gefühl aus? Sie müssen doch für Ihre Eltern, Kinder und besten Freude erreichbar sein! Was, wenn jemand im Straßengraben liegt und nur Sie erreichen kann? Genau dann, wenn Sie sich eine mediale Auszeit oder einen konsumfreien Feierabend gönnen? Ich verstehe Sie. Ihre Intentionen sind nur die besten. Wie wäre es dann, Ihr Festnetz wieder zu aktivieren oder eines anzuschaffen? Dieser Anschluss könnte Ihre neue, gut gehütete Nummer für Notrufe und Super-Dringendes sein, die Sie nur an die engsten Kontakte weiterleiten. So sind Sie für diese bestimmten Menschen zu Hause und nachts auch dann erreichbar, wenn Sie Ihr Handy in den Flugmodus schicken oder es lautlos in der Smartphone-Box auf Ihre Rückkehr wartet. Achten Sie jedoch darauf, dass es nicht zu einer stillen Hintertür wird, die plötzlich doch wieder allen und jedem offensteht.

✓ **Fancy und frei: Uhr statt Smartphone.** Das sieht nicht nur schick und klassisch-elegant aus, es befreit uns auch davon, jedes Mal, wenn wir nur die Uhrzeit wissen wollen, einen Blick auf einen Bildschirm werfen zu müssen. Tragen Sie eine schöne Uhr und tauschen Sie im Schlafzimmer das Smartphone gegen einen Wecker aus. Einen, der nicht tickt, der ein kleines Licht für die Nacht hat, der zu Ihrem persönlichen Stil passt – und Ihr Schlafzimmer ganz nebenbei von Handy-Strahlungen entlastet. So fällt auch Ihr erster und letzter Blick des Tages garantiert nicht ins digitale Dazwischen!

✓ **Last and first check of the day.** Womit wir unseren Tag beginnen und womit wir ihn beenden, ist ein Ritual, das sehr stark auf uns wirkt. Nicht umsonst raten alle spirituellen Schulen ihren Schützlingen zur Morgen- und Abendmeditation. Die ersten Gedanken, Impulse und Eindrücke des Tages prägen unsere Stimmung, Geisteshaltung und Motivation. Die letzten beeinflussen unsere Träume und damit unsere

Nachtruhe. Ich selbst beginne jeden, auch jeden freien Tag mit meinen drei von Hand geschriebenen Morgenseiten. Sie sind für mich Meditation, bewusste Ausrichtung und Planungstool zugleich. Es gibt unzählige Möglichkeiten, den Beginn und das Ende des Tages bewusst und für sich selbst aufbauend zu gestalten. Ich möchte Sie mit diesem letzten SWITCH OFF-Tipp dazu einladen, diese Rituale für sich zu finden – vielleicht sogar gemeinsam mit Ihrem Partner oder Ihrer Familie. Gönnen Sie sich das Privileg, Ihren Start und Ihr Finale Tag für Tag selbst zu gestalten, und überlassen Sie es nicht eigentlich fremden Social-Media-Freunden, wenn Sie stattdessen sich selbst oder Ihren Lieben nahe sein können.

Ausschalten und abschalten für eine erholsame Nacht.

Sicher gut schlafen

Insbesondere dann, wenn wir unsere ohnehin reizüberfluteten Tage mit weiteren Eindrücken aus Fernsehen und Internet beenden, schränken wir nachweislich die Produktion des Schlafhormons Melatonin ein. Das blaue Licht der Smartphones, die schnellen Schnitt- und Szenewechsel in modernen Filmen, die neuen Informationen aus dem Netz und den sozialen Medien – alles verhindert das Müdewerden. Das langsame und notwendige Ausklingen und Verarbeiten verschiebt sich in die Nachtzeit. Und wie sich das anfühlt, wissen Sie so gut wie ich. Um ungestört und erholsam zu ruhen, empfehle ich Ihnen basierend auf Anregungen aus der Schlafforschung Folgendes:

1. Respektieren Sie Ihren Biorhythmus und zwingen Sie sich (wenn möglich) nicht zu Schlafens- und Wachzeiten, die Ihnen unnatürlich und aufgezwungen vorkommen. Seien Sie ein Early Bird, auch wenn das vielleicht in Ihrem Umfeld nicht hip ist, oder gehen Sie zwei Stunden nach Ihrem Mann

ins Bett, wenn Sie sich ansonsten nur von einer Seite zur anderen drehen.

2. Vermeiden Sie neue Reizeinflüsse nach 18:00 Uhr.

3. Vermeiden Sie es, sich nach 18:00 Uhr dem blauen Licht der Bildschirme auszusetzen.

4. Genießen Sie abends ein paar Kohlenhydrate wie Nudeln, eine kleine Schale Müsli oder ein Stück Schokolade. Das fördert den süßen Schlaf.

5. Verzichten Sie auf Alkohol. Wie Sie noch aus dem Vorspann wissen, löst der Abbauprozess im Körper Angst- und Stresssymptome aus, die Ihre Nacht stören können.

6. Kreieren Sie in Ihrem Schlafzimmer ganz bewusst eine besondere Schlafatmosphäre. Vermeiden Sie es, dort fernzusehen, am Laptop zu arbeiten oder viele Gegenstände zu lagern, die Sie an Arbeit und Aktivität erinnern. Wenn es räumlich möglich ist, gestalten Sie Ihr Schlafzimmer als ruhige Oase für Erholung, Romantik und Sinnlichkeit. (Vielleicht schon als Projekt in Ihrem nächsten SWITCH OFF-Abenteuer?) Wenn Ihnen dazu insgesamt der Platz fehlt, trennen Sie vielleicht Ihr Bett mit einem leichten Vorhang vom Rest der Einzimmerwohnung. So hatte ich es zum Beispiel in meiner ersten eigenen Singlewohnung gelöst, und es sah sehr schick aus! Finden Sie die Möglichkeit, die zu Ihnen passt!

7. Nutzen Sie die Kraft der Natur mit Lavendel-Polstersprays, Roll-ons, Badezusätzen oder anderen Ölen und Essenzen.

8. Schaffen Sie ein Gefühl von Sicherheit, bevor Sie zu Bett gehen. Lesen Sie einen Text oder ein Gedicht, das Sie aufbaut. Hören Sie Musik, die Sie beruhigt. Kuscheln Sie sich in besonders weiche Decken. Machen Sie sich eine Wärmflasche. Und lassen Sie die Gedanken an die Welt so gut Sie können pausieren. Wenn Sie möchten, nutzen Sie Ihre SWITCH OFF-Meditationen unter www.switchoff.at/meditationen, um sanft einzuschlafen.

9. Sie bleiben rastlos? Leeren Sie Ihren Kopf! Schreiben Sie Ihre Gedanken und To-dos auf ein Blatt Papier und entlassen Sie auch diese in die wohlverdiente Nachtruhe. Morgen ist wieder genügend Zeit für Ihre Erledigungen und Arbeiten – und dafür, die Welt zu retten. Besonders an einem Tag in perfekter Digital-Real-Life-Balance.

Ihr Tag in perfekter Digital-Real-Life-Balance

Nehmen Sie aus allen Tipps des vorherigen Kapitels jene, die sich gut anfühlen und für Sie machbar sind. Probieren Sie immer wieder Neues aus. Erst wenn Sie die Anregungen selbst ausprobieren, finden Sie heraus, wo Ihr ganz persönlicher goldener Medienweg liegt. Privat wie beruflich.

Vielen SWITCH OFF-Abenteurern ist es wichtig, noch einen Schritt weiter zu gehen und sich noch klarer auszurichten, um die Qualität des echten Lebens nie wieder zu vermissen und dennoch alle Vorzüge der vernetzten Welt zu nutzen. Diese Neujustierung beginnt natürlich mit der inneren Geisteshaltung, die Sie mit Ihren 12 Schritten und mit Ihrem SWITCH OFF-Abenteuer fest in sich verankert haben, kann jedoch auf den alten Trampelpfaden back online wieder ins Wanken zu kommen.

Eine simple und sichere Methode, sich stabil in der eigenen Digital-Real-Life-Balance einzurichten, ist ein Tages-, Wochen- oder Monatsplan.

Aus Ihrem 14-Tage-Abenteuer wissen Sie mehr denn je, was Ihnen wichtig ist, welche Träume und Vorhaben Sie verfolgen wollen und in welche Lebensbereiche mehr Energie fließen soll. Um diese Ziele in Erfolge umzuwandeln, ist es entscheidend, ihnen im Alltag Zeit zu geben. Denn Dinge, für die wir keine Zeit einplanen, sind Dinge, die wir auf irgendwann verschieben – und dieses Irgendwann existiert bekanntlich nicht. Was nicht im Kalender steht, kommt sehr schnell in die gedankliche »Morgen mach ich's dann wirklich«-Schublade – und verstaubt dort mit all den kreativen Ideen, die Sie auf »Wenn ich den Kurs gemacht habe«, »Wenn ich nicht mehr so viel Stress im Büro habe« oder »Wenn die Kinder aus dem Gröbsten draußen sind« vertagt haben. Ein kleiner Schritt jeden Tag ist ein großer Schritt jede Woche. Ein großer Schritt jede Woche ist ein zielstrebiges Ansteuern des Moments, den Sie in Ihren Visualisierungen sehen.

▶ *Übung: Planen Sie Ihren idealen Digital-Real-Life-Balance-Tag ganz konkret!*

Erinnern Sie sich an Tag 15 und holen Sie Ihre Listen der Änderungen hervor, die Sie nun in Angriff nehmen möchten, die Projekte, die Sie verwirklichen, und die Aufgaben, die Sie dazu noch diese Woche, diesen Monat und dieses Jahr erledigen wollen.

Sammeln Sie nun zudem jene Aktivitäten und Beschäftigungen, die für Sie notwendig sind, um das Feuer der kreativen Lebensfreude aufrechtzuerhalten – und formen Sie anschließend daraus Ihren idealen Digital-Real-Life-Balance-Tag, -Woche oder gar -Monat. Viel Spaß!

Was ich umsetzen, erleben und genießen will, um mich kreativ und freudvoll zu fühlen:

Perfekt! Sie haben eine Fülle an Ideen, die nun geordnet werden wollen.

1. Kreisen Sie alle Aktivitäten ein, die Sie vielleicht schon morgens oder in den Arbeitspausen umsetzen können.

2. Markieren Sie nun jene, die Sie

    a) regelmäßig und vielleicht sogar an ganz bestimmten Feierabenden oder zu fixen Zeiten einplanen möchten,

    b) an Ihrem freien Tag planen,

c) im nächsten Urlaub Wirklichkeit werden lassen möchten.

3. Übertragen Sie diese Wünsche nun in vier entsprechende Listen.

4. Wenn Ihre Listen zu voll sind, dann fokussieren Sie sich auf das Wesentliche. Geben Sie jeder Idee eine Note von 1 bis 5. 1 ist besonders wichtig und sollte unbedingt Platz finden. 5 ist eigentlich mehr eine kleine Schwärmerei, die (derzeit) wenig dazu beiträgt, das Leben zu führen, das Sie wollen.

Nach diesen vier Schritten ist es einfach, Ihren idealen Digital-Real-Life-Balance-Tag, eine ganze -Woche, einen -Monat oder einen -Urlaub zu planen. Schön ist es, wenn Sie eine gute und interessante Mischung aus offline und online erreichen, also Tätigkeiten, die Sie mit und ohne Mediennutzung schaffen können. Pilates um 18 Uhr und ein anschließender Science-Fiction-Film, um einmal ins Reich blühender Fantasie einzutauchen, können eine wundervoll inspirierende Kombination sein!

Erstellen Sie eine Art Stundenplan mit realistischen Zeiten und testen Sie ihn gleich heute!

Hier als Anregung ein Digital-Real-Life-Balance-Arbeitstag in meinem Leben

6:30	Drei Morgenseiten und kurze Meditation	(OFF)
7:15	Gemeinsames Frühstück & Haushalt	(OFF)
8:15	E-Mails und Web-Check	(ON)
8:45	Schreiben und Arbeiten ohne Störungen aus dem Netz	(OFF)
10:15	E-Mails und Web-Check, Telefonate	(ON)
10:30	Arbeiten ohne Störung	(OFF)
12:00	Mittagspause offline mit Spaziergang	(OFF)
13:30	Web-Check und Kommunikation	(ON)

14:00	Recherche, neue Ideen und Schreiben	(ON)
15:30	Vorträge und Seminare gestalten,	
	Weiterbildung, Sprechtraining	(OFF und ON)
17:00	Yoga	
18:00	Abendessen oder in die Natur gehen	(OFF)
19:00	Offline die Zeit mit meiner Familie oder	
	mit Freunden genießen	(OFF)
22:00	Guten Abend. Gute Nacht.	(OFF)

Ja, ich gebe zu: Ich bin zwar ein früher Vogel, und doch gelingt es mir nicht immer, die ideale Balance zu finden und alle Aspekte des perfekten Tagesablaufs zu integrieren. Manchmal macht mein kleiner Vierbeiner mir einen Strich durch die Rechnung, weil es schneit und er sich keinen Meter bewegt. Manchmal mein innerer Schweinehund. Manchmal ein Auftrag, der mehr Zeit fordert als geplant. Manchmal das Entdecken einer neuen Website, die mich so inspiriert, dass ich ein paar Stunden hängenbleibe.

Dennoch erinnere ich mich immer an meine anvisierte Digital-Real-Life-Balance und steuere meine Kräfte so, dass ich sie überwiegend auch halten kann. Ich mache maximal drei Meetings außer Haus pro Woche. Am Schreibtisch arbeite ich »mit bestem Wissen und Gewissen« und vollem Fokus. Ich habe meine fixen Zeiten für E-Mails, Social Media und Telefonate – und damit immer das gute Gefühl, ganz bei der Sache sein zu können. Offline wie online. Durch die klar definierten Pausen ohne Social-Media-Gewitter und die viele Ruhe in meiner Freizeit habe ich genügend Ressourcen zum Verarbeiten und Weiterspinnen – und das macht die effektiven Arbeitsstunden noch effizienter. Mein Fernseher bleibt bis auf ein oder zwei Filmabende im Monat gänzlich aus, wodurch gerade der Abend immer eine sehr bereichernde, ruhige und erholsame Zeit ist.

Mein Smartphone schläft draußen im Wohnzimmer im Nicht-stören-Modus. Meine Armbanduhr ist analog und erfasst keine Daten am Handgelenk.

Sie werden es selbst erleben, wenn Sie mit all den SWITCH OFF-Tipps in der Westentasche in einen neuen Alltag starten und Ihren Zweitjob als Medienkonsument so eindämmen, dass Sie (wieder) Platz zum Atmen und für Erfolg auf allen Ebenen finden!

Genau dazu können wir zurück online das Potenzial des Internets und der neuen Medien für uns nutzen. Denn eines ist klar: Ohne Netz sind die Wege der globalen Welt heute zu lang.

Kein Internet ist auch keine Lösung

Als moderner Mensch zur Gänze offline zu leben halte ich persönlich für eine unnötige Beschneidung der Möglichkeiten, die uns unsere Zeit bietet. Die Uhren lassen sich nicht zurückdrehen – und das würde uns sicherlich auch nicht gefallen, die Technologien lassen sich nicht stoppen, die Netze nicht mehr trennen. All das ist meiner Ansicht nach auch gut so. Denn das Internet und die Medien bringen auch viel Gutes: Familien und Freunde auf der ganzen Welt können trotz großer Entfernungen verbunden bleiben. Unser Leben wird durch die Informationstechnologie in vielerlei Hinsicht erleichtert. Unsere Arbeit nimmt neue, immer flexiblere Formen an, und wir können in kürzerer Zeit mehr erreichen. Wissen kann ganz einfach und schnell geteilt werden. Nicht nur unter Kollegen, sondern auch zwischen Unternehmen und Organisationen. Der medizinische, technische und wissenschaftliche Fortschritt wird durch weltweite Vernetzung von Experten beschleunigt. Das Internet eröffnet neue Möglichkeiten in der Entwicklungshilfe. Bildung wird einfacher, flächendeckender und kostengünstig zugänglich. Das Smartphone ist laut einer Studie der Vereinten Nationen 2010 jene Erfindung, die am meisten zur Überwindung von Armut beigetragen hat. Nutzen wir die Medien und Technologien richtig, unterstützen sie unsere schöpferische Kraft.

Das We-are-Creators-Leben im digitalen Zeitalter

Ich bin überzeugt: Kreative Menschen sind selbstständige und freie Menschen, die Inhalte mit Bedacht auswählen. Sie sind verantwortungsbewusste Konsumenten, die ihren ganz persönlichen Nutzen, den sie aus der modernen Technologie ziehen, erkennen und schätzen. Als Creators in der vernetzten Welt schöpfen wir die Freiheit und die Möglichkeiten, die uns das Internet bietet, aus. Wir holen uns jede Information, die wir brauchen, wann wir sie brauchen. Besuchen Seminare am anderen Ende der Welt via Livestream. Vernetzen uns mit Menschen, die Erfahrung auf dem Gebiet haben, das wir für uns erschließen wollen. Finden Antworten und Anregungen – und können diese sogleich umsetzen. Und im letzten Punkt liegt der Kern des We-are-Creators-Prinzips: Wir sammeln nicht nur Inspiration, wir setzen sie um und kreieren daraus etwas Neues. Dann wird aus Information auch wirklich Kreation. Wir schaffen das, was uns wirklich berührt und begeistert.

Zurück online greift dieser Gedanke ganz besonders. Denn erinnern Sie sich an Ihr allererstes SWITCH OFF-Warm-up?
Wir haben uns bei jedem medialen Konsum vier Fragen gestellt:
1. Tut mir gut, was ich sehe, höre oder lese?
2. Und wenn nein, ist es wichtig, dass ich es trotzdem höre, sehe oder lese?
3. Bringt es mich auf meinem Lebensweg weiter?
4. Motiviert mich diese Information dazu, mich weiterzuentwickeln, jemandem zu helfen oder eine aufbauende Sache zu unterstützen?

Meine Einladung ist einfach: Bleiben Sie in Zukunft dabei, Ihre kostbare Zeit in Beiträge zu investieren, die ein klares »Ja« als Antwort auf alle diese vier Fragen auslösen. Besonders spannend ist das »Ja« als Antwort auf Frage 4, denn sie bringt uns tatsächlich in Bewegung!

Konsumieren, um zu kreieren

Zu konsumieren, um zu kreieren, ist eine völlig andere Art des Medienlebens – und eine Evolution, die uns auf die nächste Stufe bringt. Denn Information ist wie alle uneingeschränkt verfügbaren Güter inflationär geworden. Das bloße Aufnehmen und unreflektierte Weitergeben von Information ist in Wahrheit eine Sackgasse. Entwicklung und Fortschritt entstehen nicht durch das bloße Aufzeigen von Problemen, sondern durch das Teilen von proaktiven Lösungen, Ideen, konstruktiven Denkansätzen. Ich kann dem Innovationsexperten Christoph Santner nur zustimmen, der in seinem Interview *Kognitive Intelligenz ist auf Dauer unschlagbar* in der Tageszeitung *Der Standard* betont: »Die Zukunft sieht für die positiv aus, die bereit sind, sich zu öffnen. Meine These ist, dass wir in die nächste Stufe der Entwicklung gehen. Es beginnt das Zeitalter des Spielens. Wir gehen ins Kreationszeitalter. Die Haupttätigkeit ist, in einem nie dagewesenen Maß Wirklichkeit zu erschaffen. Die Zeit dafür ist so gut wie noch nie.«

Auch ich glaube: Wir sind im Begriff, das Zeitalter der reinen Informationsvermittlung hinter uns zu lassen. Und Kreativität ist dabei das sinnstiftende Prinzip, der Gegenpol zum täglichen unreflektierten Medienkonsum. Längst werden wir als globalisierte Menschheit vor gemeinsame Probleme gestellt, die nach neuen, kooperativen Lösungen verlangen – und Dank der Vernetzung der Welt ist uns das auch immer stärker bewusst. Wir sprechen von »first world problems«, wenn wir uns über unsere oft banalen Alltagssorgen unterhalten, und suchen nach

Antworten auf Fragen, die sich die Menschen vor einigen Jahrzehnten noch nicht gestellt haben. Es geht heute also darum, aus dem übervollen Informationspool jenes herauszuholen und auch nur jenes hineinzulegen, was uns fördert und die gemeinsame positive Entwicklung unterstützt. Das uns hilft, unser menschliches Potenzial auszuschöpfen und neue Vernetzungen im Denken und Handeln zu schaffen.

Denn unser Vernetztsein bringt nicht nur Möglichkeiten, es bringt auch eine Verpflichtung, ist ein permanenter Aufruf, Verantwortung zu übernehmen. Und die beginnt bei uns selbst. Natürlich kann es uns als Einzelnen nicht von heute auf morgen gelingen, komplexe politische, soziale oder ökologische Probleme zu lösen. Das wäre vielleicht auch ein zu hoher Anspruch. Mit dem We-are-Creators-Prinzip nähern wir uns diesem Ziel jedoch zumindest immer weiter an – indem wir in unserem eigenen Wirkungskreis beginnen. Wie weit sich dieser ausdehnen und wie stark sich dieser vertiefen lässt, ist Teil des Abenteuers – und das Ergebnis von der Summe unserer Gedanken, Aussagen und Taten. Real und virtuell.

Sharing is caring

Was wir säen, ernten wir. Was wir aussenden, kommt zu uns zurück. Daher ist es umso wichtiger, sich klar darüber zu sein, wer wir sind, was wir verbreiten und was wir hinterlassen wollen. In unserem Leben zurück im Internet geht es also nicht nur darum, was wir offline denken und tun, sondern auch darum, wie wir uns online äußern und präsentieren. Über Datenschutz im Internet wird erschöpfend diskutiert und vor den Gefahren eingehend gewarnt. Doch unser digitaler Footprint ist weit mehr als eine Sammlung von Daten! Es ist eine Verschiebung unserer Identität ins Digitale. Mit unseren Likes, Postings, Beiträgen und Kommentaren zeichnen wir ein Bild unserer Persönlichkeit, das von der Welt für bare Münze genommen wird. Bedenken Sie: In vielen Fällen ist unsere digitale Präsenz das Einzige, was virtuelle Freunde und Kontakte je von uns kennenlernen. Auch unsere Geschäftspartner, Kunden und Vorbilder identifizieren uns direkt mit unseren Stimmungen und Äußerungen, die wir veröffentlichen. Jede Aktion und Reaktion in unserer digitalen Existenz mag also gut überlegt sein.

Einen Artikel oder ein Video zu teilen ist sehr einfach und dennoch eine besondere Anerkennung in der Welt von Social Media & Co. Das geflügelte Wort »sharing is caring« sagt in aller Kürze, dass wir mit einem Repost zeigen, dass uns jemand oder etwas wichtig ist. Kümmern wir uns also darum, mit Begeisterung das für uns Richtige und Wichtige zu teilen und zu liken, anstatt blind auf den Daumen nach oben oder die Herzen zu drücken, ohne tatsächlich gelesen zu haben, wem oder was wir hier unsere Stimme geben. Denn diese Stimme schallt als unsere eigene in die digitale Welt hinaus – und als entsprechend klingendes Echo zu uns zurück.

Sorgsam damit umzugehen, welches Gedankengut wir teilen und somit unterstützen wollen, ist meiner Meinung nach jedoch nur die eine Seite. Das Gesetz von »sharing is caring« sollte vor allem für unsere eigenen Postings und Beiträge gelten.

Intim oder internettauglich

Nicht alles, was zum Teilen taugt, muss auch geteilt werden. Denn was Sie teilen, wird bewertet und kommentiert – und nicht alles aus Ihrem Inneren und Ihrem Leben muss und soll den Augen der virtuellen Freunde zur Schau gestellt werden. Denn fehlende Likes irritieren. Dislikes und Hasskommentare verletzen – ganz real.

Das wichtigste Geheimnis einer gesunden Social-Media-Strategie ist meiner Meinung nach, das wirklich Wertvolle für sich zu behalten. Es ist ganz einfach: Wenn Sie beim ersten Schrei

Ihres Neugeborenen, bei einem Schneespaziergang mit Ihrer Familie, bei einem romantischen Date in der Altstadt oder beim Wiedersehen mit ihrer lange verreisten besten Freundin nicht wollen, dass Hunderte »Freunde« zusehen, dann posten Sie diesen Moment auch nicht. Punkt. Dann gehört das Erlebnis Ihnen. Ganz exklusiv.

Meine Strategie sieht hier wie folgt aus: Wenn ich ein tolles Foto geschossen, ein Zitat aufgeschnappt oder einen besonderen Gedanken habe, der ins World Wide Web drängt, dann sammle ich diese Ideen. Ich speichere die Bilder, schreibe die Zitate und Gedanken in eine Notiz und lasse alles reifen. Erst nach ein paar Stunden, Tagen oder manchmal Wochen entscheide ich, ob diese Aufnahme oder Aussage es wirklich wert ist, geteilt zu werden, und ob sie mich als Persönlichkeit in der Form wiedergibt, wie ich bin. Und das über die möglichen Erwartungen anderer, den aktuellen Augenblick und die momentanen Stimmungen hinaus.

Bei sich sein und bei sich zu bleiben ist der Kern jeder Achtsamkeitstechnik. Genau darum geht es auch im solide verankerten Leben zurück online. Je mehr Sie bei sich bleiben und je bewusster Sie medial konsumieren und agieren, desto einfacher ist es, sich emotional gut abzugrenzen, nicht zu tief in den Sog hineingezogen zu werden und die eigene Persönlichkeit und Gefühle zu schützen.

Wenn wir uns schließlich fürs Posten entschieden haben, dann verführt uns Social Media dazu, alle paar Minuten an den Tatort zurückzukehren und zu kontrollieren, welche Reaktionen wir auslösen. Das bindet uns umso stärker an unsere Geräte, intensiviert die Macht der Meinung anderer und macht uns nervös und angespannt. Das ist unnötig. »Teilen und loslassen« ist die Devise. Schließen Sie die App oder das Fenster und überlassen Sie Ihren Beitrag dem Paralleluniversum. Es reicht, wenn Sie bei Ihrer nächsten Zeit online nachsehen, was sich getan hat.

Und wenn Sie doch zu viel oder das Falsche geteilt haben? Dann löschen Sie es wieder! Fertig. Ganz egal, wie viele Likes der Beitrag hatte.

Fake Lifes, Fake News und die Macht des positiven Beitrags

Überzeichnen wir unsere eigenen Inszenierungen im Netz und bestärken jene, die ebenfalls mit übertrieben scharfen Geschützen auffahren, enden wir in einer Welt der Fake Lifes und Fake Friends und mehr und mehr leider auch der Fake News. Wir orientieren uns dann nicht mehr an der Realität, sondern an den anderen, vor allem an den Lauten und an dem, was wir gerne über uns selbst und die Welt glauben würden.

Auf der persönlichen Ebene bedeutet das Folgendes: Durch unsere emsige virtuelle Selbstdarstellung erschaffen wir selbst eine Scheinwelt, in der wir – und andere – fortan brillieren müssen. Social Media hat aus uns allen in gewisser Weise so etwas wie Popstars gemacht. Mit einem großen Unterschied: Wir setzen uns selbst dem Blitzlichtgewitter aus. Verfolgen uns selbst wie Paparazzi. Unsere Pinnwand ist unsere Klatschseite, auf der wir auf den Beifall und Glamour hoffen, um den wir andere beneiden. Doch diese Überhöhung strengt an. Fordert uns. Macht unzufrieden. Und bringt auch die Schattenseiten des Starrummels mit sich: Die bipolare Hassliebe zwischen der Gier nach dem Gelik#twerden und der Sehnsucht nach Ruhe, Privatsphäre und der Erlaubnis zur menschlichen Unvollkommenheit. Warum nicht auch einmal versagen in Social Media? Posten wir doch die versaute Sachertorte statt das Dinner im neuen In-Lokal. Ein Selfie im Grippebett statt am Strand. Weniger Perfektion und mehr Menschlichkeit im Netz würden uns alle entlasten. Echte Botschaften statt ein Haufen Abkürzungen und Emojis würden uns wieder mehr Substanz geben. Die Limitierung unserer Sprache im virtuellen Dazwischen limitiert auch unsere Fähigkeit, uns auszutauschen und emotional zu verbinden. Denn wie sehr können wir uns schon verstanden fühlen, wenn die Antwort eines Freundes auf ein tragisches Ereignis in unserem Leben einen weinenden gelben Punkt darstellt?

Die Abkürzungen dürfen nicht unsere einzige Stimme, die Fake Lifes in Social Media nicht unsere wichtigsten Vorbilder und die Anzahl der Likes nicht das Maß unseres Selbstwertes sein.

Dieser generiert sich einzig aus den Herausforderungen, die wir im echten Leben meistern, nicht aus einer Online-Challenge, an der wir mit Foto und E-Mail-Adresse teilnehmen können. Nachhaltige Selbstwirksamkeit spüren wir nur dann, wenn wir auf unserem Lebensweg vorankommen oder anderen dabei helfen, dasselbe zu tun. Wenn wir unserer Wahrheit folgen und ehrlich zu uns selbst sind, ernten wir die Früchte des kreativen und zufriedenen Lebens.

Unsere persönliche Wahrheit und Lebensrichtung zu finden ist eines. Wer bestimmt heute jedoch über die kollektive »Wahrheit«? Das, woran wir als Gesellschaft, als Kollektiv glauben? Das, woran wir uns gemeinsam orientieren (können)? Gerade die Auswirkungen von Fake News in der politischen Landschaft bereiten uns Unbehagen – und schüren einen Irrglauben, der großes Gefahrenpotenzial in sich trägt. Die Aufregung darüber hat allerdings auch zwei Seiten: Da ist der berechtigte Ruf nach Klarheit, Überprüfung der Nachrichten und Wahrung der Datensicherheit einerseits – und andererseits die Gefahr, durch Intervention und Kontrolle in eine neue Ära der Zensur zu schlittern. Kurz: Wer die Medien kontrolliert, hat die Macht. Daher ist es immer wichtiger, ganz für sich selbst und vor unseren Erkenntnissen aus den 14 medienfreien Tagen herauszufinden und zu entscheiden: Welche Medien unterstütze ich mit meiner Einschaltquote und meinen Klicks? Welche Informationen nehme ich emotional und gedanklich auf? Was übernehme ich, und was hinterfrage ich kritisch? Und wobei will ich nicht (mehr) mitmachen?

Wenn Ihnen eine Nachricht zu einseitig, eine Theorie zu verschwörerisch, eine Diskussion zu heftig erscheint, können Sie auf diesen Websiten prüfen, ob es sich um Fake News handelt:

- hoaxmap.org
- hoaxsearch.com und
- mimikama.at

Wie fast immer können wir auch in dieser Sache selbst aktiv werden, indem wir die Urheber sachlich auf ihren fehlerhaften Inhalt hinweisen, die Fake News mit den Meldefunktionen in Social Media melden und diese nicht teilen, denn das Teilen erhöht ihre Relevanz in den Suchmaschinen.

Erst reflektieren, dann reagieren

Auch wenn bei Ihnen einmal der Blutdruck steigt und Sie sich hingerissen fühlen, einen negativen Beitrag zu teilen, bitte ich Sie, erst zu denken, dann zu handeln. Überdenken Sie meine persönlichen »Goldenen 7«, bevor Sie etwas Negatives aussenden oder teilen:

1. Ist das nur eine aggressive Laune, in der ich mich lauthals aufregen will und die verpuffen wird? Bereue ich vielleicht später, mich so geäußert zu haben?
2. Weiß ich genügend über die Hintergründe Bescheid, die zu der Situation geführt haben, die ich anprangern will?
3. Will ich eine negative Diskussion starten? Wenn ja, kann ich mich darin überhaupt verteidigen?
4. Unterstütze oder schaffe ich mit diesem Posting oder Tweet

ein Feindbild? Starte oder verstärke ich damit einen Angriff? Wenn ja, will ich das?

5. Und wenn wieder ja: Welchen Preis kann das für mich persönlich und meine Nächsten haben? Bin ich wirklich bereit, diesen Preis zu zahlen?

6. Kann ich, anstatt in die Negativität einzustimmen, das Destruktive in etwas Konstruktives wandeln?

7. Wie kann ich proaktiv zur positiven Bewältigung dieser Situation beitragen?

Die Quellen, die uns inspirieren

Wenn wir spüren, dass immer dieselben Quellen und Kontakte die roten Knöpfe in uns drücken, kann es an der Zeit sein, unseren kostbaren Follower-Status ernster zu nehmen und in unserem digitalen Paralleluniversum auszumisten. Schauen wir uns die Kontakte genauer an, denen wir in den (sozialen) Medien folgen und deren Einfluss wir uns dadurch aussetzen: Tun uns die Postings dieses Kontaktes gut, inspirieren und animieren Sie uns, und unterstützen sie uns dabei, unsere angestrebte Weiterentwicklung zu verwirklichen? Oder sind diese Beiträge destruktiv? Schwächen sie uns, machen sie uns traurig, aggressiv oder unzufrieden? Beeinflussen sie unser Welt- und Menschenbild negativ, und lassen sie uns mit einem orientierungslosen Geist und einem Gefühl der Ohnmacht zurück?

Diese Gefühle der Angst und der Ohnmacht sind immer klare Indikatoren dafür, dass Sie aus Ihrem We-are-Creators-Prinzip herausgefallen sind. Wenn wir beobachten, dass bestimmte Absender vor allem die destruktiven Energien in uns wecken, dann haben wir die Option, dieser Person nicht länger zu folgen. Im echten Leben würden wir uns manchmal wünschen, uns derart einfach aus Beziehungen lösen zu können, die uns belasten. Die virtuelle Welt bietet uns den Vorzug, das ganz einfach zu tun. Nutzen wir ihn!

Achten wir jedoch darauf, dass wir uns dabei nicht in ein Nest von Gleichgesinnten verkriechen, die nur unser eigenes Weltbild spiegeln. Das schmälert unsere Wirklichkeit und engt unsere Sicht auf die Fülle der Dinge, die verschiedenen Auffassungen und die Andersartigkeit der Denkmodelle so stark ein, dass wir Gefahr laufen, im Tunnelblick zu enden und uns von der wahren Welt zu entfremden. Besonders auch in politischen, gesellschaftlichen und globalen Fragen ist es wichtig, die anderen Parteien zu hören, zu respektieren und das große Ganze nicht aus den Augen zu verlieren. So wie echte Kreativität immer zuerst der Stille entspringt, so braucht auch echte Inspiration verschiedene Quellen, die sie speisen.

Positive Wellen schlagen

Darüber hinaus wissen Sie als Creator und SWITCH OFF-Abenteurer, wie Sie trotz des medialen Lärms die nötige Ruhe finden, um Inhalte zu relativieren und den bewussten Blick auf die Dinge zu bewahren. Mehr noch: Sie haben auch den Mut, diesen klaren Blick auch konstruktiv in die Welt zu tragen. Denn was garantiert niemandem hilft, ist, die Welt kaputtzudenken und totzureden – und in den Kanon aus Angst und Negativität einzusteigen. Die Massenmedien und auch die Unterhaltungsindustrie geben der Hysterie, der Panik, dem Terror und Krisen ohnehin bereits den größten Raum in der Berichterstattung und in den Drehbüchern. Es ist also definitiv nicht nötig, dass wir all das noch zusätzlich verstärken. Vielmehr ist es wichtig, eine Gegenwelle anzustoßen. Starke, mutige und aufbauende Bilder in die Welt zu senden – und nicht nur daran zu glauben, sondern auch daran zu arbeiten, dass sie sich zukünftig auswirken. In unserem eigenen Leben und in der Welt. Ganz nach unserer Berufung. Es liegt also an uns, die Macht unseres positiven Beitrags zu nutzen.

Wie wir im Vorspann gesehen haben, prägt unser medialer

Konsum unsere Gedanken. Unsere Gedanken prägen unsere Gefühle und Handlungen. Und diese prägen ganz klar unser Leben und unsere Gesellschaft. Angesichts der Kraft von Konditionierung, kollektivem Unterbewusstsein und unserer menschlichen Fähigkeit, Ergebnisse zu manifestieren, können wir davon ausgehen, dass wir mit unserer Überzeugungskraft Einfluss darauf nehmen, ob eine bestimmte Situation eintritt oder nicht. Und wir können uns gegenseitig darin unterstützen. Je mehr Menschen also eine bestimmte Überzeugung teilen, visualisieren, vertreten und kundtun, umso wahrscheinlicher wird es, dass diese Gedanken und Zukunftsbilder auch real werden. Die positiven wie die negativen. Also: »Warum entwerfen wir kein positives Zukunftsszenario? Warum zeigen wir nicht, wie aufgrund der Möglichkeiten der Digitalisierung eine neue Form der Gesellschaft, Wirtschaft und Lebensführung entstehen kann? Warum fallen uns zum ungeheuren Potenzial der Digitalisierung nur so viele Bedenken ein? Warum sehen wir nicht, dass sie eine Gesellschafts- und Wirtschaftsform schaffen könnte, die Menschen von oft unwürdigen Arbeiten befreit? Warum erschließen wir die fantastischen Möglichkeiten digitaler Technologie nur aus dem Blickwinkel des wirtschaftlichen Wettbewerbs, statt als Möglichkeit, Menschsein in ganz neuen Formen zu gestalten«, fragen die Autoren Manfred Broy und Richard David Precht in Ihrem Beitrag *Daten essen Seele auf* in der Plattform *ZEIT Online*.

Kreativität aus unserer eigenen Mitte heraus ist unser Weg, diese neuen Formen zu gestalten, die wir suchen. Bedienen wir uns unseres Verstandes, unserer Ideen, unserer Kraft zu visualisieren, unserer positiven Intention und unserer Aktivität im eigenen Wirkungskreis – auch und gerade in unserem Leben zurück online. Denn je mehr sich die Welt ins Digitale verschiebt, desto wichtiger ist es, sie auch dort zu formen. Mit der Sprache unserer Postings und Tweets. Mit den Videos und Bildern, die wir hinaussenden. Mit unseren Likes und Shares. Und das ist nicht nur eine beschwingte Einladung. Ich denke: Wenn wir einmal hinter die Kulissen der Massenmedien geblickt haben und wir die Konditionierungen erkennen, ist es unsere Pflicht, einen positiven Beitrag zu leisten. Kreieren wir, wenn wir online agieren, also Inhalt, der eine Stimmung prägt, in der wir gerne leben wollen – und in der auch unsere Kinder aufgeschlossen heranwachsen können. Nutzen wir die Macht der positiven Inhalte, unterstützen wir uns gegenseitig – und eröffnen wir gemeinsam neue Perspektiven.

Perspektiven über den Bildschirmrand hinaus

Lebenserfolg ist eine Kombination aus vielem: Daraus, wie gut wir uns selbst kennen und wie viel Mut wir haben, unserer inneren Stimme zu folgen. Er ergibt sich ebenso aus der Konsequenz und Leidenschaft, mit der wir unsere Ziele verfolgen, wie aus der Ehrlichkeit und Authentizität, mit der wir die Dinge angehen und unsere Beziehungen pflegen. Fast immer jedoch beginnt Lebenserfolg mit der Offenheit, uns zu erneuern, und der Bereitschaft, ins Unbekannte aufzubrechen. In uns selbst. In unserer Familie. Im Freundeskreis. In der Firma. Ja, sogar mit dem »One less stranger« in der Straßenbahn. Überall, in jeder Stille mit uns selbst und jeder Begegnung mit anderen, liegt das Potenzial eines Anfangs.

So ist es auch hier. Das Ende unseres gemeinsamen SWITCH OFF-Abenteuers ist zugleich ein Beginn. Für Gemeinsamkeit. Für Austausch. Für gegenseitige Inspiration und dafür, dass wir erneut aufbrechen. Dass wir Gedanken und Perspektiven zulassen, die über den Bildschirmrand hinausgehen. Die das transformieren, was uns behindert, und das stärken, was unser Bewusstsein erweitert: für Lösungen, die schon so lange auf ihren Durchbruch warten. Für Kreativität, die um der Kreativität willen Neues aufbaut. Und vor allem für Lebensfreude, die ansteckt.

Die Anstöße für eine lebenswerte Zukunft im Zeitalter der fortschreitenden Digitalisierung können nur von denen kommen, die mutig sind, realistisch, verantwortungsbewusst, selbstwirksam und offen wie Sie. Teilen Sie Ihre Visionen. Tauschen Sie Ihre Erfahrungen mit anderen aus. Schaffen wir Hoffnung und Zuversicht. Erweitern wir unsere Freiheit und unsere Schaffenskraft. Denn *we are creators*. Mit und ohne Hashtag. Offline und online. Heute und ganz sicher auch morgen.

Ich bin offline, treffen wir uns!

SWITCH OFF ist nicht nur ein Abenteuer, sondern auch eine Reise, die uns – wenn Sie möchten – auch im realen Leben zueinanderführt: In meinen Vorträgen, geführten Digital- und Media-Detox-Auszeiten und Offline-Tagen, die eine neue Dimension des We-are-Creators-Gedankens für uns alle bereithalten können.

Am Ende dieses Buches und als Dank dafür, dass Sie die Herausforderung angenommen und das Abenteuer gewagt haben, möchte ich Ihnen mit Ihrem

Gutscheincode: SOAB2173

kostenlos einen ausgewählten Online-Workshop zum Download zur Verfügung stellen und Ihnen zudem 10 Prozent Rabatt auf ein SWITCH OFF-Event schenken.

(Rabatt ist einmalig gültig, kann nicht auf andere Personen übertragen oder bar abgelöst werden.)

So geht's:
- Besuchen Sie mich auf www.switchoff.at/termine.
- Wählen Sie Ihr Wunsch-Event aus.
- Geben Sie bei der Anmeldung Ihren Gutscheincode ein: SOAB2173
- und freuen Sie sich mit mir auf unser Kennenlernen. Es ist mir eine Ehre!

Continue to #switchoff and remind the world,
that #wearecreators!

Bis bald,

Ihre Monika Schmiderer

Dank

Mein größter und erster Dank gilt Ihnen: Den SWITCH OFF-Abenteurerinnen und SWITCH OFF-Abenteurern dieser Welt. Danke, dass Sie mir auf diese Reise gefolgt sind! Mögen viele weitere folgen.

Ich danke meinem Mann Patrick, Cookie und Coco. Thirza Albert für ihr hervorragendes Erstlektorat, die weitsichtige Beratung und die herzliche Unterstützung. Maria Koettnitz und Harry Olechnowitz für ihre Aufnahme und die professionelle Vertretung in ihrer Agentur. Meiner Lektorin Stefanie Hess für ihre Offenheit für das Thema, den Glauben an dieses Buch, ihren persönlichen Einsatz, das erstklassige Lektorat und die respekt- und ebenso freudvolle Zusammenarbeit. Allen Mitarbeitern bei Droemer Knaur, die SWITCH OFF unterstützen. All meinen geschätzten Kunden und Partnern. Erwin Krismer, Gerhard Staudinger, Hannes Treichl, Sabrina Koch, Christine Edenstrasser, Claudia Widmann, Michaela Schwarz, Daniela Geiger, Julia Cameron, Gabby Bernstein, Marie Forleo, meinen Großmüttern, meiner Familie, Vasnaro sowie Elisabeth und Rudolf für alles, was in den Zeilen und dazwischen liegt und was die Dinge verbindet.

Weiterführende Literatur

Wehrenberg, Margaret: Die 10 besten Strategien gehen Angst und Panik. Wie das Gehirn uns Stress macht und was wir dagegen tun können. Beltz Verlag, 2012

Spitzer, Manfred: Cyberkrank. Wie das digitalisierte Leben unsere Gesundheit ruiniert. Droemer Knaur, 2015

Pinker, Steven: Gewalt: Eine neue Geschichte der Menschheit. Fischer Verlag, 2013

Cameron, Julia: Der Weg des Künstlers. Ein spiritueller Pfad zur Aktivierung unserer Kreativität. Knaur MensSana, 2009

Berzbach, Frank: Die Kunst, ein kreatives Leben zu führen. Anregung zu Achtsamkeit, Schmidt Hermann Verlag, 2013

Gilbert, Elisabeth: Big Magic: Nimm dein Leben in die Hand und es wird dir gelingen. Fischer Verlag, 2015

Ware, Bronnie: 5 Dinge, die Sterbende am meisten bereuen. Einsichten, die Ihr Leben verändern werden. Goldmann Verlag, 2015

Schnabel, Ulrich: Muße. Vom Glück des Nichtstuns. Blessing Verlag, 2010

Kondo, Marie: Magic Cleaning. Wie richtiges Aufräumen Ihr Leben verändert. Rowohlt Taschenbuch Verlag, 2013

Arvay, Clemens G.: Der Biophilia-Effekt: Heilung aus dem Wald. Edition a, 2015

Heinemann, Ilka: 100 Dinge, die du tun kannst, statt mit dem Handy rumzuspielen. Droemer Knaur, 2014

Intermentale Störungen, http://www.informationisbeautiful.net/

Report der Boston Consulting Group »The Internet Economy in the G-20«, https://www.bcg.com/documents/file100409.pdf

Spectra Internet-Monitor, https://www.spectra.at/fileadmin/user_upload/Spectra_Aktuell_Archiv/2016/Spectra_Aktuell_03_16_Internet.pdf

Ilka Heinemann

100 DINGE,
die du tun kannst,
statt mit dem Handy
rumzuspielen

Wir haben 763 Freunde auf Facebook und übersehen den Traumtypen in der U-Bahn, weil wir die ganze Zeit auf unser Handy starren. Wir wischen ständig übers Display, aus Angst, etwas nicht mitzukriegen und verpassen dabei das echte Leben. Zwei Stunden verbringen wir jeden Tag mit dem Smartphone – Zeit, die wir auch anders nutzen könnten: zur Entspannung, für neue Ideen, zum Gespräch mit Menschen. Und vor allem ohne Telefon am Ohr.

Ilka Heinemann liefert 100 so originelle wie charmante Ideen, was man tun könnte, statt auf dem Handy rumzutippen. Das Buch ist zwar etwas größer als ein Smartphone, passt aber dennoch in jede Handtasche. Zu seiner Bedienung braucht man kein Ladegerät, aber manchmal einen Stift.